EN TORNO A
CÉSAR VALLEJO

EN TORNO A CÉSAR VALLEJO

Edición de Antonio Merino

LOS POETAS ~ SERIE MAYOR

EDICIONES JÚCAR

Cubierta: *J. M. Domínguez*
Primera edición: *abril 1988*

© *de la selección e introducción Antonio Merino, 1987*
Derechos exclusivos de esta edición
Ediciones Júcar, 1988
Fernández de los Ríos, 20. 28015 Madrid; Alto Atocha, 7. 33201 Gijón
ISBN: 84-334-3517-5
Depósito legal: B. 15.059 - 1988
Compuesto en Fernández Ciudad, S. L.
Impreso en Romanyà/Valls. Verdaguer, 1. Capellades (Barcelona)
Printed in Spain - Impreso en España

A INMA Arrillaga.

La figura de César Vallejo, situada en el principio y en el fin de toda una época, arranca con fuerza desde el latido del mundo para acercarnos al mismo hueso del presentimiento. Con él, con su poesía, muchos aprendimos a conversar con las palabras, poniendo nombre a lo que ya tenía nombre, inventando sonidos que jamás habíamos escuchado antes, palpándonos la vida entre manotazos y risas, como el que se busca un sueño o una razón para alimentar el fuego que cae muy adentro.

Mucho o poco se ha escrito desde entonces, desde que César Abraham Vallejo Mendoza muriera en París, un 15 de abril de 1938. Libros, artículos, reseñas y, sobre todo, un formidable legado poético que llega hasta nuestros días. Pocos poetas han ejercido un magisterio tan rico e intenso como Vallejo. Quizá sea ahora, cincuenta años después de su muerte, cuando su figura y su obra nos ofrezcan toda su fuerza y vigencia; patética costumbre entre los mortales, si se tiene en cuenta que Vallejo murió en la miseria y solo, como si el presentimiento volviera a revolotear sobre nuestro torpe corazón, más dado a la fatua contemplación del mundo que a girar con él.

¿Homenajes? No, pero sí podemos celebrar —y celebrarnos— con la lectura de sus versos, con su abrazo entre las páginas de aquellos que algún día se dejaron caer, esperando, y hablar —y hablarnos— de este mundo o cuerpo al que

César Abraham Vallejo Mendoza sentó a nuestra mesa. Por eso, hemos querido desnudar las palabras del Cholo y sentarnos con él —una vez más— a conversar. De este diálogo recogemos una serie de artículos y ensayos que han ido apareciendo a lo largo de los años en libros y revistas, muchos de ellos de difícil acceso para el público español, dada su dispersión y las fechas de publicación, intentando abarcar el mayor número posible de temas y aspectos «conflictivos» que aparecen en su obra, tanto poética como de ensayo, narrativa o de teatro. En todo momento se ha querido dar una unidad a las series (I, II y III), dentro de la complejidad y dispersión a que ha sido sometida la obra de Vallejo desde su muerte, sobre todo debido a buena parte de la supuesta «crítica literaria» que ha centrado su labor y su atención en asuntos extraliterarios (cuando no personales) más que en intentar *aprehender* una obra mucho menos compleja y más homogénea de lo que a veces, de forma mal intencionada, se ha querido ver, abandonando criterios y análisis que, dentro de la heterodoxia crítica, habría que valorar para, en buena medida, acercar (y no *ahuyentar*) no sólo una obra literaria sino, y sobre todo, una ideología, una visión del mundo. La de César Vallejo.

Abrimos la serie **I** con la entrevista que César González Ruano realizó a César Vallejo durante la estancia de éste en Madrid, poco antes de la proclamación de la II República y de su militancia política en el Partido Comunista de España. En ella, Vallejo nos habla, entre otras cosas, de su estética poética: «la precisión me interesa hasta la obsesión...», así como del significado de la palabra *Trilce*, la que da título a su segundo poemario: «*Trilce* no quiere decir nada. No encontraba, en mi afán, ninguna palabra con dignidad de título y entonces la inventé: *Trilce*.» Curiosamente, aún hoy, son muchos los críticos vallejianos que siguen haciendo cábalas, intentando dar con la clave del significado de la palabra *Trilce*.

Después de todo, ellos no saben que la realidad sigue siendo mucho más hermosa que cualquier anhelo por reproducirla.

Carlos Meneses, en su *Breve noticia de César Vallejo*, nos ofrece una visión del poeta y de su obra desde la coherencia y la pasión de *Los Heraldos Negros*, hasta los versos de *España, aparta de mí este cáliz*. Meneses hace suya la aventura de adentrarse en el mundo vallejiano sintetizando las claves de una poesía que alcanza verdaderas cotas de universalidad.

En André Coyné, sin embargo, esta universalidad queda arropada en los límites de la polémica desatada años atrás entre Juan Larrea y Georgette de Vallejo. Su trabajo, *Vallejo: texto y sentido*, cierra un ciclo iniciado por Coyné en 1949 con su excelente *Apuntes biográficos de César Vallejo*. En el presente trabajo se puntualizan algunas inexactitudes referidas a las ediciones de Juan Larrea (*Poesía Completa*. Barcelona, ed. Barral, 1978) y Georgette de Vallejo (*Obra Poética Completa*. Lima, ed. Moncloa, 1968; y *Obras Completas*. Lima, ed. Mosca Azul, 1973), así como los criterios por los que, en opinión de Coyné, tanto «las aberraciones de la ordenación de Georgette de Vallejo», como la «arbitrariedad» de Juan Larrea, sólo sirven para complicar las referencias vallejianas, «empeñados en desmentirse mutuamente y cada cual en probar, contra el otro, que es el único en poseer la totalidad de la verdad». Estamos de acuerdo con Coyné en que los análisis de corte «mesiánico», o la apropiación de toda una obra en honor a «la mujer del destino», no sirven para nada. Sin embargo, y desgraciadamente, tanto la edición de Larrea como la de Georgette de Vallejo, han sido guía y sentido de la crítica vallejiana tradicional, y muchos han querido ver, ya en Larrea o en Georgette, la «herencia reveladora» de un hombre, César Vallejo, que sólo quiso ser César Vallejo.

Fue Giovanni Meo Zilio el que en 1960, con una obra ya clásica dentro de la bibliografía vallejiana (*Stile e poesia in César Vallejo*. Padova, ed. Liviana), abriera un nuevo panorama en el estudio y análisis de los materiales léxicos, los tropos poéticos y las estructuras internas que intervienen en la construcción de los poemas en Vallejo. A este trabajo se le fueron sumando otros, como el de Walter Mignolo, *La dispersión de la palabra: aproximación lingüística a poemas «Vallejo»* (Nueva Revista de Filología Hispánica. México. Tomo XXI, número 2, 1972), y más recientemente la monumental obra de Ferdinando Roselli, Alessandro Finzi y Antonio Zampolli, *Diccionario de concordancias y frecuencias de uso en el léxico poético de César Vallejo* (Cátedra de Lingüística del CNUCE-CNR. Universidad de Pisa), así como el imprescindible trabajo de Nadine Ly, *L'ordre metonymique dans le discours poètique de César Vallejo* (Co-Textes. Universidad Paul Valéry. Montpellier, número 10, 1985). En esta línea se encuentra el trabajo que presentamos de Edvika Vydrová, *Las constantes y las variantes en la poesía de César Vallejo: Los Heraldos Negros.* Atendiendo a algunos elementos de la terminología de la Escuela Lingüística de Praga, Vydrová analiza los distintos niveles de la organización lingüística del texto y los cuadros fónicos, semánticos, sintácticos, así como el uso del vocativo, tan frecuente en toda la poesía de Vallejo, tal y como lo advertimos más adelante al estudiar el texto de Julio Ortega, *Lectura de «Trilce».* Aquí se encuentran presentes los «temas del absurdo», la «aventura del conocimiento», la concreción espacial del tiempo, etc. En contra del comúnmente señalado hermetismo del poeta, Ortega muestra con acierto la coherencia de *Trilce*, y la asunción de su rebelión formal, coincidente —en este sentido— con los movimientos poéticos de la vanguardia europea (T. S. Eliot, Artaud...). «*Trilce*, dirá Julio Ortega, busca reordenar la realidad dentro de la persona poética y su aventura analógica. Lo cual quiere decir que estamos ante un libro que entiende la palabra poética como instrumento de contradictoria revelación.» La revelación se hará víspera en sus libros posteriores, y la víspera romperá el viejo cascarón de un mundo que ya, poco o nada, tiene que ver con su universo poético.

La serie *II* se inicia con el ensayo de Jean Franco *César Vallejo* que se inscribe dentro del panorama más amplio del estudio de la literatura hispanoamericana contemporánea, por lo que debe entenderse como un trabajo de síntesis.

El absurdo es, junto a la religiosidad en Vallejo, uno de los aspectos más «conflictivos» que ha proporcionado mayor número de estudios por parte de la crítica literaria. Su centro de atracción radica, posiblemente, en la confusión que engendra un mundo que se mueve entre constantes contradicciones, innovaciones de todo orden, y un pulso cada vez más inestable e incierto. James Higgins, en su artículo *El absurdo en la poesía de César Vallejo*, traza un sustancioso recorrido por este mundo, del que Vallejo fue protagonista, a través de toda su obra poética. El azar, el juego cabalístico, la simbología, la fatalidad, el destierro, el abandono, el extrañamiento, el pesimismo, la muerte…, son marcados elementos que juegan un papel de primer orden en la construcción de una poesía que «representa también un esfuerzo por trascender la miseria de la condición humana». Es la «rebelión contra la sinrazón de la razón», como señala Víctor Fuentes en su breve y polémico texto, *La superación del modernismo en la poesía de César Vallejo*. Rebelión que supone una nueva concepción del universo poético vallejiano, donde «la angustia y el no ser» de los simbolistas-modernistas dará paso a una actitud abierta, de confrontación con la realidad: «El derecho a voltear la realidad al revés para mostrar cómo es del otro lado.» Vallejo, sin lugar a dudas, asumiría un «proyecto» de este tipo, y digo «proyecto» con toda la carga ideológica que puede tener una palabra de incalculables posibilidades semánticas. César Vallejo construyó este «proyecto» desde adentro, y su poesía constituye un riquísimo fresco donde se dan cita lo nuevo y lo viejo, como antesala de lo que el hombre, en su infinito desorden, es capaz de construir, de destruir. Semejante prueba de lucidez a más de uno nos llena de orgullo, pero también de vergüenza.

César Vallejo es un autor de creación, por lo que su obra no sólo se encuentra habitada por el duende del verso, sino que este duende camina por las palabras, todas, para atravesar los espacios infinitos del sueño, cuando el sueño es capaz de tener manos, cabeza, corazón, y, a veces, se quiere parecer tanto a nosotros mismos que llegamos (¡digna promesa!) a confundirnos con él. Con el sueño, no con el duende.

Poco o nada se ha escrito de este «otro» sueño, de esta otra «redención del hombre» que supone la obra en prosa, el teatro y el ensayo, donde Vallejo sigue descifrando su mundo y añadiendo nuevos elementos hasta componer una presencia totalizadora. En *Dos narraciones de César Vallejo*, el artículo de Raúl H. Castagnino, se acude a esta presencia y nos invita a considerar el estudio de la novela *El Tugsteno* y el «cuento infantil» *Paco Yunque*. Ambos fueron escritos por Vallejo en España (1931) y en ellos nos habla de las condiciones de vida de los pueblos mineros, sometidos a las injusticias de las sociedades privadas (como la «Mining Society») en el escenario de un mundo indigenista enraizado en la tradición de su historia. Por muy simplista que pudiera parecer esta consideración mía, personal, los cuadros épicos (de clara inspiración en la narrativa social de los años 30) tienen en Vallejo un marcado acento de contemporaneidad, ya que poco o nada ha cambiado en las vidas de estos pueblos mineros, sobre todo en las zonas de los Andes, donde el poder de las multinacionales mineras que cuentan con el aval económico de países extranjeros (Alemania, Gran Bretaña, Estados Unidos...) mantiene a sus habitantes en una miseria y un endeudamiento que se hereda de padres a hijos. No es de extrañar, pues, que Vallejo (el cual conocía perfectamente cuáles eran dichas condiciones) asumiera el papel de «desposeído de la tierra» y confiara a las palabras el drama y la esperanza de su gente.

Otro espacio, dentro de la narrativa vallejiana, lo constituye su teatro. Stephen Hart, en *El compromiso en el teatro de César Vallejo*, nos habla del rechazo que sintió el peruano por el teatro francés contemporáneo (Jean Cocteau, Jean Giradoux...), al que consideraba «desprovisto de elementos de evolución», y su coincidencia, por otra parte, con las representaciones del teatro alemán (entre ellos Erwin Piscator) y los dramas soviéticos, en los que podía sentir el impacto directo que ejercían sobre el público. Este teatro de «acción», sin embargo, nunca se ha llegado a representar y, como ocurre con otros poetas que accedieron a los textos dramáticos (pienso, por ejemplo, en Miguel Hernández), sigue en el más absoluto de los olvidos. Obras como *LocK-Out, Entre las dos orillas corre el río, Colacho hermanos* y *La piedra cansada,* forman parte de un *todo* en el que está condensada la conciencia y la sensibilidad de un período histórico en la vida de Vallejo. Durante dicho período (que comienza en 1923, con su llegada a Euorpa) madurará distintas obras de carácter periodístico y trabajos de narrativa y ensayo. Keith McDuffie, en su excelente artículo *Todos los ismos el ismo: Vallejo rumbo a la utopía socialista,* nos descubre algunas «claves» en el pensamiento vallejiano a través de dos de estas obras: *Contra el secreto profesional* y *El arte y la revolución,* que «nos pone al alcance de una mayor comprensión de la visión literaria, cultural e ideológica que tenía el poeta, además de su concepto del hombre y de la sociedad del porvenir». Su rechazo ante los «ismos» de vanguardia y su adhesión al marxismo («más pragmático que dogmático», en palabras de McDuffie) son elementos de suma importancia para aproximarse a una obra que, como la de Vallejo, está en constante elaboración. El poeta no es ajeno a los cambios que se producen durante estos años de entreguerras, y los vive en la medida que su aceptación o rechazo por lo nuevo sirve (en el sentido más utilitario de la palabra) para construir su propia visión del mundo, su «welstangchaung». Cualquier parecido con la realidad, en este caso, no será pura coincidencia.

La preocupación estética «deviene» en ética cuando nos acercamos al hueso mismo de la poesía de Vallejo. *Poemas Humanos* y *España, aparta de mí este cáliz,* son dos obras que polarizan la atención de la crítica literaria, por lo que no es de extrañar que nos encontremos en esta serie *III* con artículos de apasionada cercanía o distanciamiento respecto a los presupuestos básicos con que fueron concebidos. Vallejo sacude todas las esferas de lo cabalístico. Cualquier análisis que se quiera hacer sobre su obra partiendo de esquemas preconcebidos de antemano sólo encontrará el refrendo de los audaces maquilladores de palabras, acostumbrados a tapiar las paredes de su casa cuando el peligro que acecha no es otro que el de la ignorancia; la más burda imitación de ellos mismos. Pero, aun así, siempre habrá quien al leer los versos de Vallejo sienta esa necesidad de abrazar a dos manos el rostro de la memoria. La de ayer, la que nos hizo daño. La de hoy, la que nos guiña con su ojo grande, inmenso, la vida. Vallejo camina a dos pies y a dos manos sobre esta memoria, y su poesía siempre será espacial, coherente con su vida y con los que buscan en ella un atisbo de dignidad.

En páginas anteriores (ver serie *I*) habíamos señalado las aportaciones de distintos estudios sobre el léxico en la poesía de Vallejo. Ahora, una vez más, volvemos sobre esta materia para abordar el trabajo de Américo Ferrari, *Sobre algunos procedimientos estructurales en Poemas Humanos.* Aunque estos textos puedan resultar demasiado «técnicos» o academicistas para un lector poco acostumbrado a palabras y expresiones como «anáfora», «diseminación recolectiva», «enumeración», «yuxtaposición», etc., no dejaremos de insistir en la importancia que tienen estos trabajos por la riqueza que aportan hacia una mayor y mejor comprensión de la POESÍA. Estamos hablando de la «prehistoria» misma del poema, su nacimiento sobre el papel, y de cómo crece, juega con las palabras que, en suma, no son sino sus ojos, sus manos, sus piernas, su corazón, su locura o razón por la que sentimos el frío o el calor de ese cuerpo inicial que es el verso.

Alaid Sicard sitúa su artículo *Pensamiento y poesía en Poemas Humanos de César Vallejo: la dialéctica como método poético,* en la línea de definir —y remarcar— la «filosofía del

conocimiento» cuando se trata de acudir a una nueva *lógica*
en el tratamiento de los *Poemas Humanos*. Negación y afirmación que, para Vallejo, encuentra en la escritura como «el
modo de asumir la dialéctica transformando en principio activo el atroz determinismo, la dinámica mortal que acecha en
su propia existencia. «La «actitud crítica y revolucionaria»
del poeta Vallejo frente a la dialéctica consiste en convertirla
en un método poético». El salto cualitativo hacia un nuevo
orden lógico que permita establecer las equivalencias y confrontar las partes y el todo de este método poético, será posible
en la medida en que la propia experiencia vital del poeta vaya
añadiendo nuevos elementos susceptibles de ser analizados
bajo las miras más amplias de esta dialéctica que en César
Vallejo (y en su *España, aparta de mí este cáliz*) asumirá cotas
de «dramática belleza».

Julio Vélez y Antonio Merino, participando del encuentro
de Vallejo con España durante la guerra civil y las actividades
que éste desarrollara durante el Congreso de Escritores Antifascistas, nos ofrecen en el capítulo titulado *Abisa a todos los
compañeros, pronto*, un pasaje de gran importancia para conocer, entre otras cosas, la metodología de trabajo en César
Vallejo. Basándose en el poema III (Pedro Rojas) de *España,
aparta de mí este cáliz*, Vélez y Merino analizan cómo en la
alquimia de la realidad el poeta construye su edificio desde
el prisma de los hechos que le transmiten su propia experiencia o su visión de los mismos a través de la información que
recibe. Desgraciadamente hay que apuntar que este capítulo
sobre la metodología vallejiana (que forma parte de un trabajo
más amplio en el libro *España en César Vallejo*. Madrid. Editorial Fundamentos, vols. I y II. 1984) ha quedado en el más
absoluto de los «misterios» por parte de una determinada crítica literaria que veía cómo sus análisis de carácter determinista no soportaban el juicio de una realidad que Vallejo ela-
bora cuidadosamente en cada pliegue de sus versos. Lo raro, lo
indescifrable, el hermetismo tan rebuscado en los poemas-
vallejo, no participan del proceso creador del poeta, sino de

la impotencia del crítico que, más allá de sus lentes, inventa «otra» poesía que poco o nada tiene que ver con el misterio y la magia de ese encuentro múltiple y cambiante del poeta con la palabra.

Esta serie *III* y última se cierra con el trabajo de Saúl Yurkievich, *España, aparta de mí este cáliz: la palabra participante*. Toda una obra, toda una vida, para componer la «encarnación de la máxima humanidad». La certidumbre del hombre se agolpa contra las palabras empujando el mundo desde el mismo centro del presentimiento. «Mundo abierto y mundo de clausura», dirá Yurkievich. Pero volvemos a él, como el que vuelve de un largo viaje, cansados, con los ojos atiborrados de nombres que nos son imprescindibles, de lugares que nos recuerdan otros lugares y otros nombres, empeñados en alzar la voz (que no la palabra) en el instante preciso en que la distancia se hace tiempo, y el tiempo, apenas medio siglo después, se acurruca en los versos de este Cholo peruano al que a veces, sólo a veces, llamamos por su nombre.

* * *

Finalmente quiero dejar constancia de mi más profundo agradecimiento a los autores que con sus trabajos han hecho posible la presente obra, en especial a Carlos Meneses por la interminable lectura de mis cartas, así como la comprensión de Américo Ferrari y el cariño y la amistad de James Higgins, Stephen Hart, Edvika Vydrová, Julio Ortega, Alain Sicard, Jean Franco, Julio Vélez, Víctor Fuentes y Keith McDuffie. A todos ellos, gracias.

Antonio Merino

Madrid, octubre de 1987

I

HAY GANAS DE VOLVER, DE AMAR, DE NO AUSENTARSE

CÉSAR GONZÁLEZ RUANO

EL POETA CÉSAR VALLEJO, EN MADRID

*«Trilce», el libro para el que hizo falta inventar
la palabra de su título*

Alguna vez escribiré un libro titulado *Jefe de andenes*, para acusar recibo de todos los grandes, pequeños y medianos hombres que vienen a «l'Espagne». En estos días dos poetas: después de Vicente Huidobro, que quedó reseñado en nuestro *Heraldo*, César Vallejo, peruano de raza pasado por París.

Tenía viva curiosidad por conocer a este César Vallejo. *Ciap* ha lanzado hace poco una reedición de *Trilce*, su libro de poemas, que ya era famoso en los nuevos decamerones.

Y he aquí que se produce el milagro kilométrico, porque el viaje de un poeta siempre tiene mucho de milagro y lo anuncian en las ciudades los cambios de temperatura, por consonancia con la literatura. ¡Conmovedor!

Ha llegado el indefinible Vallejo. Yo recuerdo unas palabras del nuevo libertador de América, Carlos Mariátegui, que nos explicaba cómo el ultraísmo, el creacionismo, el superrealismo y todos los «ismos» son elementos anteriores en él, dentro del panorama de su sueño; elementos, en suma, que no permiten tampoco catalogarle en ninguna escuela. Así lo creo yo también. Asombra su autoctonismo y los lejanísimos mares, las remotas palabras que le sirven a este hombre desinteresado de partidos politicoliterarios para construir su poema con el mismo sentido personal y directo que las flores producen su olor. César Vallejo aprisiona en *Trilce* la precisión como principal elemento poético. Sus versos me dieron, cuando los conocí, la impresión de una angustia sin la cual no concibo al verdadero poeta. Su desgarramiento por lograr la verdad —su verdad— me pareció terrible.

A otra cosa y otra cosa: la gracia de su cultura. Desde la primera poesía comprendí que no era el montañés peruano que me querían presentar algunos, creyendo favorecerle con la simulación de un poeta adánico, cazado en lazo de auroras en las serranías donde él comía coles, ignorando que sus zapatos eran de charol. No, no. ¡No! Yo veía en él las conchas de la experiencia, la cultura del sufrimiento, la fosfatina poética convertida en la mermelada del hombre de los grandes hoteles de la tierra, que sabe que la Luna no tiene nada que ver con la Luna de Montparnase. Un hombre, en fin, que sabía pelar la naranja de sus versos sin poner los dedos en ella.

He aquí que ahora, traído por el gran Pablo Abril de Vivero, el fundador de *Bolívar*, el excelente escritor, a cuya labor americana en España se debe mucho más de lo que se aprecia, que tengo frente a mí a César Vallejo. ¿Cómo es César Vallejo?

Duros y picudos soles le han acuchillado el rostro hasta dejarlo así: finamente racial, como el de un caballero criollo del Virreynato, que con espuelas de plata fuera capaz de hacer correr el caballo de Juanita y espantarle en Rívoli. Mazos de pensamiento sacaron su frente y hundieron sus ojos, a los que la noche daba el «kool» de quienes suspiraban más hacia dentro que los demás. Este hombre, muy moreno, con nariz de boxeador y gomina en el pelo, cuya risa tortura en cicatrices el rostro, habla con la misma precisión que escribe, y no os espantará demasiado si os juro que en el café se quita el abrigo y lo duerme en la percha.

—César Vallejo, ¿a qué viene usted?

—Pues a tomar café.

—¿Cómo comenzó a tomar usted café en su vida?

—Publiqué mi primer libro en Lima. Una recopilación de poemas: *Heraldos negros*. Fue el año 1918.

—¿Qué cosas interesantes sucedían en Lima en ese año?

—No sé... Yo publicaba mi libro...; por aquí se terminaba la guerra... No sé...

—¿Qué tipo de poesía hizo usted en su *Heraldos negros*?

—Podría llamarse poesía moderna. Encajaban, sí, en un modernismo español, en un sentido tradicional con lógicas incrustaciones de americanismos.

—¿Recuerda usted...?

Es Abril quien la recuerda:

«¿Qué estará haciendo ahora mi andina y dulce Rita,
de junco y capulí,
ahora que me asfixia Bizancio y que se agita
la sangre como flojo coñac dentro de mí?»

Lo ha recitado César Vallejo mal, muy mal; pero no tan mal que yo no aprecie las excelencias de esta estrofa, que revela —y más si se la mira con el sentido histórico de su fecha— un auténtico y fino poeta. En ella veo, por de pronto...

—Veo, por de pronto, amigo Vallejo, algo importantísimo en un poeta y sin cuya condición no me interesan ni los poetas, ni los prosistas, ni las locomotoras; la precisa adjetivación: «flojo coñac».

—La precisión —dice Vallejo— me interesa hasta la obsesión. Si usted me preguntara cuál es mi mayor aspiración en estos momentos, no podría decirle más que esto: la eliminación de toda palabra de existencia accesoria, la expresión pura, que hoy mejor que nunca habría que buscarla en los sustantivos y en los verbos..., ¡ya que no se puede renunciar a las palabras!...

—En *Trilce*, por ejemplo, ¿puede citarme algún verso así?

Vallejo busca en su libro que yo he traído al café, y elige la siguiente:

> «La creada voz rebélase y no quiere
> ser malla ni amor.
> Los novios sean novios en eternidad,
> pues no deis 1 que resonará al infinito
> y no deis 0, que callará tanto
> hasta despertar y poner en pie al 1.»

—Muy bien. ¿Quiere usted decirme por qué se llama su libro *Trilce*? ¿Qué quiere decir *Trilce*?

—¡Ah!... Pues *Trilce* no quiere decir nada. No encontraba, en mi afán, ninguna palabra con dignidad de título, y entonces la inventé: *Trilce*. ¿No es una palabra hermosa? Pues ya no pensé más: *Trilce*.

—¿Cuándo llega usted a Europa, a París, Vallejo?

—En 1923, con *Trilce*, publicado el año anterior.

—¿Usted no conocía a los modernos poetas franceses?

—Ni a uno. El ambiente de Lima era otro. Había alguna curiosidad; pero concretamente yo no me había enterado de muchas cosas.

—¿Cómo pudo usted hacer ese libro entonces, ese libro que, incluso como poesía verbalista, pregona conocimientos de toda clase?

—Me di en él sin salto desde los *Heraldos negros*. Conocía bien los clásicos castellanos... Pero creo, honradamente, que el poeta tiene un sentido histórico del idioma, que a tientas busca con justeza su expresión.

—¿Qué gente conoció usted en París?

—Poca. Desde luego no busqué escritores. Después encontré a un chileno, Vicente Huidobro, y a un español, Juan Larrea.

(Séame aquí permitido recordar a Juan Larrea, poco o nada conocido de nadie. Gran poeta nuevo. Le conocí en el Archivo Histórico Nacional, donde era archivero. Un día se despidió, abandonó la carrera y dijo que iba a hacer poesía a París. Dos o tres años. Se fue de París, diciendo que se iba a hacer poesía pura, y se metitó en un pueblo peruano, donde, naturalmente, no se le había perdido nada. Dos años de soledad, de aislamiento. Nunca quiso publicar sus versos. Un día se cansará definitivamente, y diciendo que se va a hacer poesía pura, llegará al limbo de los buenos poetas, donde ángeles desplumados tocan violines de sueño. ¡Gran Larrea!)

—Para terminar, amigo Vallejo, ¿obras inéditas?

—Un drama escénico: *Mampar*. Un nuevo libro de poesía.

—¿Qué título?

—Pues... *Instituto Central del Trabajo*.

BREVE NOTICIA DE CÉSAR VALLEJO

César Vallejo es, dentro de la literatura castellana, un signo impresionantemente trágico, que simboliza el dolor y la frustración de un pueblo. En *Los Heraldos Negros* (1918), su obra inicial, asoma ya ese sentimiento de tristeza que denuncia la imagen de un Perú humillado, con las alas de la esperanza y de la fe cercenadas, y padeciendo una horrible y tenebrosa explotación. Y Vallejo no cumple, en su obra, funciones de notario que levanta acta de la pobreza y la intensidad de la pena. Como tampoco encarna el rol del emocionado patriota que simplemente se conmueve y derrama su congoja en unos poemas. Vallejo asume el dolor colectivo, deja que esa amargura penetre en su sangre y se mezcle con su propia amargura. La voz del poeta no sólo confiesa su angustia íntima, sino que va más allá, a los cauces de la humillación de su raza mestiza, al triste designio de ser peruano.

Los *Heraldos Negros* es el producto de esa dicotomía, de esa suma de angustias y horrores que llegará a hacer crisis en el poeta. Así como *Trilce* (1922), su segundo libro de poemas, nos muestra un Vallejo más reflexivo, ya que no en vano han transcurrido los años.

Pero, presentar al poeta peruano solamente como un ser de infinita ternura, que ama al indio, al cholo, al prójimo, que se enfurece y sufre cuando se comete una injusticia contra sus hermanos, es incompleto; es necesario complementar esa emoción social, ese amor por la humanidad, con la indiscutible dosis de inteligencia y cultura, con la interpretación y enjuiciamiento que corresponde a un verdadero intelectual. En Vallejo coexiste, por lo general, aunque no siempre en perfecto equilibrio, razón y emoción. En el autor de *Trilce* se conjugan muchos elementos válidos para asumir la misión de simbolizar a un pueblo: peruanismo, ternura, nostalgia, erotismo, misticismo, y sólo el prisma a través del que se mire su obra situará alguna de esas aptitudes en el primer plano.

A través de sus cinco libros de poemas, se puede observar cómo se van desarrollando las cualidades anotadas. La nostalgia que en Vallejo no sólo aflora cuando el poeta ya se halla en Europa, prácticamente imposibilitado de volver al Perú, sino que asoma desde sus primeros poemas. Es el añorar del indio (su parte india) del esplendoroso pasado, y que el poeta enfrenta, comparativamente, a la triste realidad actual. La parte de *Los Heraldos Negros* destinada a ese mirar hacia atrás en busca del esplendor destruido tiene un título por demás expresivo. «Nostalgias imperiales.»

Vallejo no trata al indio, dentro de su poesía, como un objeto, no lo describe imposibilitado de pensar, ni de tener acceso a la palabra, sino tratando de interpretar sus sentimientos, hacer suya su amargura o su alegría. Producir una total comunicación entre ese ser destrozado y él.

La intensidad de su peruanidad está dada no por su insistente recuerdo del Perú, sino por el insistente ahondar en la conciencia peruana. Su sentimiento solidario es llave que le permite llegar hasta los fondos de un dolor muy conocido por él mismo.

Esa forma de tratar a los seres que le rodean, con familiaridad, con amor, como queriéndolos ayudar con sus palabras, como intentando serles útil siempre, aunque no pueda llevarles nada en las manos. Es una ternura tan suya, tan de niño, tan de ser que se ha traído el impoluto bagaje de pureza de la infancia a pesar de los años transcurridos.

Nacido en un hogar católico, educado bajo los rigurosos moldes de esa religión, el sentimiento religioso se arraiga fuertemente a su espíritu. Aún en los momentos de mayor nihilismo, aún en sus etapas en que la amargura lo impulsa a rechazar toda creencia, esas estructuras católicas, esas reminiscencias religiosas de su infancia, suelen aflorar, reflotar, entreverarse en sus versos, aunque ya hayan perdido, totalmente, el significado inicial y sean solamente marchitos recuerdos.

El amor es enorme y profunda fuente de inspiración para el poeta. Sus versos enamorados, sus versos aclamando la belleza de una mujer, la soledad y el amargor que le produce su partida, o el sufrimiento que causa la incomprensión, se hallan desde su obra inicial *Los Heraldos Negros*. La sombra del erotismo atraviesa vagorosa por esas galerías del sentimiento, como en el caso de «Amor prohibido» o «El poeta a su amada», produciéndose entonces una extraña amalgama de sensualidad y misticismo. Su religiosidad reviste los ídolos del amor, y así puede hablar de la crucifixión de la amada «sobre los dos maderos curvados de mi beso».

UNA VISIÓN CRONOLÓGICA DE SU OBRA

Los Heraldos Negros, su primer libro, fue publicado en 1918, y contiene poemas escritos entre 1915 y 1917. Algunos de ellos, tal vez, sucumbirían en una rigurosa selección, pero bastará una docena, diez, tal vez menos, para que este libro siga manteniendo el nivel que se le ha otorgado. Solamente el poema que da nombre al libro es suficiente para acreditar a un gran poeta.

Los Heraldos Negros nos sitúa ante el drama del hombre peruano. Ante el mestizo que reúne el estigma de la magia que le concede su sangre india y la visión occidental de la vida, que le permite su ancestro español.

El concepto de la muerte suele estar presente en una buena parte de los poemas que completan el libro. El poeta no intenta una interpretación ni metafísica, ni psicológica de la muerte, simplemente demuestra su respeto y su temor. Habla de la muerte como de un personaje que forma parte de su propia vida, y entremezcla continuamente muerte con religiosidad. O la evidente presencia de conceptos cristianos —aún a pesar de hallarse distante de las prácticas y de ser otras sus convicciones ideológicas— determina que ofrezca una imagen de la muerte dotada del tetricismo que emerge de los conceptos católicos, sobre todo, de aquéllos de los años en que escribió los poemas de su primer libro.

El número de poemas en los que «penetra» esa imagen negra de la muerte o en el que simplemente se soslaya el concepto, es enorme. Desde el poema liminar, hasta los últimos contenidos dentro de la sexta parte, bajo el título de «Canciones de Hogar», la presencia de la muerte es una constante que sobrecoge y hace reflexionar.

Pero si es fácil hallar un vocabulario católico en la poesía vallejista y, en especial, en este su primer libro, no por eso será imposible descubrir poemas irrespetuosos, iconoclastas, como «Los Dados eternos», por ejemplo, en el que nos sitúa ante una actitud de rebeldía: «Dios mío, si tú hubieras sido hombre,/ hoy supieras ser Dios», exclama vencido por la angustia. Y todo el poema se desarrolla en base a un enfrentamiento con ese ser que el poeta considera superior pero que ha dejado de respetar, y al que reprocha su actitud y hasta intenta una amarga broma contra él, cuando le descubre: «Dios mío, y esta noche sorda, oscura/ ya no podrás jugar, porque la tierra/ es un dado roído y ya redondo/ a fuerza de rodar a la aventura,/ que no puede parar sino en un hueco,/ en el hueco de inmensa sepultura». La muerte vuelve a asomar como arma para su rabia emergente del dolor.

El sufrimiento del poeta se manifiesta en mucha mayor proporción que el concepto o la presencia de la muerte. Ese sufrimiento es el que determina los amargos y negros versos

que se han hecho clásicos: «Hay golpes en la vida tan fuertes...
Yo no sé!», «Serán tal vez los potros de bárbaros atilas;/ o
los heralgos negros que nos manda la muerte». E inexorablemente aparece la imagen del dolor. Los versos brotan como
quejidos, en los que se funde el ambiente gris que suele ser
el escenario de estas desilusiones.

Este primer libro tiene algunos claros acentos modernistas, y hasta en algún poema se hace referencia a Rubén. Aunque el lenguaje no es prestado del Modernismo, algún orien-
talismo o helenismo surge inesperadamente.

HUELLA INDELEBLE EN «TRILCE»

El profesor Luis Monguió, en su obra *César Vallejo, vida
y obra*, publicado en Lima, opinaba que «algunos de los relatos
de la primera parte de *Escalas Melografiadas* pueden considerarse estados en prosa de varios de los poemas de *Trilce*. Indudablemente, la fuente emocional de varios de los poemas de
Trilce y de algunas narraciones de *Escalas* fue una misma: el
estrago que la cárcel causó a Vallejo. Este estrago alcanzó tal
dimensión en su sensibilidad, que su obra inmediata quedó
impregnada del terror a la prisión.

El poeta fue detenido el 7 de noviembre de 1920, y per-
maneció en prisión durante ciento doce días, acusado de ins-
tigar al pueblo de Santiago de Chuco contra las autoridades
de la localidad. Acusación que Vallejo trató de demostrar
que era falsa, pero no consiguió ante la intransigencia de
quienes lo juzgaron. La huella de la cárcel perduró muchos
años en el poeta, y, aún hallándose en Europa, escribió a
algunos amigos para que se interesaran porque no se reini-
ciara una revisión de su proceso, temeroso de que desde su
patria lo pudiesen reclamar y encarcelarlo nuevamente.

Trilce, el segundo libro de poemas de Vallejo, publicado
en 1922, contiene buen número de poemas sellados con ese
estigma de terror a la cárcel. Y luce ya una impronta clara-

mente vanguardista, rompiendo con los vagos moldes modernistas que se habían notado en el libro anterior. Pero por otra
parte continúa con su acento dolorido, que con tan clara tonalidad se observó en *Los Heraldos Negros*, y que no es solamente un aspecto tonal de su poesía, sino la esencia de toda
la obra del poeta. Tal vez podría afirmarse que en *Trilce* se
magnifican algunos de los elementos tan inherentes a la personalidad de Vallejo. O que alcanza en este segundo libro
el nivel y la claridad que aún no se percibía en el primero.

En general hay que considerar que la obra poética de Vallejo tiene una evidente coherencia y concatenación desde su
primer libro hasta el último. *Los Heraldos Negros* es el libro
que contiene todos los elementos que con el correr de los años
se irán desarrollando. *Trilce* significa algo así como una explosión, una experiencia que en su momento desconcertó no sólo
al lector sino a la crítica, y que, sin embargo, guarda grandes
puntos de contacto con su predecesor, y abre camino hacia
el libro siguiente, *Poemas en Prosa*.

El título, que fue uno de los enigmas que siempre se quiso
desentrañar, ha permanecido siempre en el misterio. La palabra es una creación vallejiana. Palabra que ha tomado una
magnitud impresionante, y que ha servido para signar edito-
riales, librerías, etc., pero a la que jamás se ha podido penetrar
para arrancale su secreto.

LA POESÍA EUROPEA

Sólo hace un lustro, se ha comenzado a separar un grupo
de diecinueve poemas, del conjunto de *Poemas Humanos*, y
ese grupo que ha adquirido independencia, de acuerdo con
lo señalado por la viuda de Vallejo, lleva como título el de
Poemas en Prosa, y en adelante se considerará como un libro
aparte.

Esos diecinueve poemas fueron escritos entre 1924 y 1929,
o sea en los primeros años que el poeta pasó fuera del Perú.

Después vendrían *Poemas Humanos*, y posteriormente, *España, aparta de mí ese cáliz*, compuesto por poemas que la angustia y la pasión con que Vallejo siguió la guerra civil española, le dictaron.

Es indudable que en esta poesía escrita en Europa se encuentra a un Vallejo mucho más formado, aunque no ha abandonado aquellas obsesiones y aquellas ansias iniciales. Los tres libros escritos en Europa, tal vez con nivel de conjunto superior a los anteriores, no son sino continuación del camino que había comenzado con *Los Heraldos Negros*. Y, en general, toda la obra de Vallejo, poética y narrativa, obedece a unas mismas pautas, hay una gran coherencia en ella.

Es evidente que en *Poemas en Prosa* la nostalgia de la patria, de la familia, está latente. Continuamente se refiere a su madre, a su relación con ella, que es la síntesis del comportamiento y enfrentamiento hombre-mujer, como no se había tenido en los dos libros anteriores.

Poemas Humanos, aunque se puede apreciar como una visión antropológica del hombre, de su dolor, sus pasiones, sus ambiciones, todo el cúmulo de elementos que forman su esencia, no es más que una continuación de todo lo escrito anteriormente. En este poemario escrito, posiblemente, entre 1930 y 1937, domina esa sensación de estar viendo al hombre a través de su piel, de estar traspasando su carne y llegando hasta su espíritu. Pero no para cuestionarle, sino para conocerle solamente. Para saber de su tragedia de vivir. Si se mira hacia atrás en busca de antecedentes, se hallarán muchos poemas que puedan prestar esta ayuda en *Los Heraldos Negros* y en *Trilce*, y, desde luego, también en *Poemas en Prosa*. Pero, fundamentalmente, se tiene que establecer un parentesco más estrecho con el primer libro que publica Vallejo.

París influye mucho en este último conjunto de poemas; veamos los primeros versos de: «Un hombre pasa con un pan al hombro/ ¿Voy a escribir, después, sobre mi doble?» Esta figura extraña del pan, como si fuera una escopeta, resulta sencilla si se piensa en la gente que camina con las largas barras de pan y que pueden ser apoyadas en el hombro. Pero, el trasfondo del poema es realmente lo que interesa, esa radiografía a la vida, a la desgracia de vivir, que traza con un aire de desenfado a ratos, y con un permanente sentimiento de culpa, como si él —representando a todos los hombres del mundo— fuera el causante de los males. Así dice: «Un cojo pasa dando el brazo a un niño/ Voy, después, a leer a André Breton?»

En este mismo libro se encuentra aquel poema que es de un presentimiento impresionante, y que ya trasluce la cercanía de la muerte en el destino del poeta: «Me moriré en París con aguacero,/ un día del cual ya tengo el recuerdo», y aquella tierna oración que recita Vallejo, con todo su amor al prójimo a flor de piel: «Amado sea aquel que tiene chinches,/ el que lleva el zapato roto bajo la lluvia,/ el que vela el cadáver de un pan con dos cerillas.»

El dolor, la tristeza sin límites que se descubre en el poema «Los Heraldos Negros», como en «Los dados eternos» o «Espergesia», se agiganta, se magnifica, más que en la gran mayoría de las composiciones de *Poemas Humanos*. Y el dolor es más dolor, la desesperanza más desesperanza, a consecuencia del verso que a fuerza de impresionantemente sencillo se hace rotundo y concreto, como aún no había podido lograr en su primer libro, y se podía notar el avance en *Trilce*.

El último de sus libros —con sólo 15 poemas—, *España, aparta de mí este cáliz*, es el condensado de su pena, el dolor que lo invade al ver que la España que él había visto construirse, que significaba la esperanza, se derrumbaba inexorablemente. Los versos fueron escritos en 1937, después que visitara Barcelona, Madrid, Valencia y otras ciudades aún no en poder de los fascistas, y algunas trincheras, próximas a la capital española. La visita fue con motivo de celebrarse en Valencia y Madrid el II Congreso de escritores antifascistas.

Versos como «Cuídate, España, de tu propia España!» o «Niños del mundo,/ si cae España —digo, es un decir—/ si cae», demuestran el grado de emoción que sentía y, a la vez, el alto coeficiente lírico, que impide el deterioro de la poesía.

César Vallejo (Santiago de Chuco, 1892) fue el último hermano de once y sus biógrafos afirman que sus dos abuelos —materno y paterno— fueron sacerdotes. Estudió Letras y posteriormente Derecho, sin llegar a concluir ninguna de las dos carreras. Y salió del Perú con destino a Francia, en 1923. En Europa vivió, principalmente, en París, pero visitó otros países, como España, Italia, Rusia, y, en un largo viaje realizado entre 1930-31, recorrió gran parte del Báltico, Austria, Alemania, Holanda y Bélgica. La muerte le sorprendió en París, en abril de 1938. Sobre las causas se ha especulado mucho. ¿Fueron las huellas del hambre?, ¿fue una enfermedad tropical?, ¿fue una enfermedad venérea?, ¿fue la angustia de ser ese hombre de sus *Poemas Humanos*, que tan necesitado está de ternura? Fue el destino de nacer Valljo.

ANDRÉ COYNÉ

VALLEJO: TEXTO Y SENTIDO

I

La publicación casi simultánea, en España, de las *Obras Completas* de Vallejo iniciada por la Editorial Laia (Ediciones de Bolsillo) y de su *Poesía Completa* por Barral Editores, si bien ha de ampliar el público europeo de este autor, no resuelve los problemas del texto vallejiano sino que, por el contrario, los descubre para el lector menos preparado, ya que ambas ediciones divergen en su ordenación tanto como en las razones con que la justifican.

La Ed. Laia se atiene, salvando algún detalle, a lo dispuesto en Lima, a partir de 1968, para la poesía (*Obra poética Completa*, Fr. Moncloa Ed.), y de 1973 para el conjunto de la obra (*Obras completas*, Mosca Azul Ed.), por Georgette Vallejo, incluyendo (Tomo III) los *Apuntes Biográficos* que ésta redactó definitivamente en 1974 en abono de su criterio editorial, a la vez que para impugnar, con sus propios recuerdos, la memoria del poeta que Juan Larrea viene manejando desde su cátedra argentina de *Aula Vallejo*. En cuanto a Barral, nos ofrece la primera versión de la poesía vallejiana ordenada precisamente por Larrea [1] de acuerdo con los resultados del exa-

---

[1] Cabría interrogarse sobre la «legalidad» de dicha edición: poco antes de realizarla, el mismo Larrea admitía que faltaban aún algunos

men que anteriormente hiciera de la edición Moncloa (*Aula Vallejo*, 1974), donde aparecían, en facsímil, los originales de casi todos los poemas que Vallejo, al morir, dejó sin publicar y que, descontando los 15 de *España, aparta de mí este cáliz*, son generalmente conocidos como *Poemas humanos*. Amén de un *Vocabulario*, y de una *Bibliografía* ya sutilmente subjetiva, acompañan a los poemas unas 300 páginas de prólogos, de índole «crítica» o «exegética», que permiten a J. L. [2] exponer finalmente *urbi et orbi* la idea de Vallejo que empezó a formar a la muerte del poeta, así como el papel representado por éste dentro de su «teleología de la Cultura», esa visión de la historia —pasada, presente y por venir— que él está desarrollando desde los años 30 y que, entre los lectores de Vallejo, sólo hasta ahora conocían los propiamente vallejistas, de tarde en tarde requeridos por las entregas sucesivas de *Aula Vallejo*.

Vallejo nació en el Perú en 1892; en 1923 viajó a Europa y no volvió nunca a su patria; murió en París, en plena guerra española, en 1938. La que sería su viuda lo conoció en 1927; empezó a compartir su vida en 1929 y en adelante no se separó prácticamente de él, hasta velar su última enfermedad. Se halla, así, habilitada no sólo a prestar testimonio, sino a protestar por el uso abusivo, casi mórbido, que en su afán por «descifrarlo de alfa a omega» hace J. L. de lo que alguna vez supo, cierto o incierto, de la vida íntima de Vallejo. No por ello, ella puede exigir que la sigamos en sus contradicciones y tergiversaciones, sobre todo cuando, en 1951 aún, admitía que al morir Vallejo fue la primera sorprendida por el legajo de versos inéditos que heredó. Anteriormente había dejado que, en la edición princeps de *Poemas humanos*, Raúl Porras, informado por ella, sostuviera que a fines de 1937, de regreso de España, Vallejo, al cabo de «casi diez años de no escribir poemas», «volvió a escribir, febril y convulsivamente» (se daba a en-

---

años para que la obra póstuma de Vallejo —la reunida por Georgette en *Poemas Humanos*— cayera en el dominio público.

[2] Salvo excepción, Juan Larrea será: J. L., y Georgette Vallejo: G. V.

tender que la inmensa mayoría de los reunidos en el libro). ¿Cómo aceptar entonces, que pretenda ahora distribuirlos exactamente, no sin variaciones de un año a otro y ocultando gran parte de sus pruebas, a lo largo de los tres lustros que cubren todo el período europeo del poeta?

Larrea se hizo amigo de Vallejo en las últimas semanas de 1924. Juntos publicaron luego (1926) los dos números de *Favorables*, y no cabe duda de que Vallejo comunicó con Larrea más, y más hondamente, que con cualquier otro amigo europeo, debiéndole, entre otras cosas, la edición madrileña de *Trilce*. Pero, si hasta 1929 sólo los separaron sus viajes respectivos, a partir de esa fecha surgieron elementos que habían de afectar sus relaciones: la inmediata desconfianza, pronto enemistad y odio declarado, entre Larrea y Georgette, así como el rumbo diferente que tomaban sus vidas: Vallejo convertido a la revolución en su sentido socio-histórico, y Larrea en busca de «otro mundo de realidad» que le explicara la historia y «la existencia de los hombres». En enero de 1932, el peruano podía escribir a su amigo una carta en que afirmaba la permanencia en él de otro tipo de «inquietud» que la que volcaba en sus actividades revolucionarias y paralelamente, en *El arte y la revolución*, denunciar a Larrea, junto a los surrealistas, por ver el mundo y juzgar el acontecer histórico «a través de sus lentes burgueses». La guerra de España renovaría, un tiempo, sus contactos, sin que volvieran a intimar, y el mismo J. L. admite que en 1937, a pesar de estar ambos entregados a la causa republicana, se movían «en dos círculos muy distintos», sin mucho que decirse, las veces que se veían, por el «retraimiento», la «introversión cerradísima de César», siendo su último encuentro, en noviembre o diciembre de ese año, puramente fortuito: César lo miró de un modo «extraño», que él no supo «cómo interpretar» y que se limitó a encontrar «raro». Larrea, desde luego, pasados los años, le echa la culpa de todo a Georgette; no repara siquiera que los meses en que sitúa su mayor distanciamiento de Vallejo corresponden a la gran fiebre creadora responsable, si no de la mayoría, de gran parte de los «poemas póstumos», y que el Vallejo distante, como enajenado, que mal recuerda, porque nada sospechó de lo que le pasaba era el que ya vivía su muerte y ofrendaba a España el discurso de su agonía, antes de morir efectivamente «de (su) edad ¡ay! y de (su) época».

Así Vallejo, en el momento de su máxima creación poética, no dijo palabra ni a su mujer ni a su amigo, ambos hoy constituidos en sus «albaceas» empeñados en desmentirse mutuamente y cada cual en probar, contra el otro, que es el único en poseer la totalidad de la verdad.

Personalmente, no esperé a J. L. para deplorar las arbitrariedades y equívocos de la tan esperada y luego, a pesar del lujo desplegado, tan poco satisfactoria edición Moncloa de 1968, y no seré yo quien escatime los méritos del «examen», mucho más detenido, que en el ámbito de *Aula Vallejo*, razón actual de su vida, impulsado —lo cito— por su «fidelidad personal y española al autor» y su «formación académica» y «familiaridad con algunas vivencias y valores poéticos», el Director del Centro «César Vallejo» de la Universidad de Córdoba, Argentina, con la asistencia del Fiscal de la Cámara Federal de la Nación Argentina [3], hizo de esa edición —aunque, desde ya, debo señalar que la soberbia con que nos propone su trabajo, como para desalentar de antemano todo examen de su «examen» [4], tiene que ver mucho más que con la «honestidad científica» de que alardea, con su doble propósito de contrariar todo lo alegado por G. V., «la persona con quien (Vallejo) llegó a contraer matrimonio», y, corolariamente, revelar, en términos indiscutibles, a la «conciencia de nuestro mundo nuevo», «lo que —de acuerdo a sus criterios propios— realmente fue la compleja y en parte penosísima experiencia» del poeta peruano. Sin insistir, por ahora, en la «conciencia» que aquí invoca y que, por determinar cuanto escribe, incidió efectivamente en su «tarea» de «estudiar los originales

---

[3] La precisión es del propio Larrea, y de por sí significativa.
[4] Debidamente *fiscalizada*, según acabamos de ver.

de *Poemas póstumos*», ¿cómo no advertir que, a pesar de su «formación académica», que lo preparó mejor para la polémica, y de sus «vivencias poéticas», que le permiten asimismo calar más hondo en los poemas, se manifiesta fundamentalmente parecido con su contrincante cuando reivindica en forma exclusiva la inteligencia cabal, absoluta de Vallejo?

Las dos ediciones de la poesía de Vallejo, que probablemente regirán por mucho tiempo su lectura —tan diferentes entre sí como de las ediciones anteriores, a las que corrigen sin corregirlas, lo que complicará las referencias— lejos de zanjar nuestras dudas, las complican, debido a los criterios del todo personales a que ambas obedecen; personales y pasionales según patentizan los argumentos que alternativamente producen y, por ejemplo, el que tanto G. V. como J. L., para que los creamos, sientan de repente la necesidad de jurar solemnemente ante nosotros, ella, «sobre el altar de sus ojos», y él, «con una mano puesta en el corazón» —o «en el pecho»— «de César y otra sobre la cabeza de (su) nieto». (Cabría citar también el pleito en torno a lo que dijo Vallejo en su delirio: algunas palabras referidas a España, por cierto, en que ambos partidos parecen concordar, luego ya no sabemos: sea que, en la tarde del 14 de abril el poeta llamara repetidamente a Larrea como para confiarle esa España suya y así, a continuación, la exégesis de su obra; sea que, simplemente en la madrugada del 15, antes de caer en coma, pronunciara con voz clara «Palais Royal», como confirmando que se moría en París y remitía, por lo tanto, su mensaje a Georgette, siendo el Palais-Royal el «histórico jardín» en el que por primera vez, en febrero de 1927, le dirigiera la palabra a su mujer.

Sin duda, lo más importante es poder leer a Vallejo poema por poema con un mínimo de erratas, y ambas ediciones lo permiten. Lo que ni una ni otra permite, por su disposición como por sus comentarios, es una lectura global verdaderamente fidedigna, la que después consentiría que cada lector sitúe a Vallejo —poeta «diferente», pero no «único» como quiere Larrea— según sus exigencias propias en el complejo poético-histórico de nuestro tiempo.

Las aberraciones de la ordenación de G. V. saltan a los ojos: una vez restituido como libro aparte *España, aparta de mí este cáliz*, los «poemas póstumos» divididos en *Poemas en prosa* (varios de ellos en verso) que acabarían en 1929, y *Poemas humanos*, que se iniciarían «en 1931/32», con el nacimiento de un nuevo Vallejo, finalmente desprendido del Perú, gracias a su mujer y al marxismo, y se continuarían sin más «interrupción» que la de los primeros meses de la guerra española, hasta precipitarse, si cabe la palabra, entre setiembre y noviembre, que no diciembre de 1937; el corte entre ambos libros situado entre dos poemas cuyas primeras versiones consta que se publicaron juntas en una revista limeña, en 1927; la supresión de las fechas puestas por Vallejo al pie de las copias que la propia editora proporciona de unos 55 poemas, quitando así todo significado a las mismas y originando que se baraje el conjunto de los versos en forma totalmente arbitraria, sosteniendo, por ejemplo, «de una vez por todas», que el último poema escrito por Vallejo es del 21/XI/37 y no del 8/XII como lo podíamos deducir de aquellas fechas, etc. Que tales aberraciones ilustren el propósito más o menos consciente —según Larrea, tan archiconsciente como clínicamente «insano»— de ligar para siempre los *Poemas humanos*, a la vez que a un comunismo bastante peculiar, a la persona de la editora, nos parece evidente.

En los límites de este artículo podré a lo más insinuar los defectos correspondientes de la ordenación de J. L., así como la ambigüedad de la semblanza «biopoética» que sus *Prólogos* trazan de Vallejo, fruto menos de una lectura renovada del poeta, a la luz de los «originales», que del modo como al día siguiente de su muerte él leyó sus últimos versos y empezó a sujetar retrospectivamente su vida como su obra a perspectivas sui géneris: de ahí, entre otras, la imagen que propala de un Vallejo «niño», en quien «se daba la confusión de las lenguas», o sea que hasta al escribir poemas podía equivocar los términos, por lo que le hacía falta un «exégeta» que, cuando lo llamó a la hora de morir, él mismo designó a J. L.

Cualquier lector, primero que todo, extrañará que en una edición con las características de la de Barral los poemas le sean presentados en una prosa muchas veces reñida con la simple coherencia gramatical, amén de sumamente enrevesada, indigna del último periódico del último rincón del Amazonas. Sobrarían los ejemplos: sienta Vallejo «deseos de cancelar su infecundidad lírica», o reciba su «conciencia» un golpe en el plexo solar» que seguidamente la «extrae de su alvéolo a la calle». Me bastará apuntar, con vistas a un futuro estudio, que dichas incongruencias son particularmente aflictivas en la expresión, bajo una u otra forma, del amor: desde que «irrumpe en la vida de Vallejo una joven quinceañera, de la que la unificación del idealismo y de la energía sensual del poeta incipiente no tarde en prenderse» (*sic*), hasta que Vallejo «recibe de su enamorada del año anterior, la noticia de que se siente dispuesta a reanudar el desarrollo de sus sentimientos porque acababa de morir su madre, de quien era hija única y en vísperas de alcanzar su mayoría de edad» (nuevamente *sic*).

No puedo extenderme. Para resumir, digamos que quien considera en la historia sólo el esfuerzo del hombre, aun cuando halague su fibra hispánica, rechazará el *Vallejo* de Larrea sin discutirlo siquiera, tachándolo para siempre de «reaccionario». No así quien crea que todo tiene sentido y que los símbolos son signos de que el destino del hombre no corre por cuenta suya sino en la medida en que él acepta referir su existencia a la unidad del Ser más que a la variedad de otras existencias. Pero éste juzgará que el discurso de Larrea nada tiene de auténticamente «tradicional» —aquello que al primero le parecía «reaccionario»— porque Larrea desconoce cómo es de verdad el simbolismo aplicado a la historia, pues su «profecía» amalgama lo «tradicional» y lo «moderno», no para integrar un lenguaje nuevo, sino como consecuencia de un confusionismo que lo lleva a escribir con frenesí, a falta de poder hacerlo con *autoridad*.

Cualquier juicio que nos merezca el *larreísmo*, el hecho ahora es que sus imperativos torcieron la edición de Vallejo lanzada por Barral. Por más «científico» que sea, el «examen» de los facsímiles reproducidos en la ed. Moncloa, no puede por sí solo fundamentar las conclusiones que J. L. nos propone, ya que G. V. no entregó *los* originales de Vallejo, sino simplemente «originales», como que el «examinador» no ignora, pero simultáneamente descuida porque conviene a su argumentación. Por lo demás, no todo lo que G. V. afirma respecto a los poemas ha de ser sistemáticamente negado: parte de los poemas con fechas de setiembre-diciembre de 1937 efectivamente no fueron escritos entonces, sólo revisados y pasados en limpio, sin excluir los añadidos y las enmiendas posteriores, y es asimismo probable que, no bien llegado a Europa, Vallejo, en 1924, ideara un libro de «poemas en prosa» que nunca completó y al cual pudieron pertenecer, junto con los reconocidos por tales, en primeras versiones, varios de los versos fechados en 1937.

Debido al estado en que Vallejo dejó sus manuscritos, habiendo él mismo sellado, con fechas indudables, el período de su mayor inspiración, sin que importe finalmente la cuenta de lo que entonces escribió y de lo que no hizo más que corregir, ninguna edición, por cierto, debería separar lo que él reunió. Pero si aceptamos que entre esos poemas los hay que proceden de varias épocas, desde la de «poemas en prosa», al constituir con los poemas sin fecha, de acuerdo a un orden que nunca pasará de aproximativo, un primer grupo de «poemas póstumos», restableceremos la continuidad poética de Vallejo, la que habría escindido, según G. V., la conversión del poeta al marxismo, y según J. L., el choque que sufrió con la guerra española, sin que, mientras tanto, deje de declararse a todo el que lea su obra sin prevención.

Añadiré, dejando la demostración para más tarde, que de lo dicho se deduce que, aunque se jacte, J. L. no ha reconstituido en forma alguna *Nómina de huesos*, el libro que Vallejo proyectaba publicar en 1935, y que, del mismo modo, el responsable de la sección *Sermón de la Barbarie* de Barral no es Vallejo, sino Larrea, quien una vez más obedece a la lógica de su pasión más que a a algún criterio «científico».

Quedarían muchos particulares: entre otros, por ejemplo, todo lo que hay de novelado, hasta de fantástico, en la reconstitución, dada por comprobada, de los amores peruanos de Vallejo, y asimismo en la cronología de *Los heralgos negros*, cuando Larrea pretende enmendar la plana a Vallejo, culpable, según él, de haber «entorpecido» esta cronología.

Lo dicho sobra para hacer de la edición de Barral, no obstante los servicios que prestará, una edición nada definitiva, o tan «supuestamente definitiva» (si bien por otros motivos) como las auspiciadas por G. V. que J. L. tanto se esmera en poner en la picota.

II

En tan corto espacio como el de que ahora dispongo, corro el riesgo de no aclarar lo suficiente lo que me quedaría por decir, sin embargo, creo que, más allá de la cuestión del texto que acabo de evocar, urge buscarles un *sentido* a los problemas que los editores de Vallejo nos plantean, desde que atañen al *sentido* mismo de Vallejo: el que su poesía en sí misma manifiesta y el que consecuentemente le cabe en la constelación poética de nuestro tiempo.

Resulta ya significativo que, entre los grandes poetas del siglo, Vallejo, poeta eminentemente «existencial», sea el único cuya obra siga, en efecto, dependiendo hasta tales extremos de las pasiones opuestas de los dos principales testigos de su existencia: su viuda y el amigo que, no bien murió, se instituyó su *albacea*.

Dejaré de ocuparme de G. V. después de observar que el patetismo con que ella tergiversa sus recuerdos e inclina a

ligar la poesía a las circunstancias del contorno no anula, sino
que más bien destaca, el papel que indudablemente le tocó
de *mujer del destino*: la que fijó la inquietud de Vallejo y en
adelante acompañó sus ilusiones como sus desengaños, quedando su presencia inscrita en la obra, no sólo por la mención
«ternurosa» de su nombre en una estrofa más bien trivial de
Ello es que el lugar, sino, y ante todo, porque inspiró los dos
grandes poemas excepcionalmente felices, aunque en distintos
planos, del último período: *¡Dulzura por dulzura corazona!* y
el admirable *Palmas y Guitarra,* cuya imprevisible elevación,
en plena guerra civil española, elude la desgracia de la muerte
que tantos otros versos arrastran; la mujer, además, que, al
cumplirse los días del poeta, recibió el depósito de sus *última
verba:*

«Cualquiera que sea la causa que tenga que defender ante
Dios más allá de la muerte, tengo un defensor: ¡Dios!»

Seguiré, mientras tanto, invocando a L. J. porque, si bien
su memoria no es menos patética que la de G. V. (cuya viu-
dez él quisiera restringir a lo que no vacila en llamar la «entidad metafísica») y se muestra igualmente dada a influir en
la interpretación que va llevando de la obra de Vallejo (limi-
tándonos a los poemas últimos: la forma, por ejemplo, como
ignora *Palmas y Guitarra* e ironiza sobre *Ello es que el lugar*
y, asimismo, *¡Dulzura por dulzura corazona!,* sólo por ser los
versos ligados a Georgette: la repugnancia que manifiesta por
«*Cuídate, España...*», *XIV de España, a. m. e. c.,* al que califica de «diatriba anárquica contra tirios y troyanos e inclusive
contra España misma», porque juzga que contradice lo que
él definió como el espíritu propio del poemario; el reparto
que insinúa de las 15 composiciones de ese mismo libro con
vistas claramente *personales*, especialmente cuando, no obstante su declarado antimarxismo, dictamina que los 3 «personajes», P. Rojas, R. Collar y E. Zúñiga, deliberadamente representan «los tres estamentos sociales del marxismo: el obrero,
el campesino y el intelectual», etc.), el papel que a sí mismo
se atribuye de *hombre del destino,* paralelo al que niega que

tuvo Georgette como *mujer,* rebasa con mucho el de simple
testigo y, con todos los *peros* que nos merece, ocupa el campo
de la exégesis, desde que con su discutida y discutible *Profecía
de América,* de todos modos, *proféticamente* lanzó la *gloria* del
peruano, muerto «prácticamente desconocido» —es cierto—
«de su edad» y «de su época».

A mediados de 1967, Larrea convocó en Córdoba, Argentina, donde hace años que ejerce su magisterio vallejista, unas
Jornadas Vallejianas Internacionales, a las que fui llamado a
a participar. No bien llegué, me di cuenta de que el Simposio
todo había sido programado en función del organizador, quedando a su cargo los discursos de apertura y de clausura, ambos se suponía muy por encima del nivel medio en que se
iba a establecer la discusión, con el fin evidente de esquivar
cualquier tipo de observación. Las sesiones intermedias cons-
tituirían una especie de *relleno,* abandonado a los «especialistas» de los estudios «estéticos», si bien necesarios, según
el criterio de Larrea, simultáneamente despreciables. Ellos no
harían sino destacar los dos momentos cumbres que el flamante
director de *Aula Vallejo* se reservaba para exponer *ex cátedra,*
con el apoyo de Vallejo, y subsidiariamente de Darío, cuyo
centenario coincidía, su peculiar visión de la historia pasada,
presente y porvenir, tal como ya la condensara en su *Teleología de la Cultura.*

Aprovechando que J. L. acababa de reimprimir, con otros
ensayos suyos, su ya antiguo *Surrealismo entre viejo y nuevo
mundo,* yo había elegido considerar en mi ponencia el polémico tema *Vallejo frente al Surrealismo.* Pensaba que con eso
podría discutir con Larrea y que así saldríamos de las consideraciones de detalle para entrar al terreno de los *significados*
generales, o sea propiamente culturales en la acepción «larrea-
na» del término. En vista del clima que reinaba confieso que
forcé la dosis, pero ni aun así logré que J. L. aceptase bajar
de su altura olímpica y someter a debate las tesis que alimen-
tan su crítica. Fue un diálogo de sordos y nada salió de la
reunión. La cosa, sin embargo, no acabó ahí, pues Larrea, en

vez de preocuparse por publicar, como le correspondía, las
Actas de las *Jornadas*, se puso inmediatamente a escribir la
«respuesta» que se negara a darme de viva voz.

Procedimiento aparte, ya adelanté que de cualquier manera, el larreísmo no me deja indiferente y que no comparto el
criterio de quienes suponen que basta, para deshacerse de
él, tildarlo sin más de «reaccionario». Los párrafos que siguen
tan sólo pretenden ofrecer olgunas indicaciones que los comentarios de la edición Barral me obligan a anticipar, a espera
de una oportunidad más propicia para tratar el tema con todo
el detenimiento que requiere.

Al cerrar su capítulo introductorio de *España, a. m. e. c.*,
J. L. expresa el temor de que, en algunos círculos, «se repute
desvarío poético» cuanto ha venido «articulando» en unas
300 páginas, para descubrir, «más allá de la letra que mata»,
«en la gloria del Espíritu que vivifica», «el significado de la
revelación de la vida a través de la experiencia de Vallejo»,
sin sujetarse a las solas «leyes de causalidad», ya que para
él «el curso de la historia responde a otros alicientes e imperativos, donde las razones ético-estéticas... son en realidad y
con el concurso de los azares luminosos reinas y señoras».
Si personalmente me apoyo en J. L. para esbozar una *situación*
de Vallejo cuyo desarrollo dejo para más tarde, es porque,
como él, creo, aunque con otras expresiones, que la historia
toda es *simbólica*, y consecuentemente vehicula en efecto, un
sentido que no nace de ella y abarca cualquier *sentido* que
pueda resaltar de esta o aquella de sus manifestaciones.

«El hombre propone y Dios dispone», repetían nuestros
mayores, y había más sabiduría en el mero refrán que opo-
nían a las contrariedades cotidianas, que ciencia en todos los
análisis con que la ideología de nuestros días, desde que de-
cretó que la historia es sólo quehacer humano, justifica a medida las catástrofes que mientras tanto van provocando sus
continuos «desvíos» o «errores», en atención a la *utopía* que
sigue pronosticándonos, si bien con algún circunloquio, a pesar de tanto desmentido.

Así, lo que a mi entender invalida el *Vallejo* de Larrea no es que apele al testimonio de los siglos, o sea desde Abraham y la *religión* del desierto hasta aquel «acontecimiento inmenso en el orden divino» que en los albores del siglo xix anunciaba J. de Maistre cuando sus primeras señales, sino que lo interprete en una forma radicalmente ambigua, contradictoria, y que además, debido al trauma histórico del que deriva, restringe tanto el campo como la significación del *simbolismo* en cuya base los sustenta. No esperó J. L. que estallara la guerra civil del 36 para convencerse, contra lo que entonces juzgaban los ilusos de la Revolución mundial, del carácter a la vez *babélico* y *apocalíptico* de nuestra época, pero sin desistir de cierto idealismo filosófico del siglo xix y poéticamente más próximo del seudo romanticismo humanitario, con implicaciones ocultistas, de un Hugo o un Michelet, que de la gran lección de *melancolía*, más que nunca actual, del auténtico romanticismo de un Novalis o un Baudelaire. De ahí que, al iniciarse el derrumbe de la Segunda República española, la lectura del último poemario de Vallejo —cuya agonía en comunión con ella, se había adelantado a la de España— lo llevase a pronosticar el ocaso de Europa, tal como lo iba a sellar la segunda Guerra Mundial, y simultáneamente los «albores» de un nuevo mundo en el «Nuevo Mundo», al que él mismo se trasladaba, dedicando, desde entonces, su exilio a «la indagación profunda del Apocalipsis», a la luz de la «palabra reveladora de Vallejo», «el poeta apocalíptico por antonomasia», «con miras a fomentar la creación de una Cultura Nueva, digna tanto del sentido que desprendían los sucesos españoles» como de ese Continente Nuevo con nombre providencial que España «sacó de la nada» para que le diera cabida.

Quien mínimamente entienda de *Tradición* habrá advertido, a través de tales citas, cuán confusa aparece la «teología de la cultura» del *albacea* de Vallejo: el *simbolismo* llamado a acreditar el próximo «Advenimiento del Espíritu» como consecuencia de la «universalización del planeta» y de la consecutiva humanización del hombre por el hombre. Al recordar,

en 1978, su «buena nueva» vallejiana de 1938, J. L. comprueba
que los cuarenta años transcurridos «lo han transtornado y,
en algunos aspectos, degradado todo». Sin embargo, no deja
de proclamar la «inminencia», por obra de españoles de ambos Mundos, del «alumbramiento» del Verbo entre los hombres, en aras de una «espiritualidad» de la «especie» que
invierta los términos *tradicionales*, y aunque parezca «loca»
a una mente en extremo racional, en el fondo coincida con
la *cronolatría* propia de la *modernidad*: muy poco tiene así
de realmente «espiritual». Además, no sólo España, sino cada
«nación» que ocupó el *Tiempo de las Naciones* ha sido, es y
seguirá siendo, hasta que todo se cumpla, «signo de trascendencia». A nadie se le ocurrirá negar lo que el conflicto español del 36 *representó*, pero no del modo exclusivo, ni tampoco
definitivo que Larrea imagina. Tal vez ahora que España se
sumó al concierto (¿?) de los países «democráticos», sea por
fin posible, sin incurrir en la reprobación general, desmitificar,
inclusive con elementos de origen «republicano», la «apocalíptica batalla entre el bien y el mal» a cuya imagen se atiene
nuestro teólogo y de la que deriva, en buena cuenta, el que
cifre en *España, a. m. e. c.* la suma «profecía» de una *palin-
genesia* de la cual afirma que Dante, primero, habría fijado el
dónde, Darío, luego, corroborado el *cuándo* y Vallejo, finalmente, vislumbrado «el verdaderamente inconcebible *cómo*».

Cualquier intento para «situar» a Vallejo entre los máximos
poetas de entre las dos primera Guerras Mundiales que, extra-
lúcidamente, nos descubren dónde estamos y adónde vamos,
tendrá que separar lo que hay de iluminativo en la exégesis de
J. L. y de aberrante en sus conclusiones por la *parcialidad*
con que, ante todo, encara la función de los *símbolos*. Concor-
daremos cuando afirma del peruano: «Este no es un poeta
como los demás», pero no cuando ve en él «un fenómeno
probablemente único», compenetrado con «el espíritu de la
época» al punto de encarnarlo por sí solo «mesiánicamente»
en el «libro-poema» de su *pasión* española. De Dante sí cabe
decir que encarnó el espíritu de su época; de ningún otro poe-

ta de Occidente después, por razones que deberían ser obvias. La «gana dantesca, españolísima» de Vallejo de «amar aunque sea a traición» a su enemigo no basta para convertirlo en el Dante del siglo XX, por el simple hecho que Dante fue un poeta de la *totalidad*, como puede darlo una época de Fe, *unitaria y jerárquica*; y no hay poeta de Babel, por más que lo asalte la *nostalgia*, que tenga condición para ello.

«¡Oh unidad excelsa! ¡Oh lo que es uno por todos!»: tiene razón J. L. al destacar la aspiración de *Los heraldos negros* hacia «el Jesús aun mejor de otra gran Yema», pero la obra consiguiente de Vallejo, lejos de satisfacerla, y por lo tanto culminar en los versos de «Masa» y del poema XV de *España*, como quiere la «teleología» al ligar «unitario» y «colectivo», demuestra más quien —es su modo de asumir la *fatalidad* de la *modernidad*— cuán imposible resulta humanamente evadirse. Si, ya de vueltas de la poesía, cuando no le quedaba sino acabar de morir, Vallejo le dictó a su mujer el «testamento transcendental» que más arriba transcribí, ¿no sería porque in extremis lo confundió el exceso de humanidad que había puesto en sus poemas y que, a la vez que constituía su *verdad*, era la trampa que tendía a la crítica?

LAS CONSTANTES Y LAS VARIANTES
EN LA POESÍA DE CÉSAR VALLEJO:
LOS HERALDOS NEGROS *

El carácter peculiar de la obra poética de César Vallejo,
peculiar tanto en su génesis como en su aceptación por parte
del público contemporáneo del poeta, en su «hermetismo»
como en su carácter revolucionario en el pleno sentido de la
palabra, sigue incitando a los críticos a adentrarse, una y otra
vez, en su estructura insólita y emprender la búsqueda de su
sentido cabal y verdadero. Uno de los problemas que se les
presenta insistentemente es el de la homogeneidad, la unidad
interior de la obra vallejiana, por una parte, y de sus modificaciones, de su evolución en el transcurso del tiempo, por
otra.

Los heraldos negros, libro primogénito de Vallejo, publicado en 1918 [1], mereció, respecto a su puesto y papel en la

---

* Concebimos el presente estudio como primera parte de un trabajo
más extenso, dedicado al lenguaje poético de César Vallejo.
[1] Coinciden en esta fecha Juan Carlos Ghiano (*Desacuerdos sobre
Vallejo*, en: Ángel Flores, *Aproximaciones a César Vallejo, I*, Nueva
York, 1971, p. 13; usaremos más adelante, al referirnos a esta obra,
las siglas *AF-I* para el primer tomo y *AF-II* para el segundo; José Pas-
cual Buxó (*Uso y sentido de las locuciones*, en: *AF-I*, p. 381); Julio
Ortega (*La poética de la persona confesional*, en: *AF-II*, p. 17); Ángel

trayectoria creadora del poeta, juicios críticos de la más diversa índole. Desde los que afirman su tradicionalismo, su apego a los moldes del simbolismo francés y su estética predominantemente modernista [2], hasta los que lo consideran como obra completamente original que abre una nueva etapa en la evolución de la poesía peruana [3]. Lo que es común a todos es la mención más o menos explícita y más o menos extensa del modernismo o de los movimientos literarios de los que éste se nutrió. Así, algunos autores opinan que el primer libro de Vallejo está «inscrito todavía en el modernismo decadente» [4], o que, por lo menos, «refleja la influencia del modernismo y del simbolismo francés» [5]; otros lo califican de «ascendencia parnasiana, preciso, rebuscado» [6] y «ataviado con joyas relumbrantes y algo falsas» [7], plagado de «borrachera de palabras» [8] y de «triviales barroquismos modernistas» [9].

Flores (*Cronología de vivencias e ideas*, en: *AF-I*, p. 43; *Antecedentes y consecuencias de 'Los heraldos negros'* en: *AF-II*, p. 10); André Coyné (*En torno a 'Trilce'*, en: *AF-II*, p. 81). Estos dos últimos autores aclaran que la obra de Vallejo fue entregada a la imprenta e impresa a fines de 1918, pero tan sólo en julio del año siguiente fue distribuida. Esta fecha —julio de 1919— la cita también Saúl Yurkievich, en su obra *Fundadores de la nueva poesía latinoamericana*, Barcelona, 1971, página 16. Insiste en el año 1919 como año de la publicación de *Los heraldos negros* Carlos Luis Altamirano en su prólogo a *César Vallejo, Selección*, San José, Costa Rica, 1975, p. 49.

[2] Cf., por ej., Xavier Abril (cit. por J. P. Buxó, en: *AF-I*, p. 385), o Saúl Yurkievich (*op. cit.*, pp. 15-17).

[3] Cf. José Carlos Mariátegui, *Siete ensayos de interpretación de la realidad peruana*, «El proceso de la literatura», cap. XIV, Lima, 1928. Este capítulo fue publicado también como prólogo a la edición de *Los heraldos negros* por la Editora Perú Nuevo, Lima, 1961. En el juicio de Mariátegui, emitido casi diez años después de la aparición de *Los heraldos negros*, haya podido intervenir su conocimiento de *Trilce*, el segundo libro poético de Vallejo, publicado en 1922 y altamente apreciado por Mariátegui.

[4] J. P. Buxó, *op. cit.*, *AF-I*, p. 381.

[5] C. L. Altamirano, *op. cit.*, p. 49.

[6] Fernando Alegría, *Las máscaras mestizas*, en: *AF-I*, pp. 193, 207 y 193, respectivamente.

[7] *Ibidem.*

[8] *Ibidem.*

[9] Á. Flores, *op. cit.*, *AF-II*, p. 9.

Incluso José Carlos Mariátegui que hace hincapié en lo original de *Los heraldos negros* admite que «...este libro... pertenece parcialmente... al ciclo simbolista», aclarando, sin embargo, que «...el simbolismo es de todos los tiempos» y que «...de otro lado, se presta mejor que ningún otro estilo a la interpretación del espíritu indígena» [10].

La mayor parte de los críticos de la primera obra poética de César Vallejo tratan de descubrir en ella los elementos con los que el poeta se escapa a los modelos modernistas o los modifica y transmuta a su manera, determinar los estratos en los que abandona la estética modernista y se abre camino hacia su próxima obra, al «insólito» *Trilce* [11]. Constatan, en el plano temático, la aparición de algunos temas y motivos nuevos, ajenos al esteticismo modernista, como son, por ejemplo, los de la tierra natal [12], del hogar [13], del dolor o sufrimiento concebido como condición fundamental de la existencia humana [14], del sentimiento de culpa [15], de la blasfemia a Dios [16], del amor a la humanidad [17]. A nivel lingüístico suelen destacar la simplificación, en algunos poemas, de los medios expresivos; la irrupción de los indigenismos y coloquialismos, del lenguaje hogareño y familiar [18]; la integración de los «antipoetismos» [19] en la estructura poética.

---

[10] J. C. Mariátegui, *op. cit.*, pp. 8-9.
[11] Cf. Roberto Fernández Retamar, *Prólogo* a la *Obra poética completa de César Vallejo*, La Habana, 1975.
[12] Cf. L. C. Altamirano, *op. cit.*, p. 54; José Miguel Oviedo, *Huaco*, en: *AF-II*, pp. 657-666.
[13] Cf. Alberto Escobar, *El hogar*, en: *AF-I*, pp. 239-243.
[14] Cf. José Ignacio López Soria, *El dolor como situación límite*, en: *AF-II*, pp. 47-49.
[15] Cf. Roque Dalton, *César Vallejo*, Cuadernos de la Casa de las Américas, La Habana, 1963, p. 18.
[16] Cf. J. C. Mariátegui, *op. cit.*, p. 13; Rafael Gutiérrez-Girardot, *La muerte de Dios*, en: *AF-I*, pp. 335-350.
[17] Cf. J. C. Mariátegui, *op. cit.*, p. 12; Jorge Giordano, *Vallejo, el poeta*, en: *Diez conferencias*, Concepción (Chile), 1963, pp. 45-47.
[18] Cf. F. Alegría, *op. cit.*; J. P. Buxó, *op. cit.*
[19] Cf. Keith A. McDuffie, *Babel y lo babilónico*, en: *AF-II*, p. 60.

Una cosa es evidente ya desde la primera lectura de *Los heraldos negros*. Es un libro desigual, dispar en cuanto a los poemas que lo integran. Basta con leer los títulos de las siete secciones en que está dividido (incluyendo el poema inicial que da el nombre a toda la obra): *Los heraldos negros, Plafones ágiles, Buzos, De la tierra, Nostalgias imperiales, Truenos, Canciones de hogar* [20] para percibir la heterogeneidad no solamente temática, sino también idiomática. Adentrándonos en la lectura de los textos, nos damos cuenta de que es justamente el plano lingüístico en el que se hace más patente la disparidad mencionada. Por esta razón trataremos, en lo que sigue, de analizar los elementos lingüísticos que integran la estructura poética de *Los heraldos negros*; hacer ver cómo participan en la configuración de su plano temático; hallar, si es posible, algún elemento (o varios, si los hay) unificador que sirva de lazo entre lo dispar, que funcione como trabazón dentro de lo heterogéneo. Haremos todo esto con vista al problema señalado al comienzo de nuestras reflexiones que es el de la homogeneidad, la unidad interior de la obra vallejiana y sus modificaciones en el transcurrir del tiempo, su evolución.

Constatamos, en lo referente a *Los heraldos negros*, que todos los juicios críticos aluden, de esta u otra forma, su parentesco con los modelos modernistas, su adhesión a la estética del modernismo (postmodernismo). Denominemos, pues, todos los elementos que justifiquen tales juicios, o sea todos los que sitúen a *Los heraldos negros* en el ámbito modernista (es decir, en el ámbito de algo conocido, familiar, «digerido» ya por el lector de la época de Vallejo de tal modo que lo sienta como estéticamente neutral, irrelevante) como elementos *no marcados*; y los elementos que sustraigan la obra de tal ámbito, que señalen algo nuevo, diferente de lo comúnmente aceptado como

---

[20] Todas las citaciones vienen de la edición peruana de *Los heraldos negros*, Editora Perú Nuevo, Lima, 1961, y fueron consultadas con las ediciones de las *Poesías Completas, 1918-1938*, Ed. Losada, S. A., Buenos Aires, 2.ª ed., 1953, y de la *Obra poética completa de César Vallejo*, Casa de las Américas, La Habana, 1975.

modernista, algo diferenciador y portador de nuevos significados, como elementos *marcados*. Iniciaremos nuestro análisis con aquellos niveles de la organización lingüística del texto, en los cuales, a nuestro parecer, la presencia de los elementos marcados es menos patente, y continuaremos atendiendo aquellos donde la irrupción de lo marcado es mayor y significativa.

1. ORGANIZACIÓN FÓNICA

1.2. *Ritmo.*

1.2.1. Elementos no marcados.

1.2.1.1. Verso con medida silábica fija. Predomina claramente el endecasílabo en todas sus variantes en cuanto a la distribución de los acentos dentro del verso; aparece solo o en combinación con otro tipo de verso, más a menudo con el heptasílabo, después con el eneasílabo, dodecasílabo y alejandrino español (o sea el tetradecasílabo). Siguen: el alejandrino (con hemistiquios 7-7 o en su forma polirrítmica [21], en combinación con el heptasílabo, el eneasílabo, el endecasílabo; el dodecasílabo en todas sus variantes) con hemistiquios 6-6, 5-7, 7,5, 4-8 o en forma polirrítmica [22], combinado, aparte de los casos ya mencionados, con el hexasílabo; el eneasílabo, aparte de los versos ya citados, con el octosílabo; éste, además, aparece en combinación con el tetrasílabo; el decasílabo con el pentasílabo.

1.2.1.2. Estrofa fija (regular). El tipo más frecuente es el cuarteto compuesto de endecasílabos, de endecasílabos combinados con heptasílabos, o de alejandrinos, solos o combinados con heptasílabos; con rimas cruzadas o con asonancia. Siguen: el quinteto de endecasílabos y heptasílabos, con rima a-b-c-d-c,

---

[21] Cf. Tomás Navarro Tomás, *Arte del verso*, 2.ª ed., México, 1964, p. 60.
[22] Cf. *item*, p. 55.

a-b-c-d-b, o sin rima; el terceto; la estrofa de dos versos en que alternan el endecasílabo con heptasílabo.

1.2.1.3. Combinación de estrofas. La más frecuente es la combinación de dos cuartetos con dos tercetos, o sea el soneto (18 poemas del total de 69); aparece en su forma clásica, es decir, compuesto de endecasílabos (10 poemas), pero también de alejandrinos (3), dodecasílabos (2), eneasílabos (1), alejandrinos con heptasílabos (1), endecasílabos con tridecasílabos (1); usa las más variadas combinaciones de rima, no sólo en los tercetos (donde es más habitual), sino también en los cuartetos (rima cruzada, rima consonante combinada con la asonante, etc.).

1.2.2. Elementos marcados.

1.2.2.1. Verso libre. Irrumpe en algunos poemas compuestos de versos con medida silábica fija, organizados en estrofas regulares (*Nervazón de angustia, En las tiendas griegas*) o irregulares (*Heces, La copa negra, El pan nuestro, Los anillos fatigados*). Predomina en unos pocos poemas (*Fresco, Absoluta, Los arrieros, A mi hermano Miguel, Enereida, Espergesia*).

1.2.2.2. Estrofa no fija, irregular. El número de los versos que la componen es variable. Está compuesta sea de versos con medida silábica fija (que puede ser idéntica en toda la estrofa —cf. *Verano*—, o variar —cf. *Yeso, La copa negra*), sea de versos libres (*Espergesia, La araña*, etc.).

1.2.2.3. Combinación irregular de estrofas fijas (*Medialuz*) o no fijas. Esta es frecuente (cf. *Aldeana, Mayo, Ágape, Los dados eternos, La de a mil, Los arrieros, A mi hermano Miguel*).

1.2.2.4. Supresión, parcial o completa, de la rima (incluyendo la asonancia) en una tercera parte de todos los poemas, incluso en los que usan versos con medida silábica fija (*Ágape*) o la estrofa fija (*Santoral*).

1.2.3. Conclusiones. En *Los heraldos negros* predomina el verso con medida silábica fija. El repertorio de versos responde al gusto modernista. Se da clara preferencia al verso largo. Al lado del endecasílabo que es el verso clásico de todo «arte mayor» español, es notable el uso del eneasílabo, decasílabo, dodecasílabo y alejandrino [23]. También en el repertorio de estrofas fijas (en las variantes del soneto, ante todo), se hace notar la filiación modernista [24]. Vallejo se sirve de los recursos típicos de la poesía modernista (postmodernista), pero es evidente que lo hace sin mayor afán de perfeccionarlos o refinarlos más todavía.

Por otra parte, la omisión o supresión de la rima, la aparición del verso libre y, lo que es más notable, de la estrofa irregular debilitan la rígida organización fónica del texto, dan una mayor flexibilidad y expresividad al lenguaje poético de Vallejo y señalan una nueva orientación en su concepto de poesía.

2. ORGANIZACIÓN SEMÁNTICA

2.1. *Denominación indirecta (figurada)* [25]

2.1.1. Elementos no marcados.

2.1.1.1. Metáfora complicada y rebuscada, frecuentemente con alusiones mitológicas o históricas, basada, sin embargo, en el esquema tradicional, o sea en la semejanza objetiva (física, moral o axiológica) de dos objetos o ideas comparados [26].

---

[23] Cf. T. Navarro Tomás, *op. cit.*, pp. 49, 60, 85.
[24] *Item*, p. 104.
[25] Usamos el término *denominación indirecta*, de acuerdo con la terminología de la Escuela Lingüística de Praga y de la actual ciencia literaria checoslovaca, para designar todos los medios de la expresión figurada (los tropos o, como son inexactamente denominados, las imágenes poéticas). Cf. Josef Hrabák, *Poetika*, Praga, 1973; Oldrich Belic, *El mundo de las letras*, Valparaíso (Chile), 1971.
[26] Cf. Carlos Bousoño, *Teora de la expresión poética*, 3.ª ed. aumentada, Madrid, 1962, pp. 101-104.

Cf., por ejemplo: «celeste zagal trasnochador» (=el último lucero; *Mayo*); «mi parábola excelsa de amor» (=la amada; *Para el alma imposible de mi amada*); «las dos lenguas de sus senos abrasadas de sed» (*Capitulación*); «La vida? Hembra proteica; rubricar los cuneifores de la áurea alfombra/ con la pluma del ruiseñor y la tinta azul del dolor» (*Pagana*); «espíritu es el horópter que pasa/ puro en su blasfemia (*Amor prohibido*); «la noche es una copa de mal» (*La copa negra*); «mi corazón es tiesto regado de amargura» (*Avestruz*); «los marfiles histéricos de su beso» (*Capitulación*; en este caso se completa con una metonimia); «Soy el pichón de cóndor desplumado/ por latino arcabuz» (*Huaco*; esta metáfora sirve, a la vez, de base a un símbolo); «el anciano pastor, a los postreros/ martirios de la luz, estremecido,/ en sus pascuales ojos ha cogido/ una casta manada de luceros; rumian las arias de hierba al sol caído/ las greyes de Belén en los oteros» (*Bajo los álamos*).

2.1.1.2. Personificación. De ideas (la más frecuente es la de dios, pagano o cristiano, y de nociones de tiempo): «Viejo Osiris! Perdónote!» (*Santoral*); «Dios mío, eres piadoso, porque diste esta nave...» (*Retablo*); «las horas van febriles» (*Desnudo en barro*); «la primavera vuelve, vuelve y se irá» (*Los anillos fatigados*); «es enero que canta» (*Enereida*); «unos abriles granas capitularon/ ante mis mayos desarmados de juventud» (*Capitulación*); «melancolía, saca tu dulce pico ya» (*Avestruz*; en este último ejemplo citado más que de personificación se trata de «animalización»).

De elementos de la naturaleza: «el último lucero fugitivo lo bebe y se duerme entre un jirón de rosicler» (*Mayo*); «oh, sol, llévala tú que estás muriendo» (*Oración del camino*); «los álamos de sangre se han dormido» (*Bajo los álamos*); «las piedras no ofenden; nada/ codician. Tan sólo piden amor a todos» (*Las piedras*).

De objetos: «habla escarcela; las pallas aquenando hondos suspiros» (*Terceto autóctono*); «altas sombras acuden» (*Reta-*

blo); «¡el corazón que engendra al cerebro!» (*Amor prohibido*); «camina un verso gris» (*Desnudo en barro*).

2.1.1.3. Epíteto metafórico. Cf.: «hieráticos bardos prisioneros; álamos de sangre; labrado en orfandad» (*Bajo los álamos*); «tiesto regado de amargura» (*Avestruz*); «oro amargo; oro santo» (*Oración del camino*); «los ramajes yertos; un trágico azul de idilios muertos» (*Aldeana*).

2.1.1.4. Símbolo. Principalmente de tipo monosémico[27]. Basado en una imagen metafórica o metonímica. Cf.: «de noche entran dos sierpes esclavas en mi vida» (*Capitulación*; la imagen de «las sierpes esclavas», sustituyendo la precedente imagen de «las dos lenguas de sus senos abrasadas de sed», simboliza el deseo sexual que subyuga al sujeto lírico); «Melancolía, saca tu dulce pico ya/ …Mi corazón es tiesto regado de amargura;/ hay otros viejos pájaros que pastan dentro de él…» (*Avestruz*; en base de la metáfora melancolía = pájaro, los siguientes «pájaros viejos» simbolizan las penas, los dolores antiguo que afligen, deprimen, hacen sufrir al poeta); «la copa negra, el negro cáliz» (*La copa negra*) es la imagen metafórica del sexo de la mujer; éste, en base de metonimia, sustituye a la mujer en sí que es símbolo de la sed insaciable del poeta y del sensualismo nefasto en general. Son frecuentes los símbolos continuados[28] que se desarrollan a través de todo el poema (*La copa negra*, *Avestruz*).

2.1.1.5. Símil. Su uso es menos frecuente con respecto a los precedentes tipos de denominación indirecta (figurada). Algunos ejemplos: «Cual hieráticos bardos prisioneros» (*Bajo los álamos*); «como un croquis pagano de un Jesús; como en una enlutada catedral» (*Yeso*); «atado está al Globo como un huaco estupendo que girara» (*Huaco*); «como horribles batracios a la atmósfera, suben visajes lúgubres al labio» (*Desnudo en barro*).

---

[27] Cf. C. Bousoño, *op. cit.*, pp. 127-132.
[28] Cf. Dámaso Alonso, *La poesía de San Juan de la Cruz*, Madrid, 1942, pp. 215-217.

2.1.2. Elementos marcados.

2.1.2.1. Uso menos frecuente de la denominación indirecta, o su ausencia en algunos poemas (*La araña*, *Ágape*, *A mi hermano Miguel*).

2.1.2.2. Simplificación lingüística de las imágenes. Cf.: «la Tierra/ es un dado roído y ya redondo a fuerza de rodar a la aventura» (*Los dados eternos*); «hay ganas de un gran beso que amortaje a la Vida; hay ganas de quedarse plantado en este verso!» (*Los anillos fatigados*).

2.1.2.3. Nuevos tipos de imágenes. Metáfora basada no en la semejanza objetiva (física, espiritual o axiológica) entre dos objetos (personas, ideas), sino en la semejanza emotiva, es decir, la semejanza de los estados afectivos que ambos objetos producen en el lector[29]. Cf.: «Y mi madre pasea, allá en los huertos,/ saboreando un sabor ya sin sabor./ Está ahora tan suave,/ *tan ala, tan salida, tanamor*» (*Los pasos lejanos*); «la mañana pajarina» (*Enereida*).

Imagen sorprendente, chocante por la disparidad de los elementos en que está basada: «son las ocho de la mañana en crema brujo» (*Nervazón de angustia*)[30], o por el juego sutil de las palabras. «Mas cae, cae el aguacero al ataúd de mi sendero,/ donde me ahueso para ti...» (*Lluvia*; aparte de la aliteración de la vocal «u» en combinación con otros vocales —ua, au, ue—, el poeta, usando el americanismo «ahuesar», aprovecha su parentesco etimológico con la palabra «hueso» que, por su significado, está asociada con la de «ataúd»).

2.1.2.4. Contenidos nuevos comunicados por algunos de los recursos tradicionales de la denominación indirecta, el símbolo

---

[29] Carlos Bousoño llama este tipo de imagen «imagen visionaria». Cf. C. Bousoño, *op. cit.*, p. 104.

[30] Es más chocante aún esta imagen por el hecho de estar integrada junto con el verso no menos «raro» que sigue («Hay frío... Un perro pasa royendo el hueso de otro perro que fue...), en un poema típico «no marcado», recargado de toda la «pedrería» postmodernista.

y la personificación ante todo. Volveremos sobre este problema más adelante.

2.1.3. Conclusiones. *Los heraldos negros* se sirve de los recursos tradicionales de la denominación indirecta, tales como la metáfora, la personificación, el símil. El uso frecuente del símbolo responde a la estética del modernismo, igual que la indumentaria lingüística rebuscada y erudita de las imágenes. Se puede notar, sin embargo, la simplificación, hasta la «desnudez» del lenguaje imaginativo en algunos poemas; se reduce o desaparece en ellos la metáfora y el símil; en otros, cambian los contenidos comunicados por la personificación (la de Dios sobre todo) y el símbolo, aparecen nuevos tipos de metáfora o epíteto metafórico.

2.2. *Denominación directa* (léxico).

2.2.1. Elementos no marcados.

2.2.1.1. Selección de palabras desde el punto de vista de la capa estilística. Cultismos, arcaísmos, palabras griegas o latinas, alusiones mitológicas: *heraldos, sicarios, silicio, ágape, testa, áureo, férreo, heráldico, hieráticos, babilónica, noble gladiador, bárbaros atilas, judithesco azogue, puñal floricida y auroral, credo sagrado, brahacmánicos elefantes reales, blasfemar,* etc.

Términos técnicos y especiales: *horópter, gualda, cicuta, proteico, cuneiforme, dulzaina,estambre, arcabuz, curare, troquelar,* etc.

Poetismos: *bogar, roquero, potro, escanciar, hastío, plasmado.*

Neologismos: *nervazón, holocaustar, otoñar, noser.*

Barbarismos: *plafón.*

2.2.1.2. Desde el punto de vista fónico. Abundancia de palabras de tres o más sílabas, con preferencia de las esdrújulas o sobreesdrújulas. Cf.: *amargura, sepultura, neurasténico, legendaria, pupila de cascajo, celebrando perpetuos funerales, se quebrasen fantásticos puñales, melódicos raudales* [31].

2.2.1.3. Desde el punto de vista del significado. Expresiones quese refieren a los fenómenos mitológicos e históricos (cf.: *sicario, gladiador, arcabuz, judithesco azogue, valle mómico*); al credo y laliturgia cristianos (*retablo, cruz, hostia, hostial, Cristo ensangrentado, oteros de Belén*); al ambiente aristocrático y de lujo (*joya, perla, rubí, azabache, ópalos, oro, blasón, heráldico, tules de éter, alfombras áureas*); a la música y artes plásticas (*lira, dulzaina, marfiles, plafones, grabar, pulir, yeso, desnudo en barro*); al mundo sensóreo, de colores y sonidos ante todo.

2.2.2. Elementos marcados.

2.2.2.1. Indigenismos (cf.: *tahuashando, huaco, huaino, palla, yaraví, coraquenque, coca, paca-paca*). Son escasos; estamos de acuerdo con Carlos Luis Altamirano en que el «indigenismo» («nativismo», «indiedad») de Vallejo reside en otra cosa que en el uso de elementos autóctonos [32]. Incluso no esta-

---

[31] Todas estas palabras y sintagmas vienen de una sola estrofa del poema «Hojas de ébano».

[32] «La nota indigenista es importante, pero no la más significativa de este libro», dice C. L. Altamirano y continúa: «El amor y el interés de Vallejo por los asuntos peruanos y sus gentes, sincero sin duda alguna, tienen una explicación más vasta, más fecunda y más noble que la simple simpatía localista: la natural y creciente solidaridad del poeta con los oprimidos» (*op. cit.*, p. 54). Desde otra perspectiva, pero con igual resultado en cuanto a la poca importancia del léxico indigenista, ve el indianismo de César Vallejo Fernando Alegría: «...se pone a hacer sus poemas con mano de indio; inventa, mezcla, agranda, corta, como albañil del pueblo juntando barro, paja, piedra; ...le bastan una araña, alguna chicha, ropa antigua, arrugas, olor a tiempo, para hacer verdadera tristeza de vivir...» (F. Alegría, *op. cit.*, *AF-I*, p. 194). Con respecto a esta «impureza» de la poesía de Vallejo mencionada por Fernando Alegría, sería interesante considerar la posibilidad de que este concepto de la labor poética no es tanto resultado de la condición «india» de Vallejo, como señal de una nueva orientación estética general, la que podríamos denominar como «antipoética» y de la que Vallejo

mos lejos de considerar los indigenismos vallejianos como parte del léxico exótico y rebuscado, es decir, modernista y «no marcado» de *Los heraldos negros*.

Coloquialismos (cf.: *kerosene, empanadas, poncho*). Se hacen más patentes en el nivel sintáctico. En el lexical se trata más bien de la irrupción de las palabras de uso corriente, pertenecientes al habla cotidiana, no «poética».

Neologismos de nuevo tipo (*enereida, espergesia*) cuyo origen y significado son menos discernibles que en el caso de los citados en el párrafo.

2.2.1.1.

2.2.2.2. Palabras sin excesivo valor rítmico.

2.2.2.3. Irrupción de palabras y expresiones cuyo significado se relaciona con la vida cotidiana: la tierra natal, el hogar, la familia, actividades diarias —trabajos, comidas, juegos de niños, oraciones. Cf.: *padre, madre, hermano, hijos, hogar, sala, zaguán, poyo de la casa, huertos, alfeñiques, pedacitos de pan, muebles cansados, mosca llorona, desayunados, cena miserable, lindas ganas de almorzar, sentarse a la mesa, cuchara, pan que en la puerta del hono se nos quema, se reza, haces la leña, arriero.*

2.2.3. Conclusiones. El léxico de *Los heraldos negros* responde al gusto modernista en cuanto prefiere palabras poco usuales, cultas, provenientes de otros idiomas, arcaicas y «poéticas», con cualidades rítmicas, y referentes a las realidades exóticas y aristocráticas, alejadas del mundo contemporáneo americano tanto en el tiempo como en el espacio.

Se puede observar, sin embargo, como en algunos poemas cede este léxico preciosista a la invasión de «prosaísmos», de

---

sería —por lo menos en el ámbito de la lengua española— uno de los primeros iniciadores. Un afán análogo a este mezclar, juntar «barro, paja, piedra» vallejiano lo podemos encontrar quince años después de *Los heraldos negros* en la *Residencia en la tierra* de Pablo Neruda.

las palabras de uso corriente que, además, denotan algunas realidades nuevas (la vida cotidiana, el hogar, la familia). Este último nivel lingüístico —el referencial (o sea el de la denotación, del significado de la palabra)— interviene ya directamente en la configuración del plano temático. Son, ante todo, las llamadas palabras claves que fundamentan la organización motívica de un texto. Así, en el texto de Vallejo, algunas de las palabras «marcadas», tales como *pan, hermano, madre, hogar, horno* se convierten en palabras claves y éstas funcionan como motivos nuevos. Pero no todos los motivos nuevos que aparecenen *Los heraldos negros* están realizados al nivel lexical, o exclusivamente lexical. En el texto no encontraremos ni una sola vez las palabras «culpa» o «culpable», aunque el motivo de la culpa es, sin duda alguna, uno de los más significativos dentro de lo «marcado». Igualmente, otro de los motivos marcados fundamentales, el de la orfandad, si bien está expresado un par de veces con la palabra «orfandad», en la mayor parte de los casos su configuración trasciende el nivel lexical. En general se puede decir que las palabras que denotan una realidad concreta (madre, hermano, pan) se convierten más fácilmente en motivos nuevos que las abstractas[33].

Quisiéramos demostrar brevemente lo dicho hasta ahora en dos textos escogidos de *Los heraldos negros*. El poema *Deshojación sagrada* inicia la sección *Plafones ágiles*; el *Ágape* viene de la sección *Truenos*.

---

[33] Con frecuencia se confunde la «palabra clave» y el «motivo». Eugenio Chang-Rodríguez enumera, por ejemplo, las siguientes palabras claves del lenguaje poético de César Vallejo. «pobreza, hambre, persecución, huida, dolor, incomprensión, violencia, injusticia, melancolía, pesimismo, soledad, duda, muerte» (Cf.: «Sobre la angustia y las alteraciones lingüísticas en César Vallejo», *Revista de Crítica Literaria Latinoamericana*, año III, núm. 5, Lima, Perú, 1977, p. 52). Pero leyendo la obra de Vallejo nos damos cuenta de que tan sólo unas pocas palabras citadas («hambre», «dolor», «muerte») figuran textualmente en ella. Con las demás el autor del artículo citado denomina los motivos respectivos a tales palabras (incomprensión, injusticia, duda, etcétera), expresados, sin embargo, con otros medios que los puramente lexicales, o bien señala cierta característica o tonalidad atribuida a la poesía vallejiana (melancolía, por ejemplo).

Deshojación sagrada

Luna! Corona de una testa inmensa,
que te vas deshojando en sombras gualdas!
Roja corona de un Jesús que piensa
trágicamente dulce de esmeraldas!

Luna! Alocado corazón celeste
¿por qué bogas así, dentro la copa
llena de vino azul, hacia el oeste,
cual derrotada y dolorida popa?

Luna! A fuerza de volar en vano,
te holocaustas en ópalos dispersos:
tú eres tal vez mi corazón gitano
que vaga en el azul llorando versos!...

Ágape

Hoy no ha venido nadie a preguntar;
ni me han pedido en esta tarde nada.

No he visto ni una flor de cementerio
en tan alegre procesión de luces.
Perdóname, Señor: qué poco he muerto!

En esta tarde todos, todos pasan
sin preguntarme ni pedirme nada.

Y no sé qué se olvidan y se queda
mal en mis manos, como cosa ajena.

He salido a la puerta,
y me da ganas de gritar a todos:
Si echan de menos algo, aquí se queda!

Porque en todas las tardes de esta vida,
yo no sé con qué puertas dan a un rostro,
y algo ajeno se toma el alma mía.

Hoy no ha venido nadie;
y hoy he muerto qué poco en esta tarde!

El primero de los poemas citados nos ofrece todas las características que señalamos como «no marcadas». En cuanto a la organización rítmica, está compuesta de doce endecasílabos (con predominio del sáfico) distribuidos en tres cuartetos, con rima a-b-a-b. Su léxico es un muestrario de las exquisiteces modernistas: palabras raras, poco usuales (*testa, guardas, te holocaustas*), rítmicamente gratas (*inmensa, celeste, derrotada, dolorida, trágicamente*, etc.), referentes a las realidades nobles y lujosas (*corona, Jesús, esmeraldas, ópalos*). El texto está repleto de denominaciones indirectas: una va tras otra y cada una es más rebuscada y refinada que la precedente. Las metáforas están centradas en el fenómeno de la luna y graduadas de tal manera que culminen en la última (identificación de la luna con el corazón «gitano» del poeta), con la cual se cierra toda esta cadena metafórica y se le otorga un significado simbólico, insinuado ya por el título: igual que la luna dispersa su luz en un holocausto inútil, también el poeta entrega vanamente el alma en sus versos.

Ya a primera vista, el poema *Ágape* es diferente. Tan diferente que se podría pensar que viene de algún otro libro de Vallejo. De la regularidad rítmica del poema precedente conserva solamente el verso con medida silábica fija (el endecasílabo combinado con heptasílabo). Llama la atención por su sencillez lexical —únicamente el título nos remite al léxico modernista— y «desnudez» metafórica. Parece estar exento de toda denominación indirecta (si no tenemos en cuenta la metáfora lexicalizada «puertas dan a un rostro»). Tan sólo si lo leemos con mayor detenimiento, nos damos cuenta de que al igual que el primer poema también éste fundamenta su significado en un símbolo: el sujeto lírico, al compararse (implícitamente) con Cristo que sacrificó su vida para redimir los pecados del hombre, se siente culpable de su «poca muerte», de su sacrificio insuficiente por el prójimo. También en este caso, el símbolo empieza a configurarse ya en el título del poema: el ágape, convite de hermandad de los primeros cristianos, alude al ansia —insatisfecha— del poeta de una mayor comunidad y solidaridad entre los hombres. A diferencia del poema *Deshojación sagrada*, donde el significado del símbolo está expresado casi explícitamente, en *Ágape* hay que descubrirlo bajo las denominaciones «directas» y «desnudas». El «sencillo» y bien «legible» *Ágape* es, paradójicamente, mucho más hermético que la *Deshojación* rebuscada y complicada.

Pero la mayor diferencia reside en el significado mismo de cada uno de los símbolos. El primero expresa una idea muy manoseada por todos los modernistas y, en la época de Vallejo, poco o nada original: la de la incomprensión de la labor «sagrada» del poeta por parte de las masas mediocres e incultas. El segundo, aunque también se sirve del motivo del sacrificio, lo transforma esencialmente: no trata de expresar un sacrificio inútil, sino *insuficiente*. El sujeto lírico ya no se presenta a sí mismo en condición de *poeta*, sino de *hombre*. De ahí nacen otros motivos nuevos: el de la soledad, el abandono, la culpa, la necesidad de comunicación y solidaridad humana.

Para concluir: el poema *Deshojación sagrada* puede ser considerado como típico ejemplo de la estética (post)modernista de *Los heraldos negros*, o sea de lo que llamamos «no marcado». Por el contrario, el poema *Ágape* trae varios rasgos nuevos, marcados: debilitamiento de la organización rítmica, simplificación lexical, ausencia de metáforas. Incluso cuando coincide con el primero en el uso de uno de los recursos poéticos tradicionales y más explotados por los modernistas —el símbolo— lo modifica fundamentalmente para expresar, de acuerdo con su nueva tonalidad general, contenidos inéditos.

Queda todavía un nivel de la organización lingüística de ambos poemas que no hemos mencionado hasta ahora: el *sintáctico*. En el poema *Ágape*, con respecto a *Deshojación sagrada*, es notable la simplificación de la construcción sintáctica que, junto con la sencillez lexical y el debilitamiento de la organización rítmica, le da al lenguaje de este poema un peculiar carácter coloquial. Es sorprendente, sin embargo, que a pesar de esta diferencia, patente ya desde la primera lectura, también en este nivel ambos poemas coinciden en algo: esta vez en el uso de oraciones exclamativas y del vocativo. Este último se impone más en el primero de los poemas citados —por su reiteración y colocación, en tres casos de los cinco existentes, al principio de los versos iniciales de cada estrofa. Pero nos parece significativo que, en los dos poemas, el vocativo, o sea la apóstrofe, es componente principal del símbolo en que está fundado el significado total de cada uno de los poemas, como acabamos de ver. Creemos necesario, pues, dedicar una atención especial a la organización sintáctica de *Los heraldos negros*.

3. ORGANIZACIÓN SINTÁCTICA

3.1. Elementos no marcados.

3.1.1. Partes de la oración [34]. Predominación de substantivos y adjetivos, es decir, de las partes nominales de la oración.

---

[34] En la lingüística checa suele usarse el término «clases de palabras». Vladimir Smilauer clasifica palabras según tres criterios: el semántico (lexical), el sintáctico y el morfológico. Cf. V. Smilauer, *Nauka o cěském jazyku* (Teoría de la lengua checa), Praga, 1972, pp. 28-35. En nuestro estudio nos atenemos al concepto de Samuel Gili y Gaya, que clasifica palabras desde el punto de vista de su función sintáctica (cf. S. Gili y Gaya, *Curso superior de sintaxis española*, Barcelona, 1970, pp. 97-101). Creemos, no obstante, que en el uso de las partes de la oración participan ambos principios fundamentales de la organización lingüística de todo texto: el de la *selección* de los elementos existentes en un idioma dado (la que se realiza principalmente en el nivel de la denominación, o sea lexical) y el de la *combinación* de los

3.1.2. Oraciones compuestas, con predominio de hipotaxis. Dentro de ésta, la más frecuente es la subordinación adjetiva (oraciones relativas) y la adverbial (oraciones adverbiales de tiempo y de modo, ante todo). Cf.: «Yo soy el coraquenque ciego/ que mira por la lente de una llaga,/ y que atado está al Globo,/ como a un huaco estupendo que girara (*Huaco*); «Tu cuerpo... ondea, como un látigo beatífico/ que humillara a la víbora del mal! (*Comunión*).

3.1.3. Figuras sintácticas. Son frecuentes todas las figuras basadas en repetición o acumulación de palabras.

Epímone. Cf.: «La primavera vuelve, vuelve y se irá...; Y Dios se repite y pasa, pasa... (*Los anillos fatigados*); «arriero, que, detrás de tu burro santurrón,/ te vas.../ te vas... (*Los arrieros*); «al ver la azul caravana/ de las piedras,/ de las piedras...» (*Las piedras*).

Anáfora. Cf.: «Yo soy el llama, a quien tan sólo alcanza/ la necesidad hostil a trasquilar/ volutas de clarín,/ volutas de clarín brillantes de asco...» (*Huaco*); «Cuando las sienes tocan su lúgubre tambor,/ cuando me duele el sueño grabado en un puñal» (*Los anillos fatigados*).

Epífora. Cf.: «...Tan sólo piden/ amor a todos, y piden/ amor aun a la nada» (*Las piedras*).

Paralelismo [35]. Están basados en él poemas enteros, como, por ejemplo, *La araña, El palco estrecho, Setiembre, Yeso, Huaco, La cena miserable, Los dados eternos, Los anillos fatigados, Amor, Los arrieros, Espergesia.*

---

elementos seleccionados (la que se realiza principalmente en el nivel sintáctico). Con respecto a los problemas de la selección, ver, por ejemplo, J. Hrabák, op. cit., pp. 109, 150; Roman Jakobson, *Two Aspects of Language and two Types of Aphasic Disturbances*, en: *Fundamentals of Language*, s'Gravenhage, 1956; en traducción francesa: *Essais de linguistique générale*, París, 1963, pp. 45-49.

[35] En la mayor parte de los casos, excede esta figura el ámbito de una sola oración. Es por esta razón que S. Gili y Gaya clasifica figuras basadas en la repetición como «enlaces extraoracionales» (cf. *op. cit.*, p. 327). A nuestro parecer, el paralelismo es uno de los importantes medios contextuales.

3.1.4. Figuras retóricas.

Interrogación retórica. Apóstrofe. Cf., para ambos casos, el citado poema *Deshojación sagrada.*

Aposiopesis, o sea interrupción brusca e intencionada del discurso. Cf.: «Hay golpes en la vida tan fuertes... Yo no sé!» (*Los heraldos negros*).

3.2. Elementos marcados.

3.2.1. Uso frecuente de adverbios temporales y espaciales; de pronombres personales, posesivos y demostrativos [36].

3.2.2. Oraciones compuestas paratácticas. Cf.: «Hoy no ha venido nadie a preguntar;/ no me han pedido en esta tarde nada... En esta tarde todos, todos pasan/ sin preguntarme ni pedirme nada» (*Ágape*). Ver, también, 3.2.3, polisíndeton.

Oraciones yuxtapuestas. Cf.: «Como un hospitalario, es bueno y triste;/ mustia un dulce desdén de enamorado;/ debe dolerle mucho el corazón» (*Dios*).

Oraciones simples. Cf.: «Con él nos vamos juntos. Anochece./ Con él anochecemos, Orfandad.../ Pero yo siento a Dios» (*Dios*); «Yo soy un mal ladrón... Adónde iré!» (*El pan nuestro*).

Oraciones unimembres nominales. Cf.: «Color de ropa antigua. Un julio a sombra,/ y un agosto recién segado. Y una mano de agua...; Amor contra el espacio y contra el tiempo! Un latido único de corazón;/ un solo ritmo: Dios!» (*Absoluta*); «Espiga extraña, dócil» (*Capitulación*); «Ir muriendo y cantando. Y bautizar la sombra/ con sangre babilónica de noble gladiador./ Y rubricar los cuneiformes de la áurea alfom-

---

[36] O sea, recursos de lo que Bühler llama campo mostrativo o déictico del lenguaje (cf. Karl Bühler, *Sprachteorie,* Jena, 1934); asumen la función indicadora de la situación del hablante, de su interlocutor y de las personas y cosas relacionadas con uno y otro.

bra/ con la pluma del ruiseñor y la tinta azul del dolor.// La
vida? Hembra proteica. Contemplarla asustada/ escaparse en
sus velos, infiel, falsa Judith;/ verla desde la herida, y asirla
en la mirada,/ incrustando un capricho de cera en un rubí»
(*Pagana*).

3.2.3.   Polisíndeton. Es muy frecuente el uso de la conjunción
«y» entre diferentes partes de la oración: «Vencedora y ven-
cida,/ se quedó pensativa y ojerosa y granate» (*Capitulación*);
entre diferentes oraciones: «Mis violentas flores negras; y la
bárbara/ y enorme pedrada; y el trecho glacial (*Heces*); «Se
quisiera tocar todas las puertas y preguntar por no sé quién;
y luego/ ver a los pobres, y, llorando quedos,/ dar pedacitos
de pan fresco a todos./ Y saquear a los ricos sus viñedos...»
(*El pan nuestro*); «Hay alguien que ha bebido mucho, y se
burla,/ y acerca y aleja de nosotros, como negra cuchara...«
(*La cena miserable*); al comienzo de la cláusula: «Y en qué
recodo estiraremos nuestra pobre rodilla para siempre!; Y
cuándo nos veremos con los demás...» (*La cena miserable*);
«Y motivé y troquelé un pugilato de piedras» (*Las piedras*);
«Y cuando pienso así, dulce es la tumba» (*El tálamo eterno*);
«Y el hombre sí te sufre» (*Los dados eternos*).

3.2.4.   Interrogación retórica. Apóstrofe, Aposiopesis. Es cierto que ya mencionamos estos recursos como «figuras retóricas»
en el párrafo 3.1.4, o sea entre los elementos no marcados,
pero consideramos necesario integrarlos también a los elementos marcados. Las tres figuras pertenecen no solamente a la
«alta retórica», sino también al lenguaje coloquial (sobre el
que trataremos en el párrafo 3.2.5) y como tales participan
en la configuración de lo marcado dentro de *Los heraldos
negros*. Además, las tres representan enunciaciones *actualiza-
das* [37] y por ende fuertemente *afectivas* (emocionales). Forman

_____

[37] Entendemos por «actualización» cada modificación concreta, «actual», significativa de la norma gramática abstracta y neutral. Por ejemplo, en el caso de la interrogación retórica, la actualización consiste
en la discrepancia entre su forma de oración interrogativa y su conte-

de este modo parte de los medios del lenguaje emocional, cuyo papel en la estructura poética de *Los heraldos negros* es extraordinario y del que hablaremos más adelante. Por último, el uso de estas figuras —sobre todo el de la apóstrofe— es tan frecuente (y atañe a los poemas con la más variada proporción entre lo no marcado y lo marcado) que no podemos pasarlas por alto como meramente «no marcadas».

3.2.5. Coloquialismos.

Locuciones comunes, cf.: «Echa una cana al aire» (*Terceto autóctono II*), modificadas por Vallejo a menudo: «Aquí ya todo está vestido/ de dolor riguroso» (en vez de «vestido de luto riguroso»; *Yeso*); «Y en qué recodo estiraremos/ nuestra pobre rodilla» (en vez de «estirar la pata»; *La cena miserable*); «Yo no sé con qué puertas dan a un rostro» (en vez de «dar con la puerta en las narices»; *Ágape*) [38].

Giros coloquiales de la más diversa índole: desde los sintagmas hasta las oraciones completas. Cf.: «hay ganas...» (*Los anillos fatigados*); «Oyes?» (*Oración del camino*); «Esta tarde es dulce. Por qué no ha de ser?» (*Heces*); «Más acá, más acá. Yo estoy muy bien» (*El palco estrecho*); «Aquí no más! (*Babel*); «no te hagas la que está durmiendo» (*Lluvia*); «Hermano, escucha, escucha...» (*Espergesia*); «Oye, hermano, no tardes en salir. Bueno? Puede inquietarse mamá» (*A mi hermano Miguel*).

Uno de estos giros coloquiales de Vallejo se repite con tan especial insistencia que se convierte en uno de los nuevos mo-

---

nido enunciativo afirmativo; en el caso de la apóstrofe, en la discrepancia entre su carácter de alocución y la improbabilidad o imposibilidad de la respuesta por parte del interlocutor al que está dirigida. Cf. J. Hrabák, *op. cit.*, p. 170; Miroslav Grepl, *Emocionálně motivované aktualizace v syntaktické struktuře vypovědi* (Actualizaciones emocionales en la estructura sintáctica de la enunciación), Brno (Czechoslovaquia), 1967, caps. 1, 2, 3.

[38] Cf. J. P. Buxó, *op. cit.*, *AF-I*, pp. 381-385.

tivos claves: el de *no-saber*[39]. Cf.: «*Y no sé* qué se olvidan» (*Ágape*); «Hay golpes en la vida tan fuertes... *Yo no sé!*» (*Los heraldos negros*); El suertero que grita "La de a mil", contiene *no sé* qué fondo de Dios» (*La de a mil*); «se quisiera tocar por todas las puertas,/ y preguntar por *no sé* quién» (*El pan nuestro*); «*Ni sé* para quién es esta amargura!» (*Oración del camino*); «Con *no sé* qué memoria secretea/ mi corazón ansioso» (*Hojas de ébano*); «*Yo no sé* si el redoble en que lo busco,/ será jadear de roca» (*Líneas*).

Estilo directo, fragmentos de diálogo o diálogos enteros intercalados dentro de poemas. Cf.: «... al fin dirá temblando: "Qué frío hay... Jesús!" (*Idilio muerto*); «"Mañana que me vaya..." se lamenta/ un Romeo rural...» (*Terceto autóctono III*); «Me acuerdo que jugábamos esta hora, y que mamá/ nos acariciaba: "Pero, hijos..." (*A mi hermano Miguel*); «"Señora?... Sí, señor; murió en la aldea;/ aún la veo envueltita en su rebozo..."» (*Hojas de ébano*).

Por último, participan en la configuración del carácter coloquial de *Los heraldos negros* algunos de los recursos sintácticos ya citados con anterioridad. No solamente las figuras retóricas, cuyo doble carácter no marcado y marcado ya hemos mencionado, sino también las figuras sintácticas. Son, especialmente, todos los tipos de la repetición los que, unidos al polisíndeton y a la aposiopesis, le otorgan al lenguaje poético de César Vallejo su peculiar carácter «balbuceante». Cf.: «En Lima... En Lima está lloviendo» (*Luvia*); «Y tú, cuál llorarás... tú, enamorado» (*Dios*); «Y el hombre... Pobre... pobre!» (*Los heraldos negros*).

3.2.6. Oraciones de tipo subjetivo, o sea las que expresan la actitud del hablante con respecto a lo enunciado.

En todo el libro, es decir, en sus 69 poemas, hay 176 oraciones exclamativas, 48 exhortativas y 20 interrogativas.

---

[39] Según José Ignacio López-Soria, este giro aparece 22 veces en *Los heraldos negros*. Cf. *El no-saber*, en *AF-II*, pp. 13-16.

Llama la atención, ante todo, el uso frecuente de las exclamativas. En la totalidad de los poemas, encontramos sólo nueve sin exclamativas. En el resto hay dos y más. Son de diferentes tipos según el grado de su carácter sintético: a) formadas por interjecciones, sea propias, sea palabras habilitadas como interjecciones, y vocativos; b) sintagmáticas (producidas por un comienzo de análisis de la emoción y formadas por dos o más palabras); c) basadas en el análisis emocional ya más desarrollado y con estructura de una oración completa que, la mayor parte de las veces, no se distingue de la enunciativa o interrogativa más que por los recursos fonéticos, representados en su forma escrita por las señales ortográficas. Cf.: a) «Silencio!» (*Yeso*); «Nada!» (*En las tiendas griegas*); «Luna!» «*Deshojación sagrada*); «Amada!» (*Yeso*); b) «qué mortífero!» (*Lluvia*); «oh, padre mío!» (*Enereida*); «más acá, más acá; Los otros, qué cómodos, qué efigies!» (*El palco estrecho*); c) «Yo no sé!» (*Los heraldos negros*); «Hay ciertas lindas ganas de almorzar,/ y beber del arroyo, y chivatear!» (*Mayo*); «Y en qué recodo estiraremos/ nuestra pobre rodilla para siempre!» (*La cena miserable*).

Oraciones exhortativas. Pueden ser consideradas, desde el punto de vista fonético, como oraciones exclamativas. A diferencia de éstas, no expresan —en el lenguaje corriente— la emoción, sino la voluntad. Creemos que en nuestro texto, que es un texto poético, pertenecen no sólo a la función apelativa del lenguaje, sino también a la emotiva [40]. Cf.: «Amada:

---

[40] Usamos el término *emotivo* como sinónimo de los términos *emocional* o *afectivo*. Suele usarse en este sentido también el término *expresivo*, aunque algunos autores —cf., por ej., S. Ullmann, *Précis de sémantique française*, Berna, Suiza, 1952; J. Zima, *Expresivita slova v současné čestine* (La expresividad de la palabra en el checo actual), Praga, 1961— opinan, y creemos que con razón, que esta noción es más amplia que las precedentes. La función emocional y la apelativa se consideran generalmente como funciones básicas del lenguaje, junto con la representativa (referencial). K. Bühler distinguió en cada acto de comunicación lingüística tres funciones fundamentales: la representativa (*Darstellung*), la expresiva (*Kundgabe*) y la apelativa (*Apell*). La Escuela de Praga, representada en su rama literaria por J. Muka-

...Quédate en la hostia,/ ciega e impalpable,/ como existe Dios./ ...deja que me azote,/ como un pecador» (*Para el alma imposible de mi amada*); «Dulce hebrea, desclava mi tránsito de arcilla;/ desclava mi tensión nerviosa y mi dolor.../ Desclava, amada eterna, mi largo afán y los/ dos clavos de mis alas y el clavo de mi amor!» (*Nervazón de angustia*).

Oraciones interrogativas. Sustituyen a veces las exclamativas: «Hasta qué hora no suben las cortinas/ esas manos que fingen un zarzal?» (*El palco estrecho*), y viceversa: «¡Quién tira tanto el hilo; quién descuelga sin piedad nuestros nervios,/ cordeles ya gastados a la tumba!» (*Desnudo en barro*). Hay oraciones abiertamente ambivalentes: «Hasta cuándo estaremos esperando lo que/ no se nos debe... Hasta cuándo la Duda nos brindará blasones/ por haber padecido...» (*La cena miserable*). De este modo, las oraciones interrogativas adquieren, al lado del carácter dubitativo que les es propio, una fuerte carga emotiva (cf., también, los párrafos 3.1.4., 3.2.4. — Interrogación retórica).

3.2.7. Interjecciones. Consideradas como expresiones de significación propia, que no son partes de la oración, sino equivalentes a ella [41], representan la capa puramente emotiva del lenguaje [42]. Su uso frecuente en *Los heraldos negros* complementa otros recursos del lenguaje afectivo citados con anterioridad.

rovsky, completó esta tríada con una cuarta función específica: la estética. R. Jakobson modificó una vez más el esquema funcional de todo acto de comunicación lingüística al distiguir, aparte de las funciones referencia, emotiva y apelativa (*conative*), la función fática (*phatic, phatique*), metalingüística (*metalingual, métalinguistique*) y poética (cf. R. Jakobson, *Closing Statements: Linguistics and Poetics*, en: *Style in Language*, Nueva York, 1960. Trad. francesa, *op. cit.*, pp. 209-220). Según nuestra opinión, la función poética no es una función más, entre otras. En una comunicación poética pueden participar todas las funciones del lenguaje «normal», no poético, y lo que R. Jakobson llama la *función poética* sería más bien cierta jerarquía específica que adquieren estas funciones en un texto poético y el peculiar efecto estético que producen en el perceptor del texto.

[41] Cf. S. Gili y Gaya, *op. cit.*, pp. 41-42.
[42] Cf. R. Jakobson, *op. cit.*, p. 214.

3.2.8. Vocativo. Ya nos referimos a la apóstrofe (cf. 3.1.4., 3.2.4.), figura retórica basada en el vocativo. Creemos, sin embargo, que el vocativo, tanto por su carácter peculiar dentro de los recursos lingüísticos en general, como por su función específica en el texto de *Los heraldos negros*, merece ser tratado aparte.

3.3. Conclusiones.

3.3.1. Es evidente que es el nivel *sintáctico* en que se producen los cambios más amplios y profundos del lenguaje poético de *Los heraldos negros*. Resumiéndolos, podemos constatar dos tendencias fundamentales:

A) Orientación hacia el lenguaje *coloquial*. La prueban, al lado del uso de los recursos coloquiales propiamente dicho —tales como locuciones comunes, giros coloquiales, estilo didecto y diálogo—, los siguientes factores: tendencia a la parataxis y la yuxtaposición en oraciones compuestas; mayor frecuencia de oraciones simples; dentro de éstas, frecuencia considerable de oraciones unimembres nominales; polisíndeton; aposiopesis; repetición de palabras, sintagmas y construcciones oracionales.

B) Uso frecuente y específico de los recursos del lenguaje *emocional* (interjecciones ,oraciones exclamativas) y *apelativo* (vocativo y oraciones exhortativas); participación de los recursos coloquiales en la configuración de ambos.

3.3.2. En el nivel sintáctico, además, se «valorizan» y cobran su peso verdadero cambios producidos en otros niveles. Así, es indudable que el debilitamiento de la rígida organización rítmica adquiere el relieve justo tan sólo cuando se une al debilitamiento sintáctico. La irrupción de las palabras corrientes y «antipoéticas» se hace más patente en giros coloquiales. Éstos ayudan a que los símbolos comuniquen nuevos contenidos, etc., etc.

3.3.3. Pero, por otro lado, el nivel sintáctico se resiste más que otros a la tentativa de separar nítidamente los ámbitos de lo marcado y lo no marcado. Vimos, por ejemplo, cómo algunas de las llamadas figuras retóricas (aposiopesis, apóstrofe) y sintácticas (polisíndeton, diferentes tipos de repetición), al sumarse a otros recursos, dejan de tener —dentro de un contexto nuevo— carácter de figuras tradicionales (o sea no marcadas) y funcionan como recursos distintivos, relevantes, portadores de nuevos significados. La «promiscuidad» entre los elementos no marcados y los marcados se hace más patente en los recursos del lenguaje emocional y apelativo. Entre éstos, esel uso del *vocativo* que se merece, a nuestro parecer, una atención especial.

4. VOCATIVO

4.1. «El vocativo no es complemento de ninguno de los componentes de la oración, es aislado del resto de la oración por medio de pausas, refuerzo de intensidad y entonación especial... Es el nombre de la persona o cosa personificada a quien dirigimos la palabra» [43].

El vocativo suele ser considerado como uno de los recursos fundamentales de la función apelativa del lenguaje [44]. Sus funciones, no obstante, son más variadas. Podemos, por ejemplo, mediante su uso establecer contacto con nuestro interlocutor (en este caso, el vocativo pertenece a la función fática del lenguaje[45] o expresar nuestra emoción (cf., por ej., la exclamación «¡Dios mío!»).

4.2. El uso del vocativo en el lenguaje poético es de larga tradición. Como ya anotamos, está basada en él una de las

[43] S. Gili y Gaya, *op. cit.*, p. 214.
[44] Cf. R. Jakobson, *Closing Sattements: Linguistics and Poetics*, en: *Style in Language*, Nueva York, 1960. Trad. francesa, *op. cit.*, p. 215.
[45] Cf. la nota 40.

llamadas figuras retóricas, la *apóstrofe*. Por medio de la apóstrofe, el sujeto lírico se dirige a una persona ausente o muerta. a una idea o una cosa, es decir a un fenómeno del cual no espera respuesta. Dadas estas circunstancias, es lógico que se debilite o desaparezca por completo el carácter apelativo del vocativo que le sirve de base a la apóstrofe y, por el contrario, se refuerce su carga emotiva (cf. 3.2.4.). Muchas veces, la apóstrofe adquiere carácter de pura exclamación emocional.

La apóstrofe se sirve a menudo de otro recurso poético, la *personificación*. Ambos recursos, tanto la apóstrofe como la personificación, son muy frecuentes en la poesía clásica, en la romántica y, también, la modernista.

4.3. La frecuencia del vocativo en *Los heraldos negros* es realmente asombrosa: en los 69 poemas aparecen 93 vocativos. Su colocación con respecto a la oración con la cual forman entidad enunciativa [46] es variada: la mayor parte (55) la preceden o inician; el resto, en proporción más o menos equilibrada, o está intercalado dentro de la oración (17), o la

---

[46] Dice S. Gili y Gaya: «Su colocación al principio, en medio o al fin de la oración, es gramaticalmente indiferente, pero no tiene el mismo valor expresivo. Al principio, llama la atención del interlocutor hacia lo que va a decirse, generalmente un mandato, súplica o pregunta. En medio o al fin de la oración, es casi siempre enfático» (cf. *op. cit.*, p. 214). Nos consta que en un texto poético la situación es diferente. La apóstrofe, cuya función apelativa —como acabamos de constatar— suele debilitarse o desaparecer, tiene valor enfático en todas las posiciones e incluso suele reforzarlo al estar colocada al principio de la entidad enunciativa.

Del juicio de S. Gili y Gaya, además, no resulta claro que el vocativo puede tener carácter y función de una oración exclamativa, ligada —de modo más o menos estrecho— a otra oración (u oraciones) con la cual forma cierta entidad enunciativa. El mismo Gili y Gaya considera, en el capítulo dedicado a la clasificación de las oraciones según la calidad psicológica del juicio, el vocativo como oración exclamativa de primer grado (cf. *op. cit.*, p. 42). V. Šmilauer distingue, dentro de las oraciones unimembres no verbales, las oraciones «vocativas» y las sitúa, por su naturaleza, entre las substantivas y las interjeccionales (cf. *op. cit.*, p. 264). Es por esta razón que usamos, al referirnos a la colocación de vocativos en *Los heraldos negros*, la expresión «con respecto a la oración con la cual forman entidad enunciativa».

cierra o sigue (21). Cf.: «Luna! Corona de una testa...» (*Deshojación sagrada*); «Dios mío, estoy llorando el ser que vivo...» (*Los dados eternos*); «Miguel, tú te escondiste, una noche de agosto...; Oye, hermano, no tardes en salir» (*A mi hermano Miguel*); «Oye, tú, mujerzuela, no vayas a volver» (*La copa negra*); «Mas, ¿no puedes, Señor, contra la muerte...?» (*Absoluta*); «El pan nuestro de cada día dánoslo, Señor...!» *El pan nuestro*j; «¡Y no tengo ganas de vivir, corazón!» (*Heces*); «Pureza absurda!; Oh, pureza, que nunca ni un recado me dejaste...» (*Deshora*).

4.4. Los vocativos que aparecen en *Los heraldos negros* son de diversa índole considerando aquello a que se refieren. Podemos distinguir entre ellos tres grupos fundamentales: personas, ideas, cosas. Dentro del primero, ocupa un espacio importante la mujer en general y la amante en especial; en el segundo, la idea de Dios; en el tercero, elementos de la naturaleza. Desde este punto de vista, la frecuencia del vocativo es la siguiente:

Personas:	Mujer:	27		
			Amante:	13
			Madre:	2
	Hermano:	5		
	Poeta:	3		
	Padre:	2		
	Otras:	5		
	Total:	42		
Ideas:	Dios:	18		
			Cristiano:	15
			Pagano:	3
	Amor:	7		
	Otras:	9		
	Total:	34		

Cosas:	Elem. natur.:	12
	Otras:	5
	Total:	17 [47]
Total:		93

4.5. La clasificación de los vocativos que acabamos de hacer no demuestra prácticamente ningua calidad nueva o específica de este recurso en *Los heraldos negros*. Al contrario, el número bastante alto de ideas abstractas personificadas, los pocos representantes del mundo material (y entre ellos la superioridad de elementos de la naturaleza) y el predominio absoluto de los vocativos dirigidos a la mujer (la amada, ante todo) vinculan claramente *Los heraldos negros* con el modernismo. Tan sólo la relativamente alta frecuencia de la idea de Dios, por una parte, y la aparición de los familiares del poeta en algunos vocativos, por otra, señalan ciertos rasgos distintivos. Pero examinando no solamente la calidad intrínseca de cada vocativo, sino su funcionamiento dentro del contexto concreto del poema, podemos descubrir algunos hechos sorprendentes. Es cierto que una gran parte de los vocativos funcionan como apóstrofes clásicas, o sea cumplen su papel enfático. Eso se puede notar sobre todo en las apóstrofes de los elementos de la naturaleza (Luna, Sol, Verano —escritas todas, por supuesto, con mayúscula), pero también en los vocativos «amorosos». Como típicos ejemplos pueden servir versos del poema *Deshojación sagrada* (citado entero con anterioridad), o éstos que siguen: «Amada: no has querido plasmarte jamás/ como lo ha pensado mi divino amor./ Quédate en la hostia, ciega e impalpable, como existe Dios.// Si he cantado mucho, he

---

[47] En el caso de que el vocativo está expresado por una denominación indirecta (figurada), es decisivo para nuestra clasificación el fenómeno denotado, real; por ejemplo, el vocativo «¡oh, negro cáliz!» (La copa negra) se refiere, en base de una metáfora combinada con metonimia, a la mujer, pues lo clasificamos como vocativo referente a una persona.

llorado más, por ti ¡oh mi parábola excelsa de amor!» (*Para el alma imposible de mi amada*).

En este último caso, sin embargo, ya podemos notar cierto rasgo distintivo: el *relacionamiento* continuo del sujeto lírico con el fenómeno apostrofado. El primer verso desarrolla la apóstrofe por medio de la segunda persona del presente indicativo de los dos verbos; pero ya el segundo trae, aunque indirectamente —en forma del pronombre posesivo «mi»—, la persona del sujeto hablante. El tercer verso se refiere otra vez —por medio del imperativo— a la persona apostrofada; el cuarto vuelve al sujeto hablante —esta vez en la primera persona del pretérito compuesto de los dos verbos; y el quinto establece la relación directa entre el hablante y la persona apostrofada por medio del pronombre personal «ti» y el posesivo «mi», plasmado esta vez dentro de la misma apóstrofe. Se podría objetar que un tal relacionamiento no tiene nada «anormal» puesto que se trata de un poema de amor. Citemos pues trozos de tres poemas más; el primero con la apóstrofe de una persona emotivamente ajena al poeta, otros dos con la apóstrofe de un elemento de la naturaleza:

1) «Arriero, con tu poncho colorado te alejas,/ saboreando el romance peruano de tu coca./ Y yo desde una hamaca,/ desde un siglo de duda, cavilo tu horizonte y atisbo...» (*Los arrieros*).

2) «Ni sé para quién es esta amargura!/ Oh, Sol, llévala tú que estás muriendo, y cuelga, como un Cristo ensangrentado, mi bohemio dolor sobre su pecho» (*Oración del camino*).

3) «Verano, ya me voy. Y me dan pena/ las manitas sumisas de tus tardes./ Llegas devotamente; llegas viejo;/ y ya no encontrarás en mi alma a nadie.// Ya no llores, Verano» (*Verano*) [48].

---

[48] Clasificamos esta apóstrofe como la de un elemento de la naturaleza, porque concebimos el «verano» como una temporada objetiva y no como pura noción de tiempo.

En el primero de los poemas citados, el sujeto hablante está tanteando los contornos, las cualidades, las posibilidades del objeto apostrofado desde lejos, guardando una distancia no sólo espacial («te alejas… y yo desde una hamaca…»), sino más bien vivencial y noética («desde un siglo de duda…»). Desde el segundo ejemplo citado se hace evidente que el sujeto hablante se impone al objeto apostrofado, que está confrontando lo «tuyo» con lo «mío» y viceversa. En el poema *Verano* se realiza incluso cierta compenetración de ambos, cuando el sujeto lírico le transfiere a la temporada apostrofada algo de su estado de ánimo: el poeta siente pena y al mismo tiempo compadece al verano por su sumisión y vejez; él sufre, pero es al verano a quien exhorta a que no llore. Se ve, además, que son, ante todo, los frecuentes pronombres personales y posesivos que le otorgan a la apóstrofe una nueva calidad y función al lado de la enfática [49].

Entre los poemas *Para el alma imposible de mi amada* y *Oración del camino* se puede notar otra diferencia. La apóstrofe «Amada» del primero de los poemas es fuertemente enfática por su posición al principio de la enunciación [50] y por la pausa que le separa de la oración que sigue; guarda, además, siendo seguida de dos imperativos, algo de su función apelativa. En el poema *Oración del camino*, la situación parece ser idéntica (con la diferencia de que la apóstrofe «Sol» no inicia el poema como sucede en el caso precedente): la apóstrofe tiene también una fuerte carga enfática (reforzada en este caso por la interjección «oh») y es igualmente seguida de dos imperativos. El verso anterior, sin embargo, que expresa una variante del ya mencionado motivo-clave vallejiano del «no-saber» (cf. el párrafo 3.2.5.), le transfiere algo de su incertidumbre e inseguridad al siguiente verso, el de la apóstrofe, y le imprime al relacionamiento del sujeto hablante con el objeto apostrofado carácter de una pregunta implícita, seguida de ex-

---

[49] Cf. el párrafo 3.2.1, donde constatamos que el uso frecuente de los pronombres pertenece a los elementos marcados.
[50] Cf. la nota 46.

hortación explícita: «Yo no sé, pero tú, Sol, sabrás (¿sabrás realmente?), pues ¡haz algo!» La modificación que presenciamos en este ejemplo citado es todavía demasiado sutil, pero en otros, como veremos más adelante, se hace más patente.

4.6. Creemos que las apóstrofes, incluso las más «clásicas», de *Los heraldos negros* son expresión de lo que podríamos llamar la *relación dialéctica entre el sujeto y el objeto*. El yo del poeta se relaciona con todo lo que no sea yo, trata de establecer algún contacto con este no-yo, penetrar en su estructura, imponerle su personalidad, su propio peso. Para poder entrar en el contacto con lo ajeno, con el no-yo, necesita conocerlo, conocer las condiciones en que se le pueda acercar, conocer las circunstancias de una relación posible y su sentido: necesita *saber*. Pero el yo se siente poco capacitado en este sentido; por el contrario, le invaden dudas acerca de su saber, acerca de la posibilidad misma de saber. Y de ahí nace la pregunta. El no-yo se convierte en *tú*, el relacionamiento en *cuestionamiento* que, a veces, desemboca en un *diálogo* latente. Éste no puede abolir la distancia esencial entre el yo y el no-yo, no puede salvar lo insalvable, pero puede crear bases para una búsqueda de contactos posibles, búsqueda que sólo rara vez desemboque en una identificación momentánea y fugaz: «Siento a Dios que camina/ tan en mí, con la tarde y con el mar./ Con él vamos juntos. Anochece. Con él anochecemos, Orfandad...» (*Dios*).

4.7. Se podría suponer que entre la gran cantidad de apóstrofes presentes en *Los heraldos negros* serán las referidas a la mujer (amante) que demuestren más clara y convincentemente los cambios producidos en este tradicional recurso poético y en su función dentro de un contexto concreto. Justificaría tal suposición más que el uso frecuente de este tipo de apóstrofe (natural, por lo demás, en un poeta de veinticinco años), la naturaleza misma del amor que es ya por su esencia una relación, un puente hacia lo *otro*. La realidad es, no obstante, dife-

rente. Son las *apóstrofes a Dios* las que revelan más rotundamente no sólo los cambios referentes al uso y la función de la
apóstrofe, sino, a través de ésta y otros recursos más, la metamorfosis profunda de toda una cosmovisión de Vallejo, de su
concepción del mundo, del hombre y de la poesía, metamorfosis que se está gestando en su primera obra poética.

4.7.1.   En el ámbito de lo «divino» predomina claramente el
Dios cristiano [51]. Las frecuentes connotaciones cristianas [52] no
son, sin embargo, de la misma índole, no representan un mundo homogéneo. A nuestro parecer, se pueden discernir cuatro
campos fundamentales en su uso y significado:

1)   Los diferentes motivos y símbolos del credo y rito cristianos sirven para evocar cierta atmósfera pastoral, teñida de
nostalgia o melancolía. Van, en este caso, a menudo unidos
a las imágenes del crepúsculo y del ocaso del sol, a los motivos
de la despedida, la partida, la separación, la muerte: «Cual
hieráticos bardos prisioneros,/ los álamos de sangre se han
dormido./ Rumian arias de hierba al sol caído,/ las greyes
de Belén en los oteros. El anciano pastor, a los postreros martirios de la luz, estremecido,/ en sus pascuales ojos ha cogido/
una casta manada de luceros.// Labrado en orfandad baja el
instante/ con rumores de entierro, al campo orante/ y se oto-
ñan de sombra las esquilas.// Supervive el azul urdido en
hierro,/ y en él, amortajadas las pupilas,/ traza su aullido pastoral un perro» (*Bajo los álamos*; cf., también, poemas *Nostalgias imperiales, Aldeana, Oración del camino, Terceto autóctono*, etc.).

---

[51] La relativamente baja frecuencia de alusiones a las divinidades
no cristianas se puede considerar también como uno de los rasgos que
diferencian *Los heraldos negros* de la poesa modernista y postmodernista la que, siguiendo modelos parnasianos, se complacía en evocar a
los antiguos dioses griegos y orientales.

[52] Roque Dalton hace una enumeración explícita y amplia de lo que
él llama «símbolos cristianos», presentes en la primera obra poética
del peruano (cf.: *César Vallejo*, Cuadernos de la Casa de las Américas, La Habana, 1963, p. 17.

2) Sirven de fondo contrastante a la expresión de un sensualismo erótico exacerbado y refinado. Hay cálices y hostias de las comuniones amorosas («Amor… Mis cálices todos aguardan abiertos/ tus hostias de otoño»; el poema *Amor*), hay crucifixiones de amor: «Desclava, amada eterna, …el clavo de mi amor!» (*Nervazón de angustia*); «Amada, en esta noche tú te has crucificado/ sobre los dos maderos curvados de mi beso…» (*El poeta a su amada*). El amor es «divino» y «metafísico», nace como el «niño-jesús» en una fiesta galante de nochebuena (*Nochebuena*); el cuerpo de la mujer es «hostial» (*Pagana*) y un beso equivale al «credo sagrado» (*Amor prohibido*).

3) Forman parte de la vida cotidiana y familiar: «En un sillón antiguo sentado está mi padre./ Como una Dolorosa, entra y sale mi madre» (*Encaje de fiebre*); «Hay soledad en el hogar; se reza;/ y no hay noticias de los hijos hoy./ Mi padre se despierta, ausculta/ la huida a Egipto, el restañante adiós» (*Los pasos lejanos*).

4) Son expresión de un concepto contradictorio e inestable del mundo, de la aprehensión lenta, difícil y dolorosa de la realidad por parte del poeta: «Dios mío, estoy llorando el ser que vivo;/ me pesa haber tomádote tu pan;/ pero este pobre barro pensativo/ no es costra fermentada en tu costado:/ tú no tienes Marías que se van!» (*Los dados eternos*).

El esteticismo, refinamiento sensual e impresionismo verbal de los poemas citados en dos primeros grupos señalan claramente su parentesco con la estética del «fin de siglo» (no tan sólo la puramente modernista, de las «prosas profanas» y «misas rosas» rubenianas, sino también aquella de las primeras obras de un Azorín, Baroja o Machado). Podemos, pues, considerar los elementos cristianos integrados en estos poemas como no marcados.

En el tercer grupo, el cristianismo forma parte íntegra del nuevo mundo poético que surge en *Los heraldos negros*: el de la vida sencilla de cada día, de la ternura familiar. Los motivos cristianos participan entonces en la configuración de un elemento nuevo, marcado, pero funcionan de tal manera tan sólo en este contexto nuevo, no por sí solos.

Queda, por fin, el último caso, el de los poemas en los que el cristianismo no es mero ingrediente *estético y esteticista* que le ayuda al poeta a expresar cierta atmósfera (de voluptuosidad pecadora, por una parte, y de nostalgia —sea común, impersonal: del día que se va, del tiempo que huye, del amor que se muere; sea teñida de vivencia personal: añoranza del ambiente paternal y maternal— por otra), sino sirve de punto de salida para un cuestionamiento múltiple —*ontológico y gnoseológico*— de la realidad, de la posibilidad de aprehenderla y conocerla.

4.7.2. Con cierta licencia podríamos decir que la relación del poeta con el Dios cristiano representa un *arquetipo* de todo aquel relacionamiento constante entre el yo del poeta y el mundo circundante, mencionado con anterioridad. Es como si la idea de Dios —un Dios personificado— se encontrara en el centro del mundo vallejiano. Es a él a quien Vallejo recurre con sus dudas y temores más inquietantes, a quien dirige sus preguntas más esenciales, a quien agrede más vehementemente con sus reproches y apelaciones. De ahí, de la idea de Dios, procede la mayor parte de los motivos nuevos en *Los heraldos negros*: la culpa, la orfandad, la piedad, el dolor, la injusticia social, amor al hombre pobre y sufrido, la rebeldía...

Este concepto nuevo, marcado, del cristianismo, es polifacético y dinámico. En un poema, el poeta se inclina humilde ante la majestad divina: «¡El pan nuestro de cada día dánoslo, Señor...!» (*El pan nuestro*); en otros se le equipara, se presenta como su igual: «Siento a Dios que camina/ tan en mí, con la tarde y con el mar./ Con él nos vamos juntos» (*Dios*); «Dios mío, prenderás todas tus velas,/ y jugaremos con el viejo dado...» (*Los dados eternos*). De esta equiparación nace, por un lado, el sentimiento de culpa —culpa ante Dios y ante el hombre: «Hoy no ha venido nadie a preguntar; ni me han pedido en esta tarde nada./ ...Perdóname, Señor: qué poco he muerto!» (*Ágape*); por otro, el sentimiento de superioridad: «Yo te consagro, Dios, porque amas tanto;/ porque jamás sonríes; porque siempre debe dolerte mucho el corazón» (*Dios*). La pregunta angustiada, expresada en el poema *Absoluta* —«Mas ¿no puedes, Señor, contra la muerte,/ contra el límite, contra lo que acaba?»— en otros poemas se torna reproche y blasfemia: «Dios mío, si tú hubieras sido hombre,/ hoy supieras ser Dios; pero tú, que estuviste siempre bien,/ no sientes nada de tu creación./ Y el hombre sí te sufre: el Dios es él!» (*Los dados eternos*); «El suertero que grita "La de a mil",/ contiene no sé qué fundo de Dios/ ...porqué se habrá vestido de suertero/ la voluntad de Dios!" (*La de a mil*); «Hay ganas de ...no tener ganas, Señor;/ a ti yo te señalo con el dedo deicida...» (*Los anillos fatigados*).

«¿Se trata verdaderamente de blasfemias, o de actos de fe desesperada?», pregunta Roque Dalton en su estudio sobre Vallejo [53]. Creemos innecesaria la pregunta, ya que toda blasfemia supone la fe. Pero es cierto que la blasfemia algo teatral y patética («te señalo con el dedo deicida») de algunos poemas de *Los heraldos negros* cede lugar, en otros, al desprecio burlón («Yo nací un día/ que Dios estuvo enfermo» —el poema *Espergesia*) que, en el poema *La cena miserable*, llega hasta la omisión elíptica del nombre de Dios: «Hay *alguien* que ha bebido mucho, y se burla,/ y acerca y aleja de nosotros, como negra cuchara/ de amarga esencia humana, la tumba...» Es también en este último poema citado donde culmina la rebeldía de Vallejo ante el destino-Dios: «Hasta cuándo estaremos esperando lo que/ no se nos debe.../ Hasta cuándo este valle de lágrimas, a donde yo nunca dije que me trajeran/ ...hasta cuándo la cena durará.» De aquí ya hay un solo paso a la negación de Dios y a la desaparición de éste del mundo vallejiano, desaparición que dejará —por cierto tiempo— un vacío trágico tras de sí.

---

[53] R. Dalton, *op. cit.*, p. 25.

4.7.3. Se puede observar en estos poemas hasta qué punto el cristianismo vallejiano se exime de todo lo accesorio, todo lo espectacular, y se «desnuda» hasta el hueso. Desaparecen altares, cruces, cálices, hostias, credos sagrados, Cristos ensangrentados, greyes de Belén... y no queda nada más que Dios, el Dios personificado, el Dios-hombre. Es notable la función de la personificación en este proceso. Vallejo no se contenta con la imagen habitual de Dios en el credo cristiano, ni se limita a otorgarle atributos corrientes en toda personificación, como son, por ejemplo, la capacidad de escuchar, hablar, reflexionar, etc. El Dios de Vallejo está dotado de todas las capacidades propias del ser humano: camina, juega, llora, enciende las velas, maneja tanto la cuchara como los dados, ama y sufre; este Dios es digno de admiración pero también de compasión, se burla pero también puede ser objeto de burla. Se podría decir que nada humano le es ajeno [54]. A la par con esta humanización [55] de Dios viene la deificación del hombre. No emana de su potencia, su sabiduría o su fuerza, sino de su capacidad de sufrir y de redimir con su sufrimiento el dolor ajeno: «...pero tú, que estuviste siempre bien,/ no sientes nada de tu creación./ Y el hombre sí te sufre: el Dios es él!» (*Los dados eternos*).

Pero ante todo, el Dios de César Vallejo es su *interlocutor*, un interlocutor *par excellence*. Es otro hecho notable dentro de lo nuevo y marcado de *Los heraldos negros*: junto con la reducción de toda la indumentaria cristiana a lo más esencial y junto con la presentación específica de Dios, la alusión, la mención de los motivos cristianos se transforma en alocución, en la apóstrofe de Dios. Estamos tentados incluso de pensar que toda la «humanización» de Dios le sirve a Vallejo para tener a alguien competente con quien pueda disputar acerca de sus razones, con quien pueda compartir su visión contra-

---

[54] «A los dioses se les pone en su puesto, bajito, junto al hombre», dice Fernando Alegría. Cf. *op. cit.*, *AF-I*, p. 195.

[55] Cf. Jaime Giordano, *Vallejo, el poeta*, en: *Diez conferencias*, Universidad de Concepción, Chile, 1963, p. 45.

dictoria del mundo, a quien hacer cómplice de su experiencia vital. Con quien pueda mantener un diálogo verdadero.

Vallejo le habla constantemente a su Dios; no lo deja tranquilo y majestuoso en su vaguedad y potencia, sino le llama, le otorga un cuerpo, lo hace bajar a la tierra y empieza a dirigirle preguntas, reproches, sugerencias. Entabla una conversación con él. Junto con este carácter conversacional, coloquial, *dialogal* de la apóstrofe, el vocativo que le sirve de base no deja de tener su valor *apelativo*. Toda pregunta, toda queja, todo suspiro, todo reproche dirigidos a Dios son a la vez un llamamiento, una apelación, una exhortación. Es justamente esta polivalencia semántica la que le otorga a la apóstrofe vallejiana una nueva calidad, una nueva dimensión.

4.7.4. Sucede, sin embargo, que ni el Dios rebajado, humanizado, hecho a imagen y semejanza del hombre, no escucha al poeta-hombre, y si lo escucha, no le entiende, y si le entiende, no reacciona. No repara injusticias, no alivia dolores, no quita el hambre, no da esperanza. Algunas veces, el poeta se exaspera y empieza a gritarle a Dios; otras se cansa, se resigna ante el silencio de Dios y deja de hablarle. Es entonces cuando desaparece la apóstrofe y vuelve la alusión, pero esta vez burlona, socarrona, despreciativa. Surgen algunos nuevos personajes —el hermano, el padre— para reemplazar a Dios en su función de interlocutor del sujeto cuestionador del poeta. Pero el terreno abandonado es demasiado vasto, el espacio vaciado demasiado grande. En el vacío producido, el diálogo parece perder su sentido.

4.8. Conclusiones.

4.8.1. El vocativo, uno de los medios del lenguaje apelativo, en poesía sirve de base a la apóstrofe, figura retórica y recurso poético con fuerte carga emocional y enfática.

4.8.2. En la estructura poética de *Los heraldos negros*, la apóstrofe desempeña un papel específico. Llama la atención, primero, su uso frecuente; segundo, su doble carácter no marcado y marcado. Por un lado, la apóstrofe vallejiana conserva su función enfática tradicional y pertenece, de este modo, a los elementos no marcados. Por otro, adquiere algunas funciones nuevas y llega a ser uno de los elementos marcados más importantes en todo el texto.

4.8.2.1. Es, ante todo, reflejo y expresión de la relación dialéctica entre el sujeto y el objeto. Mediante la apóstrofe, el relacionamiento constante, polifacético y contradictorio del sujeto lírico con el mundo circundante, del yo con el no-yo, se convierte en un cuestionamiento múltiple —ontológico y gnoseológico— de la realidad.

4.8.2.2. De las numerosas apóstrofes de diferentes tipos, presentes en *Los heraldos negros*, las referidas a Dios son las que, junto con otros recursos como la personificación y el símbolo, por ejemplo, revelan más rotundamente no sólo los cambios producidos en el uso y la función de este tradicional recurso poético, sino la metamorfosis profunda de toda una cosmovisión de Vallejo, de su concepción del mundo, del hombre y de la poesía, metamorfosis que se está gestando ya en su primer libro.

4.8.2.3. En la apóstrofe a Dios, el cristianismo de Vallejo, al liberarse del esteticismo modernista, se despoja de todo lo accesorio y accidental y se reduce a lo más esencial: la relación con Dios. Ésta puede considerarse como cierto arquetipo de aquel relacionamiento constante, de aquel cuestionamiento tenaz y angustiado de la realidad por parte del sujeto lírico. Vallejo, al otorgarle a Dios atributos humanos, lo convierte en su interlocutor predilecto, la apóstrofe deja de ser mera alocución enfática y se convierte en el comienzo de un diálogo latente o abierto, inquieto e inquietante, dramático y desgarrador. De este nuevo concepto de Dios parte la mayoría de los nuevos motivos presentes en *Los heraldos negros*: la culpa, la orfandad, el dolor, la injusticia social, el amor al hombre pobre o sufrido, la rebeldía.

4.8.3. Con su carácter dialogal, conversacional, la apóstrofe participa en la configuración del lenguaje coloquial, uno de los rasgos más significativos de *Los heraldos negros*.

4.8.4. Conservando además —por lo menos parcialmente y en algunos casos— el carácter apelativo, propio de todo vocativo, la apóstrofe vallejiana forma parte del lenguaje tanto emocional como apelativo de *Los heraldos negros*.

* * *

La disparidad de los poemas que integran la primera obra poética de César Vallejo es un hecho indiscutible. Por un lado, *Los heraldos negros* son fruto del modernismo tardío; por otro, dan señales inequívocas de una nueva orientación estética, vital y conceptual de su autor.

Los elementos nuevos que integran la estructura poética de *Los heraldos negros* y que hemos denominado —con respecto a la estética modernista— como marcados, se hacen más patentes en el plano lingüístico de la obra. Los más importantes son los siguientes: 1, en el nivel fónico: debilitamiento de la rígida organización rítmica; aparición del verso libre y de la estrofa no fija (irregular); 2, en el nivel semántico: a) uso menos frecuente de la denominación indirecta, que llega hasta la «desnudez» metafórica en algunos poemas; mayor simplicidad de las imágenes; nuevos tipos de imágenes; b) simplificación del léxico; irrupción de palabras de uso corriente, no «poéticas»; 3, en el nivel sintáctico: tendencia al lenguaje coloquial; uso frecuente de recursos del lenguaje emocional y apelativo y de éstos, el uso específico del vocativo en la apóstrofe.

Los cambios significativos que hemos notado en el plano lingüístico de *Los heraldos negros* están correlacionados estrechamente con los cambios producidos en otros estratos de la obra, el temático e ideológico ante todo. Así, por ejemplo, la irrupción del léxico sencillo, familiar y cotidiano corresponde —igual que la tendencia al lenguaje coloquial— a ciertas realidades nuevas que surgen, como motivos y temas inéditos, en el mundo poético de Vallejo. El lenguaje coloquial y dialogal es, además, expresión de la necesidad de un cuestionamiento múltiple de la realidad por parte del sujeto lírico; necesidad que nace de una relación contradictoria (y conflictiva a veces) del yo del poeta con el no-yo y es reflejo de una crisis incipiente en su visión del mundo. El uso muy frecuente de los recursos del lenguaje emocional y apelativo indica que el poeta en su cuestionamiento parte más de una vivencia personal y subjetiva de la realidad contradictoria que de un análisis conceptual y objetivo.

En algunos poemas se reúnen varios elementos marcados; en otros predomina todavía el esteticismo modernista. Nos parece imposible, sin embargo, hacer una delimitación entre los poemas «marcados» y los que no lo son. Creemos que los cambios significativos se operan *dentro de cada uno de los poemas* que integran *Los heraldos negros, dentro de cada uno de los medios de expresión* usados por el poeta. La imposibilidad de separar nítidamente lo marcado de lo no marcado se nota más claramente en el nivel sintáctico. Ambas tendencias fundamentales, tanto la propensión al lenguaje coloquial como el uso frecuente y específico de recursos del lenguaje emocional y apelativo, son, sin duda alguna, rasgos distintivos con respecto a la estética modernista, elementos marcados de suma importancia que anuncian ya la obra futura de César Vallejo. Pero al mismo tiempo funcionan como lazo *unificador* dentro del primer libro suyo. Están presentes —de manera más o menos patente, solos o unidos con otros elementos marcados— en todos los poemas de *Los heraldos negros*. Representan, a nuestro entender, la *constante* más firme de este primer libro de poesías de César Vallejo y, a la vez, un *puente* hacia sus obras venideras.

Por fin, la fuerte tensión dinámica que se hace notar dentro de todo el texto de *Los heraldos negros*, resultado de la pugna interior no sólo entre diferentes conceptos estéticos sino entre diferentes actitudes vitales, le imprime ya a este primer libro de Vallejo un peculiar carácter *dramático*, rasgo específico e inconfundible de toda su obra poética.

LECTURA DE *TRILCE* *

De *Los heraldos negros* (1918) a *Trilce* (1922) se percibe un cambio notable pero también una continuidad profunda. *Trilce* deja atrás toda la retórica literaria heredada y continúa el proceso de conocimiento poético inaugurado en el primer libro: traspasa las imágenes generalizadoras y el predominio afectivo —que distinguían a los primeros poemas— para proponerse el camino infernal de una aventura interior, donde la poesía ampliará su capacidad de cuestionamiento y empezará a sugerir su necesidad de fundación. En el infierno que es *Trilce* los varios círculos de esta aventura reordenadora testimonian su riesgo y su incesante ruptura: ruptura definitiva con un mundo tradicional e idealista, ruptura con la lógica insuficiente del discurso poético, y ruptura con el lenguaje que designa, reemplazado por el lenguaje que figura. La persona poética confesional, que presidía *Heraldos*, cederá su propia proclividad dramática y exultante. El encuentro de la persona y el mundo será en *Trilce* también cuestionamiento mutuo: la pregunta por el conocimiento revierte los puntos de vista, los esquemas, los órdenes fijados, para proponerse un conoci-

---

* Estas páginas forman parte de un texto más amplio sobre *Trilce*, que comprende además una descripción de las relaciones de unidad y pluralidad y un análisis de la poética central del libro.

miento desde el revés, y es por eso que aquí a una persona confesional reemplaza una persona metafórica.

Trilce busca reordenar la realidad dentro de la persona poética y su aventura analógica. Lo cual quiere decir que estamos ante un libro que entiende la palabra poética como instrumento de contradictoria revelación; a la poesía como un camino interior en la necesidad de conocer. La realidad, para el Vallejo de este libro, requiere ser fundada otra vez desde el prisma interior del yo vital que la persona poética figura.

Generalmente la crítica ha renunciado a buscar una coherencia de *Trilce* advirtiendo que el hermetismo de los poemas no supone «ideas» sino emociones acaso poco precisables. Esta actividad me parece equívoca; pienso que sí existe una coherencia del libro y que esa coherencia es la que dicta el código verbal de los poemas; y, además que ese hermetismo no supone «ideas» pero que *sí significa*: supone rupturas y revisiones que funcionan a un nivel de interrogaciones, de conocimiento poético. La coherencia de *Trilce* se revela en la imagen de un *proceso poético* —y no, naturalmente, en el recuento temático del libro—, en un continuo desvelamiento que proviene de un incesante cuestionar la visión del mundo que hay implícita en el yo vital, en la experiencia. Y esta imagen de un proceso nos permite asegurar que *Trilce* no es un «libro cerrado» como se afirma comúnmente; la crítica parece haber llegado a esa conclusión al suponer, ante el hermetismo de los poemas, que la persona poética se debate en un enrarecimiento sin solución; esperamos demostrar, más bien, que por ser un proceso, *Trilce* es también un tránsito y una *apertura*, e incluso creemos que el mismo poeta lo proponía así, según se deduce al analizar la poética central al libro, el poema LXXVII [1].

Si *Heraldos* descubría en su proceso interrogativo el vacío esencial que rodea al hombre, *Trilce*, como proceso también,

---

[1] César Vallejo, *Obra poética completa.* Prólogo de Américo Ferrari. Apuntes de Georgette Vallejo (Lima: Francisco Moncloa Editores, 1968), p. 219. Todas las citas se hacen por esta edición, con indicación del poema y la página respectiva.

estará señalado por la exploración de lo que nos permitiremos llamar aquí «los anversos» o «el revés»; es decir, ahora que ha desaparecido casi del todo la perspectiva idealista y con ella la presencia dramatizante de Dios; ahora que se acepta una desnudez esencial en el individuo, el poeta intentará testimoniar sobre *el otro lado* de la condición humana, acerca de la trama o el revés que él quiere manifestar en la experiencia. El revés del tiempo, el revés del amor, el revés del hogar no son sino instancias de esta aventura de conocimiento en la figuración verbal. Un conocimiento, por eso, a partir del absurdo, a partir de las paradojas, que requiere también plasmarse en el revés del lenguaje, en la inversión de la lógica; esto es: en un lenguaje asimismo revertido por el encuentro con el absurdo.

La poética del mundo en la persona supone, por ello, la ruptura del lenguaje: desde aquí podemos asumir la rebelión formal de *Trilce*, suscitada por una profunda reordenación, por la revisión de concepciones y ajustes a la realidad en el núcleo humano mismo: la temporalidad. El desgarramiento del discurso poético, la ruptura de la prosodia, no son un simple hermetismo sino una figuración nueva; y esta ruptura verbal, que Vallejo inica en nuestro idioma, coincide con similares experiencias poéticas contemporáneas: con la estructuración abstracta de lo cotidiano, que Eliot efectúa el mismo año 1922 en *Tierra baldía*; y también con la exploración de la realidad física como materia orgánica, que Artaud realiza. La vinculación, pues, de *Trilce* con los movimientos poéticos de la vanguardia europea son complejos y coincidentes: la exploración de Vallejo está conectada a la liberación formal de esos movimientos, pero no es posible deducirla de ellos [2]. La libertad

---

[2] La imagen del hombre que puede deducirse de la poesía de Vallejo podría ser conectada a las imágenes propuestas por la vanguardia europea, a partir de un reconocimiento común: la defectividad humana. Sólo que en Vallejo no aparece una respuesta similar a la de esos movimientos, que en el surrealismo formularon su rebelión y respuesta; más bien, esa imagen en Vallejo aparece permanentemente problematizada, cruzada por interrogaciones profundas, y el *hombre*

perseguida en Vallejo exige revisar todos los ajustes a la realidad, que podrían suponer una optativa imagen del hombre, para proponer una exploración desde la perspectiva de lo temporal. En Vallejo, además, el mundo interior explorado no explica la orfandad ni el dolor —la imperfección y el absurdo—, si bien se sugiere ya el poder del conocimiento poético en el poder de la misma exploración, de las rupturas.

Luego de la fundación que es *Trilce* Vallejo incorporará al debate poético de la defectividad un mundo más amplio, a partir de una poética de la persona en el mundo; pero su lenguaje y su visión del hombre habrá quedado señalada por el encuentro con el absurdo que abre *Trilce*.

EL CONOCIMIENTO: AVENTURA Y RIESGO

El signo del riesgo preside esta aventura del conocimiento poético; su proceso se efectúa fuera de las pautas de la lógica verbal, y en contra del mismo conocimiento establecido.

Dos de esas concepciones que el poeta encuentra son por eso cuestionadas; dos imágenes, ligadas a Rousseau y a Newton:

> Don Juan Jacobo está en hacerlo,
> y las burlas le tiran de su soledad,
> como a un tonto. Bien hecho [3].

Zaherido, Rousseau aparece aquí insuficiente —¿la bondad implícita en el hombre, la primacía del corazón?— la realidad, parece decirnos el poeta, es mucho más compleja, pues la

---

pobre que emerge de sus textos revela siempre en su despojamiento, en su orfandad, una *carencia* fundamental como inherente a la condición humana. Sólo en *España* esa imagen accederá a una proposición: pero en un plano mítico, en la utopía trágica de la identidad de vida y muerte.

[3] XXII, p. 164.

razón no puede explicarla: la realidad aparece en *Trilce* como una diversa y compleja serie de contradicciones y paradojas y, además, como una modificación incesante que siempre sugiere el recomienzo, el inicio. El poema donde Rousseau aparece solitario y burlado, incide también en el tiempo, que figura la insuficiencia del día:

> Farol rotoso, el día induce a darle algo,
> y pende
> a modo de asterisco que se mendiga
> a sí propio quizás qué enmendaduras.

La actitud del no saber («algo», «a modo», «quizás qué») muestra la imposibilidad de respuestas —y, por eso, la actitud interrogativa— en la evidencia recurrente de la imperfección. La realidad toda en el libro revela esta necesidad de «enmendaduras», su esencial insuficiencia. Esa evidencia activa el cuestionamiento, lo dirige. Todavía en este poema leemos:

> forjaremos de locura otros pasillos,
> insaciables ganas
> de nivel y amor.
>
> heme, de quien yo penda
> estoy de filo todavía. Heme!

Como el mismo farol que es el día, bajo la lluvia que es como un espejo que le descubre su imagen, el poeta declara su necesidad de ajustes, su actitud expectante, abierta. «Todavía» es un adverbio esencial al libro: la realidad y el propio poeta se muestran en una relación dictada por esta condición transitiva, que «todavía» anuncia. En estos versos, por lo pronto, el poeta delata sus insaciables ganas» de conocer, su decisión de ocupar la realidad, su declaración de fe en la aventura que la exclamación final sugiere: heme aquí.

En el poema XII se lee:

¿Qué dice ahora Newton?
Pero, naturalmente, vosotros sois hijos.

Incertidumbre. Talones que no giran [4].

También Newton —¿las leyes físicas, las relaciones causales?— resulta insuficiente desde la experiencia signada por la contradicción. El conocimiento en su aventura hallará que subir es bajar, que subimos para abajo, esto es: la contradicción es inherente al conocer. El ser hijos supone en el poema la incertidumbre del destierro: el hombre quiere girar, volverse hacia su propio origen, y en este camino desesperanzado encuentra que subir es bajar, que en el revés de lo tangible las contradicciones figuran la condición humana.

Por eso esta aventura poética reclama los extremos, las tensiones, el riesgo:

Quién como los hielos. Pero no.
Quién como lo que va ni más ni menos.
Quién como el justo medio [5].

Alguna forma del equilibrio, algún ajuste a la realidad, contradeciría al poeta en su propio riesgo asumido. «Y hasta la misma pluma/ con que escribo por último se troncha», dice allí mismo.

«Aguaitar al fondo, a puro/ pulso» es la «porfía» del poeta [6], la aventura y su riesgo. «Fósforo y fósforo en la oscuridad,/ lágrima y lágrima en la porvareda» [7], dice también, porque en este camino persigue iluminar en lo oscuro el dolor cotidiano que supone la existencia: como esta iluminación es implícita a la poesía, el dolor es implícito a la vida, y estas evidencias fundan la aventura poética, la identidad de expe-

---

[4] p. 154.
[5] XXXII, p. 174.
[6] XXXIII, p. 175.
[7] LVI, p. 198.

riencia y palabra. Por eso escribe: «Ha triunfado otro ay. La
verdad está allí»[8], esto es: el dolor es evidencia de la condición humana. Y este dolor aparece en el libro explorado desde
su medida: el tiempo. El conocimiento del tiempo será, por
ello, el camino de esta aventura verbal; un camino asimismo
controvertible porque aquí el tiempo también requiere ser reor-
denado, puesto bajo la interrogación que cuestiona: «Y tem-
blamos avanzar el paso, que no sabemos si damos con el pén-
dulo, o ya lo hemos cruzado»[9].

Ahora bien, si reconocemos así que *Trilce* implica una aventura de conocimiento, debemos analizar los términos en que
la realidad es aquí revisada. Para ello resulta fundamental el
poema XXXVI:

> Pugnamos por ensartarnos por un ojo de aguja,
> enfrentados, a las ganadas.
> Amoníacase casi el cuarto ángulo del círculo.
> ¡Hembra se continúa el macho, a raíz
> de probables senos, y precisamente
> a raíz de cuanto no florece!
>
> ¿Por ahí estás Venus de Milo?
> Tú manqucas apcnas pululando
> entrañada en los brazos plenarios
> de la existencia,
> de esta existencia que todaviiza
> perenne imperfección.
>
> Venus de Milo, cuyo cercenado, increado
> brazo revuélvese y trata de encodarse
> a través de verdeantes guijarros gagos,
> ortivos nautilos, aunes que gatean
> recién, vísperas inmortales.
> Laceadora de inminencias, laceadora
> del paréntesis.

---

[8] LXXIII, p. 215.
[9] LXX, p. 212.

Rehusad, y vosotros, a posar las plantas
en la seguridad dupla de la Armonía.
Rehusad la simetría a buen seguro.
Intervenid en el conflicto
de puntas que se disputan
en la más torionda de las justas
el salto por el ojo de la aguja!

Tal siento ahora el meñique
demás en la siniestra. Lo veo y creo
no debe serme, o por lo menos que está
en sitio donde no debe.
Y me inspira rabia y me azarea
y no hay cómo salir de él, sino haciendo
la cuenta de que hoy es jueves.

¡Ceded al nuevo impar
                    potente de orfandad! [10]

Los dos primeros versos de este complejo poema parecen
plantear una definición existencial: el salto por el ojo de la
aguja es la imagen del absurdo, de la más íntima contradicción; pero este absurdo es un desafío que nos convoca a una
acción nueva, por formular: su desafío supone su propia asun-
sión. «Amoníacase casi el cuarto ángulo del círculo» acaso ironiza sobre la fijeza geométrica: el poeta parece sugerir que asumir el absurdo hace que la fijeza simétrica ceda [11].

Los versos siguientes anuncian que esta fijeza es quebrada
por un envés que supone una continuidad potencial: debajo

[10] p. 178.
[11] La recurrencia de imágenes geométricas es notoria en *Trilce*. Al
parecer, el poeta está buscando con estas figuras una suerte de concreción espacial del tiempo, o está advirtiendo cómo el tiempo, desde
el dramatismo de las anécdotas transpuestas, se convierte en espacio,
en realidad física. El poeta nos habla de grados, ángulos, esferas, trián-
gulos, posiblemente para revertir el tiempo en su íntima fijación. La
imagen del cuadrado podría estar dictada por el espacio infernal de
la celda; la imagen del círculo por el tiempo cerrado en su mismo fluir.

de los dualismos prefijados (hembra-macho en este caso) el poeta advierte una indeterminación frustrada, una continuidad que es preciso comprender. Y la imagen de esta indeterminación, que supone una continuidad por desarrollarse, es aquí la Venus de Milo.

La Venus podría ser la imagen de la belleza clásica o establecida, pero también de la misma belleza o del arte, y por eso Vallejo afirma que ella está entrañada en la existencia, sólo que los brazos de la existencia son «plenarios», mientras que los brazos de esta imagen están truncados; de modo que resulta ser insuficiente, pero esa imperfección es también su signo más pleno y abierto. Por eso el poeta quiere revalorar la belleza, anunciando que ese brazo «cercenado» de la Venus clásica es en realidad el brazo «increado» de otra Venus, que deberá surgir intacta desde un *todavía* verbalizado, desde una existencia gestativa. Es la imperfección de la existencia, la belleza nueva, esta Venus increada, supone un nacimiento lleno de inminencias: nacimiento ligado a una temporalidad latente; imperfecta, aún torpe, pero que es una víspera, una gestación. La nueva belleza, parece decir el poema, son los brazos nacientes de esta Venus; el tiempo mismo que pugna por formarse. Otra vez, estos versos indican la ceñida identidad de vida y poesía, su mutua razón en el conocimiento y en la aventura verbal. Por último, la imagen naciente de la Venus se proyecta en su poder cuestionador: es «laceadora» porque se aventura en los riesgos del conocer, porque derriba los paréntesis que encierran o dividen la realidad.

En nombre de esta nueva temporalidad y nueva belleza que el poeta anuncia como un idéntico poder de rupturas, el poema prosigue con una invocación fundamental: Y vosotros rehusad a la seguridad dual de la Armonía. Se trata de una Armonía —con mayúscula—, que designa el pasado, los ajustes a una realidad que ha quebrado esos mismos ajustes; por eso esta Armonía resulta insuficiente, en su juego de dualismos, ante la existencia actual, despojada en la formandad y la imperfección: La Venus de Milo ha sido rescatada por Vallejo, pero

por su fundamental característica: no poseer brazos, lo cual la
impone directamente a la realidad actual en su imperfección
abierta, en su mutua posibilidad de renovación y creación. En
cambio, la Armonía es simétrica, y la seguridad que ofrece es
ya falsa: el libro intenta quebrar con este tipo de pautas tradicionales, con los ajustes que insertan al individuo en una
falsa explicación; y por ello requiere rebelarse contra toda coherencia, asumir el camino del absurdo, figurar un trasmundo
verbal.

El dedo, los dedos, son también imágenes que se reiteran
acaso para significar la orfandad; en este poema el dedo meñique de la mano izquierda (y la izquierda, asimismo, se reitera
como imagen del dolor) sugiere esa orfandad, tal vez ligada a
la imagen anterior del brazo naciente de la Venus, a los anuncios y vísperas que el poeta intuye en la imperfección misma.
La torpeza, la debilidad que ese débil dedo significa también
supone la rabia y la impotencia que el poeta reconoce en su
aventura. Aparentemente inútil, ese dedo es también, de algún
modo, provisional; como el jueves, que es una víspera, otra
imagen recurrente que implica el infortunio temporal: víspera
del día de la pasión, del día de la muerte, esto es: temporalidad pura, doliente por eso.

Y ésta es la perspectiva temporal del libro: el poeta ha
quebrado ya en *Heraldos* una versión tradicional del tiempo
(el tiempo deducido de una esencia desnuda y trágica; y reconoce por ello en el tiempo la presencia del sufrimiento: para
Vallejo la conciencia de lo temporal es conciencia del dolor.
Pero el poeta no hace de esta evidencia una respuesta; al contrario, se aventura en la exploración de esta realidad temporal
porque intuye una *nueva temporalidad*, una indeterminación
humana esencial en relación al tiempo; esa indeterminación
implica el absurdo y el dolor, pero también la posibilidad de
una gestación, de una apertura, cuyo signo será explorado por
Vallejo en sus otros libros.

De aquí que el último verso del poema sea una invocación
plena de anuncios: «¡Ceded al nuevo impar/ potente de orfan-

dad!», dice. Han caducado ya los ajustes tradicionales de la simetría armónica, la explicación dualista de la realidad, su marco protector; y han caducado porque no se pueden explicar —como tampoco podía Dios en *Heraldos*— la presencia del sufrimiento en el hombre. Resta oponer al vacío (que la ruptura de los ajustes tradicionales suponen) una nueva posibilidad de comprensión, otra aventura: el número impar, la orfandad. El número impar, que es también el número 1 y también el dedo solitario y el brazo de la Venus, está impulsado por su mismo desgarramiento, por su condición incompleta, a reordenar otra armonía, a buscar la posibilidad del número par: y esta figuración numérica que, por cierto, alegoriza la heterogeneidad que el poeta intuye —está a lo largo del libro agónicamente, enfrentada al amor como a la experiencia de la cárcel, a la destrucción del hogar como a las evidencias del dolor; a la realidad, en fin, cuestionada desde esta percepción reordenadora [12].

Así pues, este poema nos muestra la complejidad y la pasión de una poesía abierta por la aventura de conocer. El propio poeta no deja de observarse en este camino, con cierta irónica piedad; en el libro emergen a veces, tras el monólogo hermético, algunas referencias que sugieren un humor paradojal, una suerte de doblaje verbal sarcástico. «Todos sonríen del desgaire con que voyme a fondo» [13], escribe; y también: «De la noche a la mañana voy/ sacando lengua a las más mudas equis» [14].

El poema LVII vuelve a plantear la condición irreversible que la aventura poética de conocer supone, compromete:

> Y qué quien se ame mucho! Yo me busco
> en mi propio designio que debió ser obra
> mía, en vano: nada alcanzó a ser libre.

[12] Sobre este poema, cf. André Coyné, *César Vallejo y su obra poética* (Lima: Editorial Letras Peruanas, 1957), pp. 112-113.

[13] LXX, p. 212.

[14] LXXVI, p. 218.

Y sin embargo, quién me empuja.
A que no me atrevo a cerrar la quinta ventana.
Y el papel de amarse y persistir, junto a las
horas y a lo indebido.

Y el éste y el aquél [15].

El poeta debate su propia orfandad, carente de una libertad que no pudo hallar; y sin embargo, o por ello mismo, orfandad acuciada por un desafío íntimo que exige persistir en
el tiempo y en su infortunio, junto a los demás. La libertad
que busca no está en sí mismo como una posibilidad individual, sino que está en el debate profundo que impone la misma
condición humana, en el signo de una realidad común.

Y la búsqueda de esta libertad es también un desafío que
interroga al tiempo

Haga la cuenta de mi vida
o haga la cuenta de no haber aún nacido
no alcanzaré a librarme.

No será lo que aún no haya venido, sino
lo que ha llegado y ya se ha ido,
sino lo que ha llegado y ya se ha ido [16].

Así, la condición humana aparece sujeta en la temporalidad como una continuidad paradójica, vaciada; como un llegar
y partir que ocurren al mismo tiempo y que sugieren la orfandad. Librarse, pues, no equivale aquí a huir de la realidad
temporal, sino a conocer su exigüedad contradictoria, su pérdida profunda.

El poema XLIV parece hablar, a un nivel al menos, de
una poesía entendida finalmente como un riesgo hacia el para-

---

[15] p. 199.
[16] XXXIII, p. 175.

dójico mundo interior; mundo que en Vallejo es apenas onírico y en nada idealista sino, más bien, figuración intensa y
aventurada, perspectiva analógica que funde la experiencia
y sus resonancias más íntimas; el conocimiento perseguido
impone un dinamismo desasosegado y reflexivo a la vez; su
proceso figura aquel mundo interior; la pasión intelectiva de
esta aventura no sólo modifica la lengua de estos poemas, también conforma un código de significaciones en la misma rever-
sión verbal, en la misma cobertura del lenguaje dislocado. Veamos el poema:

Este piano viaja para adentro,
viaja a saltos alegres.
Luego medita en ferrado reposo,
clavado con diez horizontes.

Adelanta. Arrástrase bajo túneles,
Más allá, bajo túneles de dolor,
bajo vértebras que fugan naturalmente.

Otras veces van sus trompas,
lentas ansias amarillas de vivir,
van de eclipse,
y se espulgan pesadillas insectiles,
Ya muertas para el trueno, heraldo de los génesis.

Piano oscuro a quién atisbas
con tu sordera que me oye,
con tu mudez que me asorda?

Oh pulso misterioso [17].

La contemplación de un piano parece operar aquí como
imagen que abre otras resonancias, tal vez ligadas con el ejer-

---

[17] p. 186.

cicio mismo de la poesía. Como siempre en el libro, el lenguaje no se limita a su nivel designativo, sino que sus resonancias —más allá de la simple imagen— suscitan otra figuración, más interna; una trama de referencias que amplían el primer nivel de la experiencia concreta, del nombre simple. No se trata, de ninguna manera, de un lenguaje que pueda ser entendido como alegórico; no sería justo ni exacto deducir del poema otro discurso paralelo; creo, más bien, que el lenguaje del libro en su figuración revertida trasciende sus orígenes anecdóticos y adquiere una resonancia intelectiva, una implicancia de significaciones en el proceso de una aventura cognoscitiva. Así, en el poema transcrito la visión de un piano impone una mirada reflexiva: el objeto se transmuta y adquiere una actividad interior. El poeta reconoce una exploración hacia «adentro», un viaje ligado a «diez horizontes», a los límites mismos, límites plurales. Un camino advertido se hace grave y riesgoso: avanza a través del dolor porque el sufrimiento es su proceso; las teclas del piano se convierten en vértebras que huyen, acaso en el camino despojado de la muerte implicada. El término «trompas», como en otra poética del término «hocico» [18], tiene una connotación animal, que Vallejo reitera en relación a la poesía («Quiero escribir pero me siento puma», dirá en *Poemas humanos*), sugiriendo una condición instintiva o elemental en la creación poética. Aquí estas trompas, estos tentáculos internos, reconocen también el infortunio, el «eclipse» o el luto que parece delatar al propio poeta; el camino interior se hace depurador: «se espulgan pesadillas insectiles», tal vez porque la poesía es también una ascesis, o un exorcismo; y siendo el canto «heraldo de los génesis», anuncia los orígenes, más allá del sueño. Los versos siguientes muestran agudamente la ambigüedad de esta contemplación interior, contradictoria en el mismo lenguaje. «Oh pulso misterioso», concluye el poema, reafirmando el grave y agudo camino interior que el piano ha suscitado. El ritmo sosegado y penetrante del poema advierte

---

[18] LXXVII, p. 219.

sobre una especial intimidad contemplativa, que aparece también en otras poéticas del libro; es la visión de un instante del «ferrado reposo» lo que dicta este ritmo de movimientos graves.

En íntima relación con esta imagen de la poesía agravada por su aventura interna, está el poema XXXVIII [19], que también sugiere una reflexión poética. Como en el poema anterior, aquí Vallejo parte de un correlato objetivo, aunque esta vez menos concreto y más alegórico: un «cristal». Un cristal animado, personificado, que implica al mismo poeta, al rostro en el espejo.

El poema nos dice que de este cristal «aguarda ser sorbido/ en bruto por boca venidera», lo cual también nos recuerda «Intensidad y altura», una de las poéticas de *Poemas humanos*, donde se plantea el acto poético como una comunicación equivalente a beber y comer, figura que supone la identidad en el diálogo ante la imperfección de las palabras. En el poema de *Trilce*, además, se nos dice que aquella boca venidera no tiene dientes pero no es «desdentada»; esta curiosa imagen simplemente parece indicar algo gestante, como un niño tal vez, pues luego el poeta escribe: «Este cristal es pan no venido todavía.» Y esta conciencia de lo informe, tácito o por formarse aparece en el libro también ligada a la poesía e implica, por cierto, el tiempo. Así, la poesía-cristal por ser transparente («él espera ser sorbido de golpe/ y en cuanto transparencia») supone el tiempo y la gestación: un nacimiento revelador.

> Mas si se le apasiones, se melaría
> y tomaría a la horma de los sustantivos
> que se adjetivan de brindarse.

Lo cual sugiere que la afectividad, la emoción del poema, figurada aquí como «cariños animales», trastoca los nombres en una entrega que supone aquella voluntad de comunión que es revelación.

---

[19] p. 180.

> Este cristal ha pasado de animal,
> y márchase ahora a formar las izquierdas,
> los nuevos Menos.
> Déjenlo solo no más.

Y aquí el cristal —transparencia, espejo, fragilidad— es ya resonancia del mismo poeta, que ha ido más allá de su propia efectividad, o más allá de lo instintivo, hacia un conocimiento que reemplazó a 'animal' por 'cristal'; o sea: el poema concluye asumiendo la propia imagen del poeta, descubierta en la orfandad, en el poder de los impares; en las restas o reveses, en los nuevos términos que recuerdan los «ceros a la izquierda» de otro poema. Sólo en su exploración el poeta, y el poema, reafirma en su marginalidad el poder de su aventura.

El lenguaje que figura es el mayor riesgo de Vallejo: su aventura más profunda en el proceso y el debate del texto. En la incoherencia de ese lenguaje, en la misma ingenuidad expresiva, en la compleja inversión figurante, se reconoce el rigor alucinado que anima al poeta; pero el riesgo es mayor que ese rigor, y el poeta a veces lo traspasa en nombre de la pura figuración —que elude explicitar la experiencia porque quiere penetrarla—, en busca de un idioma nuevo, plurivalente, hablado y analógico al mismo tiempo, que empieza a encontrar a partir de este libro.

En el poema LV el propio poeta asume el desafío y el riesgo de su lenguaje:

Samain diría el aire es quieto y de una contenida tristeza.
Vallejo dice hoy la Muerte está soldando cada lindero a cada hebra de cabello perdido, desde la cubeta de un frontal, donde hay algas, toronjiles que cantan divinos almácigos en guardia, y versos antisépticos sin dueño [20].

La frase atribuida a Samain supone el lenguaje que Vallejo ha rechazado. Su lenguaje, al revés de Samain, se aventura a

---

[20] p. 197.

detallar el caótico revés: la trama, de la que el aire quieto y contenido es sólo lo más externo. Vallejo ve, fundamentalmente, la actividad de la muerte que está en todos los actos humanos; pero en este caótico paisaje de un hospital, sobre todo se advierte la voluntad de transgresión verbal: la réplica profunda que supone el lenguaje animado por una profunda intuición interrogante. Detrás de la quieta melancolía la mirada del poeta descubre la inexorable y exultante vigilancia de la muerte: detrás de las palabras que sólo designan descubre un revés verbal, un lenguaje figurado cuya audacia y riesgo lo hacen vibrante y agudo, pleno de resonancias y significación. Esta doble interrogación, este doble cuestionamiento, es un solo proceso, una misma aventura poética.

CONOCIMIENTO DEL TIEMPO

El tiempo en *Trilce* se constituye en medida humana fundamental: el hombre es temporalidad, y el tiempo equivalencia del dolor. Pero este reconocimiento impone otro: la exploración de un envés temporal, el conocimiento de su contradictoria manifestación; por eso, el tiempo aparece como un infinito dentro de la finitud: la percepción de sus límites lo hace infernal, la intuición de su ruptura lo hace gestante. Esa ruptura supone otro tiempo: un «todavía» desde la imperfección, pleno de anuncios renovados.

El poema II, que habla del tiempo desde la experiencia de la cárcel, anuncia la base de este proceso; el tiempo aparece aquí como fragmentación fatal de la unidad, como desasimiento.

Tiempo Tiempo
Mediodía estancado entre relentes.
Bomba aburrida del cuartel achica
tiempo tiempo tiempo tiempo.
Era Era

Gallos cancionan escarbando en vano.
Boca del claro día que conjuga
era era era era.
    Mañana Mañana

El reposo caliente aun de ser.
Piensa el presente guárdame para
mañana mañana mañana mañana.
Nombre Nombre.

¿Qué se llama cuanto heriza nos?
Se llama Lomismo que padece
nombre nombre nombre nombrE. [21].

La misma construcción rítmica del poema delata el agobio de un tiempo estancado que la cárcel, en su fijeza, manifiesta de modo casi físico: la bomba no achica agua sino tiempo hecho tedio. El tiempo parece mostrar dos fases, que en realidad son dos límites, de una falsa continuidad: el pasado (era) y el futuro (mañana) van a revelarse como formas de un ciclo cerrado y sufriente; los gallos que anuncian el presente, lo hacen inútilmente porque el hoy (cuya boca es el gallo cantando) es un verbo cuya conjugación manifiesta su inmediata conversión al pasado. Así, el día que nace ingresa a una temporalidad concluida, quiere proyectarse hacia un mañana que potencialmente lo contiene; como si el futuro pudiese quebrar la conjugación en pasado a que está sometido un presente casi sin realidad.

Pero, ¿cuál es la base que en el fondo el tiempo parece ocultar y en realidad configura, revelándola en su círculo opresivo? Esa base del tiempo, parece sugerir el poeta, es el nombre: el nombre es la profunda herida del tiempo en la realidad. Todo lo que nos hiere y nos subleva, dice el poema, se llama

---

[21] p. 144.

«Lomismo», o sea una identidad unitaria, estancada, una tautología profunda y casa banal que sufre su fragmentación en nombres siendo estos mismos nombres la figura heterogénea de esa unidad simple y compleja a la vez. El tiempo es, por ello, una paradoja: supone una unidad agobiante, fijada, y una multiplicidad fragmentada, desligada. La unidad es tan frustradora como la fragmentación [22].

La misma imagen contradictoria del tiempo parece desarrollarse en el poema VII [23]. El tiempo aquí aparece intuido desde una calle que el poeta dice conocer («Rumbé sin novedad por la veteada calle/ que yo me sé»); al final de su recorrido llega «sin novedad», sin mayor conocimiento que el saberse «y fui pasado», porque recorrer esa calle equivale a transcurrir hacia atrás, no sólo en la memoria sino también en el mismo tránsito pleno de pasado. El tiempo asume también aquí la imagen de una «barreta sumersa en su función de ¡ya!».

---

[22] Coyné (*op. cit.*, p. 84) escribe sobre este poema: «Era y 'mañana' —el pasado y el futuro— contribuyen luego a un fin paralelo. Estamos siempre dominados por el presente, cuyo imperio es experimentado de modo tiránico en todo aquello que él pierde y niega.» «¿Qué se llama cuando heriza nos?»; lo incorrecto o incoherente del verso acentúa la imperfección del lenguaje cuando trata de nombrar lo innombrable, es decir aquella amenaza impersonal...; la substantivación de una expresión pronominal, neutra e indefinida, «Lomismo», al mismo tiempo que confiere a dicha expresión vida propia, autónoma..., deja subsistir una angustia, más temible aún que en la confesión de ignorancia de *Los heraldos negros*. El poema se detiene en la palabra «nombre», cuatro veces reiterada, es decir precisamente en la ausencia de un «nombre» que pueda designar el sujeto de esa angustia». Luis Monguió, *César Vallejo. Vida y obra* (Lima: Editorial Perú Nuevo, 1960), pp. 118-119, escribe: «...la última estrofa riza el rizo, cierra el circuito que comenzó el poema. Y lo hace a dos niveles: mañana es lo mismo que hoy, y que ayer, es decir Tiempo Tiempo, tiempo en que padecer y al mismo tiempo es tiempo en que «Lomismo que padece nombre (el hombre) sufre el tiempo de vivir». Américo Ferrari, Prólogo a la *Obra poética completa*, p. 26, dice, por su parte: «...la concepción estática, cerrada, de la temporalidad, reposa en una visión de la identidad del ser a través del nombre. El nombre inmoviliza, determina lo idéntico en el flujo del devenir, nos encierra en un círculo en el que todos los domingos son uniformemente *el* domingo.»

[23] p. 149.

> Cuando la calle está ojerosa de puertas,
> y pregona desde descalzos atriles
> transmañanar las salvas en los dobles.

Transmañanar: ir más allá, detrás de la mañana, traspasar el tiempo; pero de las salvas a los dobles: del triunfo y la alegría a la derrota y la muerte; en la experiencia, el tiempo instaura esa cruel certidumbre:

> Ahora hormigas minuteras
> se adentran dulzoradas, dormitadas, apenas
> dispuestas, y se baldan,
> quemadas pólvoras, altos de a   1921.

Las salvas que el poeta vivió eran al mismo tiempo ya los dobles funerarios. Por eso los minutos —como sus propios pasos— son como hormigas derrotadas que se hieren y mueren —pólvora quemada de aquellas salvas—; la fecha, especialmente fijada por «altos» y por el blanco del verso, se conecta también con la imagen del tiempo espacial que sugería la calle.

La muerte y el tiempo están ligados más íntimamente en el poema X [24]. Aquí el tiempo aparece frustradoramente en el amor: hay un amor perdido, un hijo también perdido. Pero el poeta trasciende la anécdota: a partir de la experiencia concreta —que no es «reelaborada» sino reducida a sus datos más íntimos y esquemáticos a la vez, datos que amplían la resonancia del poema en la actitud interrogante y agónica—, a partir de la desesperación agobiante, el poema se dobla y se prolonga en reflexiva modulación:

> Cómo detrás desahucian juntas
> de contrarios. Cómo siempre asoma el guarismo
> bajo la línea de todo avatar.

---

[24] p. 152.

La imagen que prevalece es el detrás, el debajo: el tiempo aparece así como el revés de la realidad, y este guarismo implica ya la destrucción fatal de los hechos:

> Cómo escotan las ballenas a palomas.
> Cómo a su vez éstas dejan el pico
> cubicado en tercera ala.
> Cómo razonamos, cara a monótonas ancas.

El destino —esas «juntas de contrarios» que dictan la fatalidad del tiempo— juega también a crear ballenas o palomas, indistintamente, imágenes contrarias de una misma operación fatal: las palomas morirán en el cuadrado que encierra las fases del tiempo. Esta es otra recurrencia del libro: en el poema IV [25] leemos: «...Toda la canción/ cuadrada en tres silencios», imagen que supone la presencia física de lo temporal.

El hombre, dice el poema, azota una cabalgadura monótona, un tiempo idéntico en su fatalidad [26].

El poeta requiere interrogar el curso del tiempo desde otra medida: desde su reverso, desde su fijeza y desde su concreción casi física. Y esta operación es en el libro, si se quiere, caótica, y de ninguna manera un pensamiento orgánico sino una intuición libre y agónica: se basa en la persuasión inquisitiva de la poesía, acuciada por la agudeza del sufrimiento como signo desafiante de la misma invalidez.

El tiempo es obsesivamente una pérdida, pero no una simple añoranza o un ejercicio de la memoria. En el pasado puede

---

[25] p. 146.
[26] Juan Espejo Asturrizaga (*César Vallejo. Itinerario del hombre*. Lima: Juan Mejía Baca, 1965, pp. 76 y 118) ofrece, como testigo, una reveladora base biográfica para este poema. Según Espejo los «nueve meses» de gestación se refieren al embarazo de la mujer amada y perdida (Otilia), y los «tres de ausencia» a la separación. Espejo da interesantes versiones de este tipo en su libro: interesantes no por el plano biográfico mismo, sino por la transformación verbal que el poeta efectúa reduciendo la anécdota a su esencia más plena de sentidos; el poema revierte la anécdota, la profundiza, la proyecta.

el poeta hallar cierta inocencia, un ajuste a la temporalidad que la mirada del presente hace ingenuo y frágil:

> Tardes años latitudinales,
> qué verdaderas ganas no ha dado
> de jugar a los toros, a las yuntas,
> pero todo de engaños, de candor, como fue [27].

Esos años de inocencia son también de engaño, y por eso tardíos; la perspectiva presente está en la «desolación», y el juego se ha perdido: el poeta insiste en llamar «niña» a la mujer del poema, pero ella regresa al tiempo actual, al tiempo de la desolación, «delta al sol tenebroso».

«Tengo fe en ser fuerte» [28], escribe, y relaciona esta posibilidad a la resta profunda que supone asumir la realidad en su envés: «Dame, aire manco, dame ir/ galoneándome de ceros a la izquierda», dice, y esta imagen de la carencia, de la frustración, sugiere el poder naciente, aquella fe, de la misma orfandad. Ese poder se anuncia en un trasmundo: «Y tú, sueño, dame tu diamante implacable,/ tu tiempo de deshora.»

«Al aire, fray pasado. Cangrejos, zote!», exclama en este mismo poema; el poeta, así, reniega del pasado, se burla de la memoria que marcha hacia atrás. El tiempo fuera del tiempo («deshora») que él quiere asir, no está, de hecho, en el camino hacia atrás que supone el pasado. Por eso:

> Avístate la verde bandera presidencial,
> arriando las seis banderas restantes,
> todas las colgaduras de la vuelta.
> Tengo fe en que soy,
> y en que he sido menos.
> Ea! Buen primero!

---

[27] XI, p. 153.
[28] XVI, p. 158.

Encarar el tiempo parece reclamar que arriemos los días de la semana para asir el séptimo día, el último y el primero de los días, que los preside. Por eso, como en el poema II donde el reposo de ser pensaba en la posibilidad del mañana, este reconocimiento de un tiempo asible suscita un triunfo íntimo: el último verso celebra a ese día que preside desde el color verde —desde su apertura naciente—; un día posible, expectante. El tiempo fijado y circular, inmóvil y asfixante, puede también ser el tiempo de una apertura profunda.

El poema XIV [29] advierte sobre este encuentro con un trasmundo poético, con la agonía de la gestación. «Absurdo./Demencia», anota Vallejo como conclusión del espectáculo revertido que descubre, y esa conclusión es también el punto de vista, el contorno de una intuición reordenadora. «Cuál mi explicación./Esto me lacera de tempranía», dice por eso: explicarse, conocerse, supone una impotencia y una posibilidad a la vez; un tiempo naciente que el poeta percibe ligado a su propia aventura poética, a su misma contradictoria percepción de un mundo absurdo en su raíz.

«Quemaremos todas las naves!/ Quemaremos la última esencia!» [30], exclama, acuciado por la necesidad de renuncia y por el sentimiento de una inminencia; por un nacimiento que intuye como un desafío, y que siente definitivo para comprender la realidad:

> Oh sangabriel, haz que conciba el alma,
> el sin luz amor, el sin cielo,
> lo más piedra, lo más nada,
> hasta la ilusión monarca.

Esta indeterminación, esta potencialidad, está en la base del libro: el libro mismo, su lenguaje y su debate, se proponen como un espectáculo incoherente pero ávido de una formula-

---

[29] p. 156.
[30] XIX, p. 161.

ción nueva. En este poema, los anuncios de una gestación nueva suponen esa potencialidad.

En el poema XVII leemos:

> Caras no saben de la cara, ni de la
> marcha de los encuentros.
> Y sin hacia cabecee el exergo.
> Yerra la punta del afán [31].

La imagen de la moneda (cifra parcial en una secuencia de guarismos) aparece aquí en su unidad y su dualismo: sus dos caras vacilan erráticamente en la ausencia de un fin, en la pérdida de un encuentro. En esta evidencia de la orfandad, en esta condición errática y desligada, aparece también el tiempo:

> Junio, eres nuestro. Junio, y en tus hombros
> me paro a carcajear, secando
> mi metro y mis bolsillos
> en tus 21 uñas de estación.
> Buena! Buena!

El poeta contempla el tiempo desde el conocimiento que tenemos de él: meses, días, estaciones; y este conocimiento, parece decirnos, lo hace nuestro pero en una suerte de broma macabra, de irrisión. A la frustración, pues, de los encuentros, de alguna finalidad que recupere una certidumbre unitaria, corresponde en este poema la violenta y grotesca irrupción del tiempo.

Pero el tiempo también puede ser modificado por la experiencia del dolor: su insuficiencia —no sólo su absurdidad— se muestra en el sufrimiento. El poema XXI [32], juzga al tiempo desde el amor perdido:

---

[31] p. 159.
[32] p. 163.

En un auto arteriado de círculos viciosos
torna diciembre qué cambiado,
con su oro en desgracia. Quién le viera:
diciembre con sus 31 pieles rotas,
el pobre diablo.

En el ejemplo anterior junio estaba connotado por «uñas», en este último diciembre lo está por «pieles»: esas imágenes dan una resonancia animal al tiempo.

Esa conciencia del dolor —que es conciencia del tiempo— ocupa también el pasado, transformándolo. Vimos cómo el poeta se negaba al simple recuento del pasado; en el poema XXVII [33] el pasado produce miedo, pavor, porque se trata de un pasado feliz, triunfal; es decir: la conciencia del tiempo como dolor invalida no sólo el recuento o la añoranza sino también la experiencia dichosa, que es puesta en duda:

Me da miedo ese chorro,
buen recuerdo, señor fuerte, implacable,
cruel dulzor. Me da miedo.
Esta casa me da entero bien, entero
lugar para este no saber dónde estar.

No entremos. Me da miedo este favor
de tornar por minutos, por puentes volados.

«Esqueleto cantor» llama el poeta a ese pasado de plenitud, hoy cruel. «Rubio y triste esqueleto, silba, silba», reclama.

Así pues, el tiempo no es sólo transcurso asfixiado sino sobre todo una diversa limitación: conciencia de la imperfección, evidencia de la orfandad. Y también: necesidad de transgresión, sospecha de otro orden. Contradictorio en sí mismo, el tiempo es un «hilo retemplado, hilo, hilo binómico» [34], imagen ésta del instante que es como un breve puente (los minutos

---

[33] p. 169.
[34] XXIX, p. 171.

son puentes volados, dice en el poema anterior) y que se quiebra al ser atravesado. «¿Por dónde romperás, nudo de guerra?»

En esta interrogación por el tiempo resulta fundamental no solamente la caracterización diversa de su ocurrencia, sino también el margen de ignorancia que el tiempo supone para el hombre, la dimensión inexplicable que contiene. En la evidencia del agobio temporal se percibe también una ausencia de evidencias; en el poema XLVII, que evoca el lugar del nacimiento, leemos: «Los párpados cerrados, como si cuando nacemos/ siempre no fuese tiempo todavía» [35]. Así, el tiempo parece condenar el nacimiento del hombre, con su fatalidad irreversible; pero el poeta se pregunta por un «todavía» inherente al mismo tiempo, y que vimos ya ligado a una intuición que busca revertir los órdenes fijados de lo temporal. También el poeta encuentra en el nacimiento del día una coincidencia de imperfección y de indeterminada, desconocida razón:

> Día que has sido puro, niño inútil,
> que naciste desnudo, las leguas
> de tu marcha, vas corriendo sobre
> tus doce extremidades, ese doblez ceñudo
> que después deshiláchase
> en no se sabe qué últimos pañales [36].

Aquí el día aparece doblado sobre sí mismo, en sus horas que son presencia y ausencia, oscuridad.

> Constelado de hemisferios de grumo,
> bajo eternas américas inéditas, tu gran plumaje,
> te partes y me dejas, sin tu emoción ambigua,
> sin tu nudo de sueños, domingo.

Estas américas inéditas sugieren, dentro del tiempo, en su envés, amplias zonas ignoradas y por descubrir desde esos sueños que ya sabemos son un «tiempo de deshora».

---

[35] p. 189.
[36] LX, p. 202.

Y se apolilla mi paciencia,
y me vuelvo a exclamar: ¡Cuándo vendrá
el domingo bocón y mudo del sepulcro;
cuándo vendrá a cargar este sábado
de harapos, esta horrible sutura
del placer que nos engendra sin querer,
y el placer que nos DestieRRA!

La muerte acecha tras esta interrogación: la inminencia de una víspera es también la respuesta de la muerte, el círculo del destierro-nacimiento que se cierra. Pero también en la intuición de esas vísperas el poeta reconoce la profunda, abierta y potencial ignorancia del tiempo, su íntima condición inédita.

Esta impresión recurrente de un tiempo inédito dentro de la temporalidad, imprime en la actividad interrogativa, en el cuestionamiento del tiempo, el sello de una rebelión piadosa. Y desde esta intuición, además, la mirada sobre el mundo va a descubrir la ambigüedad de la experiencia, su intensa irrealidad. El poema LXIII [37] muestra a Vallejo de vuelta al medio rural que había descrito con aguda afectividad en *Heraldos*; ahora, nos dice, «Melancolía está amarrada», y percibe más bien un «gran amor» en los cielos de las punas, y los ve «torvos de imposible»: la naturaleza, lluviosa, vasta, parece reproducir ahora una impotencia íntima de la misma vida. El poeta se recuerda a sí mismo ante este paisaje, se reconoce meditabundo (como en un poema de *Heraldos*, de codos), «en el jiboso codo inquebrantable». Pero ahora que contempla el paisaje advierte que un profundo cambio se ha operado: «salgo y busco las once/ y no son más que las doce deshoras». Así, descubre que a un tiempo habitual y normal, percibido antes por él, reemplaza ahora un tiempo de deshora, un destiempo, como si se cruzaran dos temporalidades, como si el tiempo se doblara. Busca las once pero «no son más» que las doce, como si doce antecediera en mucho a once; imagen que en su con-

---

[37] p. 205.

tradicción supone la discontinuidad dramática de la experiencia temporal, un desajuste del hombre en el tiempo. El transcurrir humano se hace así irreal: acontece sobre una temporalidad ya cumplida.

Por ello mismo el poeta quiere negar los límites temporales, las fases previstas para el tiempo; el poema LXIV plantea este drama y debate:

Hitos vagarosos enamoran, desde el minuto monstruoso
que obstetriza y fecha los amotinados nichos de la atmósfera.
Verde está el corazón de tanto esperar; y en el Canal de
     Panamá
¡hablo con vosotros, mitades, bases, cúspides! retoñan
los peldaños, pasos que suben, pasos que bajan.
Y yo que pervivo,
y yo que sé plantarme.

Oh valle sin altura madre, donde duerme
horrible mediatinta, sin ríos frescos, sin entradas de amor.
Oh voces y ciudades que pasan cabalgando en un dedo
tendido que señala a calva Unidad. Mientras pasan, de
mucho en mucho, gañanes de gran costado sabio, detrás
de las tres tardas dimensiones.
Hoy   Mañana   Ayer
(No, hombre!) [38]

El instante (minuto monstruoso) da nacimiento y fecha precisamente a lo que muere: otros instantes, que nos proponen hitos, señales, medidas en el tiempo. El poeta percibe que el corazón aguarda dentro del tiempo; también el Canal de Panamá es imagen de un centro donde la realidad es como una geometría que se busca reordenar; también los pasos son peldaños que suben y bajan, que parecen buscar, desde la implicancia frustradora del amor, un sentido o un orden; y en

---

[38] p. 206.

este camino el poeta dice pervivir, continuar: acaso sin finalidad posible, este camino importa fundamentalmente por su sola interrogación cuestionadora. Y en este valle, en esta existencia sin madre —arquetipo del amor— la realidad parece una medianoche cerrada, sin transcurso, sin vías de acceso. Los hombres pasan indiferentes o confiados, siguiendo el dedo del destino, hacia la supuesta unidad de la muerte. Pero también pasan, espaciadamente, hombres rudos que son sabios en el dolor; pasan «detrás de las tres tardas dimensiones»: hoy, mañana, ayer. Lentas en su transcurso, tardías, esas dimensiones están ubicadas por Vallejo en una progresión que concluye en el pasado, como si el tiempo fuera cíclico y no progresivo; como si supusiese un círculo sin continuidad, y no un decurso lineal. Pero esos «gañanes» jadean *detrás* de estas dimensiones, como si el sufrimiento —sabiduría de lo temporal— modificara al tiempo cerrado inaugurando otra dimensión temporal, tras de las fases establecidas, en el revés de las mismas. Tal vez por ello la exclamación sarcástica final, entre paréntesis, sugiere la negación del propio poeta a este orden de las dimensiones tardías, retardadas en relación al tiempo mismo.

Estas dimensiones, que el instante nos propone como hitos que nos tientan, suscitan por tanto la oposición rebelde de aquellos pasos que son peldaños en gestación, hacia arriba y hacia abajo, como imagen de una exploración plural. Y en el «Canal de Panamá» (¿la unión de los contrarios, de los opuestos?, ¿acaso el «itsmarse» de *Heraldos*?) la realidad empieza a circular, a reordenarse con dramática y acuciada progresión.

Finalmente, el tiempo es plural imagen del dolor. La realidad es temporal y el tiempo es agonía: una misma conciencia de existir. Lejos de establecer un proceso sistemático, la interrogación profunda por el tiempo establece en el libro una serie de motivaciones —pregunta y testimonio, padecimiento y rebelión— que figuran el infierno de una temporalidad conocida e ignorada a la vez. En su razón temporal, la condición humana es imperfecta pero es también plena de posibilidades, ya que el tiempo implica una indeterminación. El poema LXXV [39] plantea esta imagen del tiempo como dolor, asegurando que la conciencia del tiempo es la conciencia del dolor humano, y sugiriendo que la ignorancia del dolor significa el desconocimiento del tiempo, o sea una muerte en la misma vida:

Estáis muertos.

Qué extraña manera de estarse muertos.
Quienquiera diría no lo estáis. Pero, en verdad,
estáis muertos.

Flotáis nadamente detrás de aquesa membrana
que, péndula del zenit al nadir, viene y va de
crepúsculo a crepúsculo, vibrando ante la sonora
caja de una herida que a vosotros no os duele. Os
digo pues, que la vida está en el espejo y que
vosotros sois el original, la muerte.

Mientras la onda va, mientras la onda viene,
cuán impunemente se está uno muerto. Sólo
cuando las aguas se quebrantan en los bordes
enfrentados y se doblan,
entonces os transfiguráis y creyendo morir, percibís la sexta
cuerda que ya no es vuestra [40].

La imagen del tiempo es en este poema una imagen cósmica: el sol que va del zenit al nadir, de crepúsculo a cre-

---

[39] p. 217.
[40] Espejo Asturrizaga (*op. cit.*, p. 87) cuenta que Vallejo escribió este poema al volver a Trujillo, en 1920. Encontró que sus amigos vivían como en «cámara lenta»; él, en cambio, venía de una vida intensa y conflictiva: «le produjo un choque tremendo este apaciguado devenir de hombres y cosas. Al día siguiente que fue a mi casa me leyó el poema: «Estáis muertos...», refiere Espejo. La vida de sus amigos se le aparece como un malentendido («Ellos murieron siempre de vida»); pero nuevamente vemos aquí cómo la impresión originaria se transmuta en una proyección más compleja e integradora.

púsculo, señalando así el transcurso cíclico de lo temporal; y este curso vibra en la sonora caja de una herida, en la vida misma. Así el tiempo se manifiesta como conciencia del dolor.

La vida ofrece su imagen en el espejo: en su doblaje, que es la conciencia, lo que se opone a la evidencia de la muerte. Mientras el tiempo viene y va, prosigue el poema, uno está impunemente muerto: alienado por el discurrir sin conflicto; sólo cuando las aguas se quebrantan en los bordes enfrentados (como el extremo crítico del «Canal de Panamá»), cuando los límites de este río del tiempo son ocupados por el sufrimiento, entonces, creyendo morir, advertimos otra dimensión, una sexta cuerda que ya no es nuestra; lo cual sugiere que el hombre cree morir en el sufrimiento de su temporalidad, pero que más bien está en su plenitud existencial: una dimensión impersonal en el dolor, una identidad común. Así el dolor es la realidad última del conocimiento.

II

TAL LA TIERRA OIRÁ EN TU SILENCIAR

CÉSAR VALLEJO

A César Vallejo suele considerársele como el mejor poeta hispanoamericano; se forjó un estilo personal, que sin ser en modo alguno regionalista ni local, era claramente americano. Era un poeta que rechazaba la seducción. Las terminaciones llanas de la poesía española, los participios pasados en «ado» o en «ido», desembocan fácilmente en el flujo rítmico que Neruda iba a adoptar en sus *Veinte poemas de amor,* en versos como:

> Mi alma no se contenta de haberla perdido,

en el que la «a» átona tiene la misma función que las notas rítmicas y graves en una pieza para piano. Si Vallejo llega a darse cuenta del peligro de la seducción, rompe el verso. Así, uno de sus poemas se inicia:

> Tahona estuosa de aquellos mis bizcochos.

Las dos primeras palabras parecen introducirnos en un ritmo voluptuoso que se quiebra rápidamente con el duro sonido de «k» de «aquellos mis bizcochos». Algunos de sus poemas derivan en un verdadero desbarajuste de letras y sonidos, a medida que se alcanzan los últimos límites del significado y el poema penetra en una zona de disolución.

Mientras gran parte de la poesía moderna se erige como un orden en medio de un mundo caótico, la obra de Vallejo cava un hoyo bajo sus propios pies. Las certidumbres se desmoronan, los clisés familiares y consoladores se convierten súbitamente en algo siniestro. Por ejemplo, termina un poema con la expresión «Hasta el hueso», que suena de un modo lo bastante parecido a «hasta luego» como para tener impacto de este extraño «hueso», que queda aislado y desnudo como una calavera sobre la mesa de un monje. Por vez primera comprendemos lo que decimos cuando empleamos la fórmula «hasta luego», y al comprenderlo se abre ante nosotros un abismo. Vallejo desarticula la lengua española como nunca se había hecho antes de entonces, en primer lugar porque aspiraba a expresar lo inexpresable, pero también porque, como los escritores de la *négritude*, asume una cultura extraña con el mismo lenguaje que se ve forzado a usar. El enfrentamiento entre la cultura de Latinoamérica y la de Europa se efectúa en las tensiones lingüísticas y en alusiones como la siguiente:

> Samain diría el aire es quieto y de una contenida tristeza.
> Vallejo dice hoy la Muerte está soldando cada lindero a
> cada hebra de cabello perdido [...]

El poeta francés Samain tenía dominada su desesperación, mientras que Vallejo, el peruano, sólo puede expresar su desesperación en una frase que apenas tiene sentido. Pero es esta característica de Vallejo, la dislocación del lenguaje y la ruptura de las convenciones, lo que hace de él un poeta verdaderamente extraordinario.

César Vallejo era un «cholo», es decir, llevaba en las venas sangre española e india; de origen provinciano, nació en Santiago de Chuco, a varias horas en mulo de la ciudad de Trujillo. Era fundamentalmente el hombre de una cultura marginal, un provinciano, virtualmente autodidacta por lo que se refiere a la literatura, pues aunque estudió en la Universidad y escribió una tesis sobre el romanticismo, el ambiente cultural de Santiago de Chuco y de Trujillo era relativamente pobre. Vallejo era el benjamín de una familia numerosa y modesta pero unida, que tenía un fuerte sentido de los valores tradicionales. El hogar y la iglesia fueron instituciones importantes en la primera parte de su vida, bases seguras que desaparecieron de un modo radical al producirse la muerte de su madre y de su hermano mayor Miguel. Estos hechos cortaron sus raíces y los lazos que le unían con el hogar, y contribuyeron a crear en él ese sentido de la futilidad del proceso biológico en el cual la vida se desarrolla cuidadosamente desde la semilla hasta la perfección sin que exista ninguna razón perceptible, excepto la de mejorar la especie. Crecer equivalía a encontrarse ante el alba de un mundo adulto y sin sentido:

> Y se acabó el diminutivo, para
> mi mayoría en el dolor sin fin
> y nuestro haber nacido así sin causa.

Llamar a la niñez «el diminutivo» equivale a despojarla de toda calidad humana. «Diminutivo», un término gramatical, y «mayoría», un término legal, quitan al desarrollo humano todo objetivo trascendental, ya que los diversos estadios de la evolución pasan a ser meras categorías empleadas por simple comodidad.

Vallejo publicó cuatro grandes libros de poesía. El primero, *Los heraldos negros* (1918), incluía sobre todo composiciones de aprendizaje en las que el poeta usaba a menudo las imágenes tradicionales heredadas del modernismo, imágenes que estaban desplazadas respecto al tipo de sentimientos que estaba tratando de expresar. Y hay también poemas sobre temas indios, las *Nostalgias imperiales,* escritos en un estilo objetio y parnasiano que es completamente ajeno al tono dramático de la poesía posterior de Vallejo. Sin embargo, incluso en este volumen primerizo, había atisbos de lo que iba a ser el Vallejo maduro.

Un grupo de poemas que figuraban en *Los heraldos negros* llevaban por título «Canciones de hogar», y en estos versos tenemos un anticipo de lo que serán las imágenes de *Trilce*. En estos poemas Vallejo es ya el observador o el participante de su propio drama. Mirón indefenso, contempla la vejez de su madre y de su padre, viendo cómo sus vidas van perdiendo sentido:

> Mi padre es una víspera
> lleva, trae, abstraído, reliquias, cosas,
> recuerdos, sugerencias.

Aquí los versos sugieren una manipulación absurda de objetos heterogéneos, una agitación sin sentido, ya que el objetivo es simplemente la procreación, la multiplicación de la especie en un futuro que el padre nunca verá.

> Aun reirás de tus pequeñuelos
> y habrá bulla triunfal en los Vacíos.

El rotundo optimismo de esta frase en la que se supone que el padre aún tendrá algún futuro, termina súbita y desagradablemente con el nombre «Vacíos».

En su libro siguiente, *Trilce* (1922), Vallejo rompió completamente con la tradición haciendo una poesía tan absolutamente nueva como la más moderna que podía escribirse en Europa. Los poemas usan una armazón de lenguaje «positivo» —números, fechas, lugares, términos científicos—, pero sólo para destruir lo positivo. El sistema lingüístico engendra así estructuras imposibles.

> 999 calorías
> Rumbbb... Trraprrr rrach... cha
> Serpentínica *u* del bizcochero
> engirafada al tímpano.

En los dos últimos versos citados, la estructura es una posible estructura española, pero que lo que se dice carece de sentido. Y, sin embargo, aunque por vías inusitadas, existe un sentido, ya que los fonemas expresivos (Rumbbb, etc.) prueban los límites del lenguaje, al igual que la distorsión de los sonidos producida por el bizcochero, cuya «u» no guarda relación con el sonido que esperábamos oír en «bizcocho», y que no obstante comunica un sentido.

En *Trilce* los números son importantes, pero sólo porque indican un sentido de armonía y orden que se ha vaciado de significación. En términos cabalísticos el uno es el símbolo de la plenitud, para Vallejo es el símbolo de la soledad individual; el dos es el «acoplamiento» del macho y de la hembra, para Vallejo es el símbolo de la dialéctica sin objeto; tres es el símbolo de la trinidad y de la perfección, para Vallejo es un símbolo de generación sin sentido; el cuatro representaba para los antiguos los cuatro elementos, pero para Vallejo simboliza las cuatro paredes de la celda y las limitaciones del hombre. Hay otros números también «absurdos», los nueve meses de la gestación, los doce meses del año. Pero todos están desacralizados. Los números son simples cifras que, como las paredes de la celda, o se suman estúpidamente al mismo número o se multiplican hasta alcanzar cifras tan vacías como ellos mismos.

Todos los aspectos matemáticos, biológicos y físicos de la existencia, para Vallejo cuentan la misma historia; que hay una disparidad entre el drama mental y espiritual del individuo y el proceso biológico y físico.

Para Vallejo, más trágica que la muerte de Dios es la muerte de la madre, que fue el origen de su vida. En el siguiente poema, contrasta la idea de la madre, origen del crecimiento orgánico, con la idea abstracta de trascender al tiempo y de la unidad.

Oh valle sin altura madre, donde todo duerme horrible
mediatinta, sin ríos frescos, sin entradas de amor. Oh vo-

ces y ciudades que pasan cabalgando en un dedo tendido
que señala a calva Unidad. Mientras pasan, de mucho en
mucho, gañanes de gran costado sabio, detrás de las tres
tardas dimensiones.

Hoy   Mañana   Ayer
(¡No, hombre!)

Los ríos frescos y las entradas de amor aluden al fluir humano,
y todos los intentos para trascender esto conducen a una abstracta grisura, y por lo tanto a la muerte. En este poema Vallejo ve la vida desde una distancia como divina en la cual
«las voces» y «las ciudades» quedan reducidas a la nada y la
humanidad a una masa de «gañanes de gran costado sabio»
(es decir, de Adanes de lo que nació Eva). Estos Adanes no
son escasos. Pasan «de mucho en mucho», como uncidos a las
tres dimensiones del tiempo. El «No, hombre» final rechaza
esta visión abstracta (que podría ser la de un Schopenhauer,
por ejemplo), pero la negación es una simple respuesta emotiva y en modo alguno destruye la desolada visión.

Para Vallejo, el confinamiento físico de la cárcel de la vida,
simplemente acentúa la situación existencial cotidiana del hombre. En *Trilce* XVIII no emplea simplemente su celda como
una imagen primaria, sino que nos permite captar la ironía
de sus connotaciones religiosas, la celda como lugar de retiro
del mundo y umbral de la salvación:

> Oh las cuatro paredes de la celda
> Ah las cuatro paredes albicantes
> que sin remedio dan al mismo número
> Criadero de nervios, mala brecha,
> por sus cuatro rincones cómo arranca
> las diarias aherrojadas extremidades.

Lo «albicante» sugiere las connotaciones religiosas, la celda
es un lugar de purificación y de automortificación, que, sin
embargo, no ofrece ninguna escapatoria de las limitaciones de

las cuatro paredes que siempre suman el mismo número. Vallejo no puede escapar por medio de la fe en Dios. En vez de esto, llama a la figura femenina, la fuente de la vida:

> Amorosa llavera de innumerables llaves,
> si estuvieras aquí, si vieras hasta
> qué hora son cuatro estas paredes.
> Contra ellas seríamos contigo, los dos
> más dos que nunca. Y no lloraras,
> di, libertadora.

Éste es el retorno a los orígenes, a la fuente de la vida, pero las limitaciones de la pared de la celda derivan de una afirmación sobre el espacio a una afirmación sobre el tiempo. La tentativa del poeta de formar otras combinaciones más humanas para romper con su sentido de separación no puede tener resultado.

> Y sólo yo me voy quedando,
> con la diestra, que hace por ambas manos
> en alto, en busca de terciario brazo
> que ha de pupilar entre mi dónde y mi cuándo
> esta mayoría inválida de hombre.

Lo que el poeta busca es algo que está más allá de las limitaciones del espacio (dónde) y del tiempo (cuándo). Transforma los adverbios interrogativos en nombres, los sustantiva y al propio tiempo hace que sugieran de un modo infinitamente más intenso la duración humana que si hubiese usado las abstracciones «espacio» o «tiempo». El brazo levantado del poeta busca sin encontrar el brazo que mediará por él, pero el lenguaje sugiere sutilmente una vez más la celda del monje, con el brazo del santo levantado hacia el cielo. El poema se mueve así entre las dos tensiones de las limitaciones de la tierra y de la imposibilidad del cielo que desembocan en la contradicción final —la «mayoría inválida»—, donde la idea de «mayoría»

(la madurez del adulto, y por lo tanto un cierto grado de perfección) se califica con el adjetivo «inválida».

En este poema lo original no es un «tema» susceptible de
aislarse, dado que el conflicto entre las aspiraciones eternas y
la situación existencial es tan viejo como el mundo. La originalidad estriba en la presentación radicalmente moderna de
Vallejo, en la referencia constantemente irónica a los valores
del pasado y en la dramatización de la situación en el yo del
poeta.

Los poemas de Vallejo que se publicaron póstumamente
recibieron un título irónico, *Poemas humanos*, irónico puesto
que muchos de ellos nos hablan de una humanidad deshumanizada y alienada. Desde 1923 hasta su muerte vivió en París,
con breves estancias en Rusia y España, donde se vio obligado
a quedarse en 1931, cuando el gobierno francés no le permitió
entrar en Francia debido a sus actividades como militante político. Efectuó también dos cortas visitas a España durante la
guerra civil, y escribió una serie de poemas sobre ésta, publicados póstumamente con el título de *España, aparta de mí este
cáliz* [1]. Después de ingresar en el Partido Comunista en 1931,
la actividad política de Vallejo fue intensa, y sus artículos sobre Rusia escritos para la prensa española en 1931 demuestran
que compartía los ideales sociales y políticos de los marxistas [2].
Sin embargo, los *Poemas humanos* ofrecen una visión agónica
del individuo. Fueron escritos a impulsos de la desesperación,
cuando la suma de individuos no le parecía que constituyera
una sociedad.

> ¿Quién no se llama Carlos o cualquier otra cosa?
> ¿Quién al gato no dice gato, gato?
> ¡Ay, yo que sólo he nacido solamente!
> ¡Ay, yo que sólo he nacido solamente!

---

[1] Según Mme. Georgette Vallejo en sus *Apuntes biográficos sobre
Poemas en prosa* y *Poemas humanos*, Lima, 1968.

[2] *Rusia en 1931. Reflexiones al pie del Kremlin*, Lima, 1959. Véase
también Mme. Vallejo, op. cit.

Los individuos indiferenciados forman la masa, pero esta masa no puede borrar la sensación de soledad. El verbo «nacer» está flanqueado por adverbios, pero son el mismo adverbio que juega con las variantes de sólo y solamente, y que destaca así la idea del nacimiento y de la soledad.

Por eso el título de *Poemas humanos* tiene un deje irónico. En *Trilce* la situación suele ser subjetiva, con Vallejo en el centro de un drama, tratando de luchar con abstracciones como el tiempo, la creación, la eternidad, la muerte, en un lenguaje absurdo. Pero en los *Poemas humanos* Vallejo se convierte en la humanidad, condenada a encarnarse en el Hijo; en estos poemas él y otros individuos quedan reducidos, pasan a ser un puñado de costumbres, ropas, enfermedades, cuyo único poder —absurdamente— es el de la reproducción. El título de un poema, «Sombrero, abrigo, guantes», lo resume así:

Enfrente a la Comedia Francesa, está el Café
de la Regencia; en él hay una pieza
recóndita, con una butaca y una mesa.
Cuando entro, el polvo inmóvil se ha puesto ya de pie.

Entre mis labios hechos de jebe, la pavesa
de un cigarrillo humea, y en el humo se ve
dos humos intensivos, el tórax del Café
y en el tórax, un óxido profundo de tristeza.

Importa que el otoño se injerte en los otoños,
importa que el otoño se integre de retoños,
la nube, de semestres; de pómulos, la arruga.

Importa oler a loco postulando
¡qué cálida es la nieve, qué fugaz la tortuga,
el cómo qué sencillo, qué fulminante el cuando!

La sala interior se convierte en el «tórax» del café. La interioridad pasa de ser un estado espiritual a otro físico, de modo que con Vallejo penetramos en un cuerpo con sus asociaciones correlativas de degeneración. Pero luego el poeta pasa a contrastar el café-cuerpo (es decir, el entorno humano) con las estaciones cambiantes. El cambio de las estaciones es «importante», palabra que en el contexto se convierte en un absurdo sobreentendido. Por otra parte es absurdo esforzarse por volver la espalda a las estaciones y afirmar que la nieve es cálida o desafiar metafóricamente las leyes físicas. El soneto concluye con una paradoja que alude a la vida humana reducida a las dos cuestiones principales, el sencillo «cómo» y el fulminante «cuándo». Lo que ha ocurrido en el curso del poema es que el poeta ha demostrado que todos los apoyos de la vida humana —la tradición, la cultura, la naturaleza— son simplemente «sombrero, abrigo, guantes», lo que enumera el título, y que la esencia reside en el desnudo «cuando».

El «tórax» de este poema nos conduce a una de las preocupaciones fundamentales de Vallejo, su obsesión por el cuerpo que parece estar examinando constantemente como si fuese un objeto extraño a él [3]:

> Que es verdad que sufrí en aquel hospital que queda al lado
> y está bien y está mal haber mirado
> de abajo para arriba mi organismo.

Es este frágil cuerpo lo que se interpone entre él y la muerte. Y en algunos estados de ánimo siente que quiere vivir a toda costa.

> Me gustaría vivir siempre, así fuese de barriga,

dice; el verso parece un comentario irónico a la famosa frase de la Pasionaria de que «es mejor morir de pie que vivir de rodillas». En «Dos niños anhelantes» encuentra «nada/ en el orgullo grave de la célula,/ sólo la vida; así: cosa bravísima»...

---

[3] Muchos críticos han comentado esta cuestión. Véase, por ejemplo, James Higgins, «The conflict of personality in César Vallejo's *Poemas Humanos*», BHS, XLIII, enero de 1960.

Y evoca la visión de un hombre antiheroico, empequeñecido y esclavizado, cuya vida no es más que una espera de la muerte:

> luego no tengo nada y hablo solo,
> reviso mis semestres
> y para henchir mi vértebra, me toco.

El hecho de que muchos de estos poemas se escribieran durante los años de la depresión incrementa su tonalidad trágica. Vallejo no sólo ve su propio fin como hombre, sino el fin del progreso, el punto final de un cierto tipo de civilización. En el poema apocalíptico «Los nueve monstruos», el nueve, número mágico, alude al fin del mundo. El poeta tiene una visión de inmensos sufrimientos y males. Lo que crece no es el hombre, sino la desdicha:

> Crece la desdicha, hermanos hombres,
> más pronto que la máquina, a diez máquinas, y crece
> con la res de Rousseau, con nuestras barbas;

La teoría del progreso basada en la supuesta bondad de la naturaleza no es capaz de explicar este enorme recrudecimiento del mal en el cual hasta la naturaleza está crucificada [4].

En los *Poemas humanos* Vallejo alude a la incapacidad de cualquier clase de progreso que no tenga en cuenta que el hombre es limitado en el espacio y en el tiempo y que en realidad es cualquier cosa excepto un superhombre. La dificultad surge cuando el hombre proyecta el progreso hacia una perfección futura, ya que el progreso en sí mismo evidentemente se acerca a estos límites. Y es aquí cuando la depresión económica, la generalización del paro, el hambre —es decir, la realidad pública— invade el mundo privado. El parado, el hom-

---

[4] Para un análisis del mal en la poesía de Vallejo, véase X. Abril, *Vallejo. Ensayo de aproximación crítica*, Buenos Aires, 1958.

bre sin trabajo que está sentado en una piedra, es un símbolo viviente de la inmovilización del progreso en su doble sentido social e individual:

> Parado en una piedra,
> desocupado,
> astroso, espeluznante,
> a la orilla del Sena, va y viene.
> Del río brota entonces la conciencia,
> con pecíolo y rasguños de árbol ávido:
> del río sube y baja la ciudad, hecha de lobos abrazados.

El contraste entre el hombre «parado» y el río que fluye se acentúa por el hecho de que el hombre se ha convertido en una cosa. Es el río el que tiene conciencia, pero es una conciencia de un progreso evolucionista y de la supervivencia de los más fuertes. La ciudad surge directamente de esta ley natural y resume la lucha darwiniana de los «lobos abrazados». El hombre que está sentado allí es un «parado, individual entre treinta millones de parados», una «nada» que está sentado solo con su cuerpo, sus chinches, y

> abajo,
> más abajo,
> un papelito, un clavo, una cerilla.

Lo que produce la «ciudad» es tan sólo este detrito... los desechos humanos y materiales de la civilización.

Poemas humanos ahonda así en el significado de la crisis que hay entre el hombre y la sociedad. Sus versos muestran cómo el hombre no puede encontrar un sentido a proyectarse hacia un futuro cuando él podría ser distinto o la sociedad podría ser distinta. Una sociedad que sufre una crisis industrial sólo ofrece desesperanza al hombre; no obstante, ello no significa que Vallejo careciera por completo de fe. Su comunismo no era ninguna variedad de signo utópico, porque no creía en ningún futuro místico, sino que creía firmemente que hay que luchar contra las injusticias. Por eso es una lástima que los *Poemas humanos* se publicasen separadamente de *España, aparta de mí este cáliz*, que es la otra cara de la moneda [5]. En estos poemas descubre al héroe moderno en hombres como Pedro Rojas:

> Lo han matado, obligándole a morir
> a Pedro, a Rojas, al obrero, al hombre, a aquel
> que nació muy niñín mirando al cielo,
> y que luego creció, se puso rojo
> y luchó con sus células, sus nos, sus todavías, sus hambres,
>> sus pedazos.

El hombre que en «Los nueve monstruos» tiene atisbos apocalípticos, ahora saluda al «sufrimiento armado». La madre que muere y le deja sin eternidad resucita ahora en España. Así, se dirige al mundo con las palabras que una madre usaría al hablar con sus hijos:

> si tardo
> si no veis a nadie, si os asustan
> los lápices sin punta, si la madre
> España cae —digo, es un decir—
> salid, niños del mundo; ¡id a buscarla!

La poesía de Vallejo lleva a cabo como una dramatización de la destrucción. *Trilce* y *Poemas humanos* se sitúan en una región de pesadillas en la que el poeta solda fragmentos con el único fin de romperlos luego. El poema es como el pilar de un malecón batido por las aguas del mar. Pero tal vez la paradoja suprema es que Vallejo era un comunista que vivió la crisis del individualismo en sus límites extremos.

---

[5] James Higgins, «Los nueve monstruos de César Vallejo. Una tentativa de interpretación», *Razón y fábula*, Bogotá, 3.

EL ABSURDO EN LA POESÍA DE CÉSAR VALLEJO

En el poema «Al revés de las aves...» César Vallejo hace un comentario que aclara el sentido de su obra:

> Pues de lo que hablo no es
> sino de lo que pasa en esa época, y
> de lo que ocurre en China y en España, y en el mundo
> (Walt Whitman tenía un pecho suavísimo y respiraba
>   y nadie
> sabe lo que él hacía cuando lloraba en su comedor) [1].

Nos advierte que su poesía, como la de Whitman, no es autobiográfica, sino que es un testimonio de la condición del hombre moderno. En otro poema Vallejo dice al hombre que se encuentra en un mundo absurdo que le angustia:

> ...mueres de tu edad ¡ay! y de tu época. (*PH*, 421)

---

[1] César Vallejo, *Obra poética completa* (Lima: Moncloa Editores, 1968), p. 492. Todas las referencias son a esta edición. Los libros *Los heraldos negros, Trilce, Poemas en prosa, Poemas humanos,* y *España, aparta de mí este cáliz* serán indicados por las abreviaciones *HN, Tr, PP,* y *Esp,* respectivamente.

Después reitera esta misma idea:

> Amigo mío, estás completamente,
> hasta el pelo, en el año treinta y ocho. (*PH*, 421)

El hombre moderno sufre la desgracia de vivir en una época de crisis en la que todos los ideales y valores humanos parecen haber fracasado, una época de confusión e incertidumbre en la que el hombre se halla en un vacío espiritual desprovisto de valores en que basar y dar un sentido a su vida. La poesía de Vallejo es una expresión de esta crisis espiritual de nuestra época. Julio Ortega la define como «una poesía que plantea y resuelve a su manera un conflicto espiritual contemporáneo, signo de una crisis de este tiempo, manifestado en diversas respuestas en la literatura actual» [2].

El punto clave de la cosmovisión vallejiana es el sentimiento del absurdo [3]. El poeta mismo emplea el término en varias ocasiones. En «Las piedras» dice que ha nacido en un mundo absurdo sus pasos

> ...son los fogonazos
> de un absurdo amanecer. (*HN*, 119)

En *Trilce* habla de la posibilidad de dar «las narices/ en el absurdo» (*Tr.*, 187) y califica su vida como «Absurdo./ Demencia» (*Tr.*, 156). En *Poemas humanos* no encontramos el término, pero el poeta utiliza otras expresiones, como «locura» (*PP*, 251), «burrada» (*PH*, 297) y «disparate» (*PH*, 411), que vienen a ser sinónimos. Así, en «Tengo un miedo terrible...» Vallejo afirma que es desatinado creer que la existencia humana no es sino una vida de sufrimiento en un nivel animal. Luego reconoce que, desatinado o no, la vida es así, que el desatino es la realidad:

---

[2] Julio Ortega, *Vallejo. Antología* (Lima: *Ed. Universitaria*, sin fecha), p. 12.
[3] Se trata de un sentimiento más que de un concepto intelectual: más que pensar que el mundo es absurdo, Vallejo siente que es así.

>   Un disparate… En tanto,
>   es así, más acá de la cabeza de Dios. (*PH*, 411)

Dios puede haber concebido un universo ordenado y armonioso, pero en la práctica, fuera de su cabeza, ha resultado absurdo.

Varios críticos —Monguió, Coyné, Lellis y Paoli, entre otros— han señalado la importancia del absurdo en la obra vallejiana. Así, Alberto Escobar ha observado que el absurdo «es el signo central en su percepción de la vida» [4]. Pero nadie ha ofrecido una explicación de lo que es el absurdo. Tampoco Vallejo define el término. Sin embargo, un análisis de una serie de temas y técnicas que se repiten nos permite deducir su significado.

Una primera serie de temas revela que para Vallejo el absurdo significa que el universo no es lógico, ordenado y armonioso sino ilógico, desordenado y caótico. Quizá el más importante de estos temas es el del azar: Vallejo ve la vida como un juego en el que el hombre está obligado a participar y que forzosamente tiene que perder, tarde o temprano. En «La de a mil» el suertero andrajoso, que no tiene ningún control sobre la buena o mala fortuna que distribuye, es el retrato de Dios, que dirige la lotería universal que gobierna la vida de los hombres:

>   pero la suerte aquella que en sus manos
>   aporta ……………………
>   …………………… irá a parar
>   adonde no lo sabe ni lo quiere
>   este bohemio dios
>   …………………………………………
>   ¡por qué se habrá vestido de suertero
>   la voluntad de Dios! (*HN*, 109)

---

[4] Alberto Escobar, *Antología de la poesía peruana* (Lima: Ed. Nuevo Mundo, 1965), p. 16.

Igualmente «Los dados eternos» presenta la vida como un juego de azar dirigido por Dios. El hombre es un jugador que espera el tiro adverso:

> Dios mío, prenderás todas tus velas,
> y jugaremos con el viejo dado...
> Tal vez, ¡oh jugador! al dar la suerte
> del universo todo,
> surgirán las ojeras de la Muerte,
> como dos ases fúnebres de lodo. (*HN*, 122)

La vida es la apuesta y cuando el hombre pierde, como tiene que perder, entrega la vida.

El poema XII de *Trilce* ofrece un tema parecido: las desgracias que caen sobre el hombre gratuitamente. Vemos al poeta evitar uno de estos golpes por un pelo y esperar el próximo en incertidumbre, como un jugador de dados que espera el tiro adverso. El cuento «Cera» relata la lucha de Chale, un jugador de dados, para vencer a un antagonista misterioso, que no es sino la personificación del destino. Todos sus esfuerzos son vanos y resulta derrotado y humillado por su adversario. El tema se encuentra también en *Poemas humanos*, aunque con menos frecuencia. Así, el poeta, que se envejece y se acerca a la muerte, tiene la sensación de estar enredado en un juego de naipes en el que inevitablemente tiene que perder:

> doblo al cabo carnal y juego a copas,
> donde acaban en moscas los destinos. (*PH*, 401)

Varios poemas identifican el destino con la suerte:

> ¡Vistosa y perra suerte! (*PH*, 379)
> Le ha dolido la suerte mucho. (*PH*, 419)
> y soportas la calle que te dio la suerte. (*PH*, 421)

Este tema del juego de azar da a entender que el universo, en vez de ser un sistema armonioso de leyes pre-establecidas, está entregado al desorden y al caos y que es regido por el azar.

Es curioso notar que otro tema importante, el del guarismo, se da sólo en *Trilce*. Para Vallejo el guarismo es símbolo de un mundo en que no hay unidad ni constantes, de un universo en un estado de fragmentación y en que todo sufre una transformación continua. Por eso lamenta:

> …Cómo siempre asoma el guarismo
> bajo la línea de todo avatar. (*Tr.*, 152)

El poeta se angustia ante el misterio de la progresión de los números, ante la imposibilidad de formular 1 sin formular a la vez 2, 3 y luego todos los demás números indefinidamente:

> Pues no deis 1, que resonará al infinito.
> Y no deis 0, que callará tanto
> hasta despertar y poner de pie al 1. (*Tr.*, 147)

A causa de esta progresión cada número contiene dentro de sí todos los demás números:

> Ella [5], siendo 69, dase contra 70;
> luego escala 71, rebota en 72.
> ....
> acaba por ser todos los guarismos,
>
> la vida entera. (*Tr.*, 190)

El guarismo, símbolo de cambio, división, fragmentación, heterogeneidad, se hace símbolo de la vida misma.

Un tema que ocurre dos veces en la obra posterior es el de la catástrofe de la naturaleza. Uno de estos fenómenos da el título al poema «Terremoto» (*PH*, 285). El título es simbólico, porque en realidad el poema no se refiere a un terremoto sino a la confusión y desintegración del poeta. Él es víctima de una especie de terremoto mental al tomar conciencia del

---

[5] Se trata de una moneda.

caos y desorden del mundo que le rodea. En otro poema un huracán pasa por la tierra, rompiendo ventanas, arrancando árboles, sembrando la muerte y la destrucción. El poeta mismo insiste en que este huracán es la imagen de un caos universal:

> Las ventanas se han estremecido, elaborando una
> metafísica del universo. (*PP*, 237)

En ambos poemas la catástrofe es la imagen de un universo en un estado de desorden y caos.

En *Poemas humanos* también hay ciertas imágenes de desorden que ocurren una sola vez. Así, en «Aniversario», instrumentos musicales que suenan disonantes porque les falta una parte esencial, son símbolos de la discordia de la vida:

> tambor de un solo palo,
> guitarra sin cuarta ¡cuánta quinta! (*PH*, 333)

En «Guitarra» el poeta hace alusión a la Torre de Babel para señalar el caos que domina cada día de su vida:

> el domingo con todos los idiomas,
> el sábado con horas chinas, belgas. (*PH*, 331)

Para traducir su visión de un mundo caótico Vallejo utiliza ciertas técnicas. Una de éstas consiste en presentar al revés el orden normal de las cosas. Así encontramos «noches de sol, días de luna» (*PH*, 357) y «el sol y su rayo que es de luna» (*PH*, 433). En el mundo de Vallejo noche y día se confunden y el Sol echa los rayos de la luna. El hombre mismo es una criatura absurda cuya parte delantera y su espalda se miran: es

> ....una edición en pie,
> en su única hoja el anverso
> de cara al reverso. (*Tr.*, 211)

Su cara es el dorso de la cabeza:

> Este rostro resulta ser el dorso del cráneo. (*PP*, 257)

Sus sentidos se expresan por partes inusitadas del cuerpo:

> ...la respiración, el olfato, la vista, el oído,
> la palabra, el resplandor humano de su ser, funcionan
> y se expresan por el pecho, por los hombros, por el
> cabello, por las costillas, por los brazos y las
> piernas y los pies. (*PP*, 257)

Se levanta desde las alturas hacia el suelo:

> ¿No subimos acaso para abajo? (*Tr.*, 219)

Se sienta volteado hacia el aire:

> Esas posaderas sentadas para arriba (*Tr.*, 156)

En el mundo de Vallejo lo imposible se hace posible. Así el poeta nos habla de

> Ese no puede ser, sido. (*Tr.*, 156)

Al mismo tiempo cosas sencillas y cotidianas que parecen fáciles de realizar resultan imposibles. En «Nómina de huesos», una especie de letanía de las limitaciones del hombre, encontramos que es imposible llamarle al hombre por su nombre:

> —Que le llamen, en fin, por su nombre.
> Y esto no fue posible [6]. (*PP*, 251).

---

[6] Como se verá después, estos versos tienen también un sentido simbólico.

El relato de «Los caynas» aclara esta técnica de Vallejo de presentar las cosas al revés. El protagonista, Luis Urquiza, es un alienado mental que ve todo al revés. Sin embargo Luis Urquiza cree que los demás son locos. Este relato plantea un problema inquietante. ¿Quién es loco y quién es cuerdo? ¿Es loco el hombre que ve todo al revés? ¿No es posible que las cosas realmente sean así? ¿No es posible que su visión sea la verdadera y la nuestra la equivocada? ¿No es posible que el mundo no sea ordenado y lógico como nosotros suponemos, sino caótico e ilógico? La obra poética de Vallejo parece sugerir que la visión de Luis Urquiza es la verdadera. Vallejo rompe con las normas de la lógica para crear la impresión de un mundo ilógico. Nos revela el desorden del mundo al poner al revés el orden que le atribuimos. En «Los nueve monstruos» explica que es la experiencia del dolor la que abre nuestros ojos al caos que nos rodea, la que nos hace ver el absurdo de la vida. Entonces, como Luis Urquiza, vemos las cosas al revés. El agua corre verticalmente, los ojos son vistos en vez de ver, y las orejas emiten ruidos en vez de oírlos:

> Invierte el sufrimiento posiciones, da función
> en que el humor acuoso es vertical
> al pavimento,
> el ojo es visto y esta oreja caía. (*PH*, 321)

Una de las técnicas más características de *Poemas humanos* es la yuxtaposición de contrarios. Coyné ha señalado «la presencia de dos términos complementarios, opuestos o contradictorios, de los cuales el segundo aparece tan sólo porque el primero está ya escrito» [7]. Una palabra tiende a evocar su contrario de una manera casi automática. Así encontramos versos como los siguientes:

> con un pan en la mano, un camino en el pie. (*PH*, 345)
> al rey del vino, al esclavo del agua. (*PH*, 325)

---

[7] André Coyné, *César Vallejo y su obra poética* (Lima: Ed. Letras Peruanas, sin fecha) [1958], p. 176.

Del mismo modo «día» evoca «noche»; «vida», «muerte»; «bien», «mal»; «calor», «frío», etc.

Sin embargo estas oposiciones verbales no son gratuitas ni son simplemente automáticas. Son el fruto de la obsesión del poeta con las contradicciones inherentes a la vida, y suponen una técnica poética consciente. Sirven para revelar un mundo en un estado de contradicción, un mundo cuyos distintos elementos están en conflicto. Así observa Paoli: «Le *juntas de contrarios* sono frequentemente suggerite... dall'assurdo della *vivencia* attuale» [8].

Estas oposiciones verbales determinan a veces toda la estructura de un poema. Así «¿Qué me da...?» (*PH*, 367) consta de una serie de dísticos en los cuales el último término del segundo verso se opone al último término del primero: línea/ punto; vivo/muero; ojos/alma; llorar/reído. Las estrofas que no conforman a este patrón contienen algún elemento de oposición en su interior: huevo/manto; acaba/empieza; tierra/ horizonte. De esta forma el poema opone eternidad y tiempo, vida y muerte, cuerpo y alma, el individuo y la sociedad, aspiración y realidad, tristeza y alegría.

Estas yuxtaposiciones de contrarios toman muchas formas. A veces se trata de un paralelismo en el cual dos versos o dos partes de un verso se oponen y el orden de las palabras es puesto al revés:

con su prosa en verso,/ con su verso en prosa. (*PH*, 331)
Quiere su rojo el mal, el bien su rojo enrojecido. (*PH*, 393)

Puede ser que dos sustantivos estén unidos por una relación de posesión, de manera que se atribuye una cualidad a un sustantivo que significa la cualidad contraria:

el odio de este amor. (*PH*, 351)
frío del calor. (*PH*, 375)

---

[8] Roberto Paoli, *Poesie, di César Vallejo* (Milán: Lerici Editori, 1964), p. lxxxii.

Un sustantivo puede ser calificado por un adjetivo que expresa una idea contraria: «raciocinio muscular» (*PH*, 313); «frío incendio» (*PH*, 315); «cariño doloroso» (*PH*, 321); «honda superficie» (*PH*, 333); «pobre rico» (*PH*, 405). Un adverbio o una expresión adverbial puede modificar un verbo de la misma manera:

...el instinto de inmovilidad con que ando. (*PH*, 327)
...le odio con afecto. (*PH*, 329)

Un sustantivo puede ser calificado por dos abjetivos que aparentemente se contradicen:

Sublime, baja perfección del cerdo. (*PH*, 389)
nada, en verdad, más ácido, más dulce. (*PH*, 407)

Dos adverbios o expresiones adverbiales pueden modificar un verbo de la misma manera:

hoy sufro dulce, amargamente. (*PH*, 403)
Oh no morir bajamente/ de majestad. (*PH*, 387)

Esta preocupación por las contradicciones de la vida y la imposibilidad de resolverlas es constante en la poesía de Vallejo. Se da por primera vez en *Los heraldos negros*, donde el poeta es

...combatido por dos
aguas encontradas que jamás han de istmarse. (*HN*, 123)

Se siente poseído por dos sentimientos contradictorios, el anhelo de una vida plena y feliz y el deseo de morir. Pero es en *Trilce*, y sobre todo en la obra posterior, donde esta preocupación se convierte en una verdadera obsesión. Vallejo lamenta que se pierda toda esperanza de reconciliar contrarios:

Cómo detrás deshaucian juntas/ de contrarios. (*Tr.*, 152)

En «Nómina de huesos» resulta imposible mostrar las dos manos a la vez:

> —Que muestre las dos manos a la vez.
> Y esto no fue posible. (*PP*, 251)

El hombre no puede establecer un acuerdo entre derecha e izquierda, no consigue resolver las contradicciones de la vida en una nueva armonía.

Esta primera serie de temas y técnicas revela que para Vallejo el mundo es desordenado, ilógico y caótico. Una segunda serie da a entender que para el poeta la vida no tiene sentido y que es vacía y estéril. Uno de estos temas es el del desplazado, del hombre cuya visión de la vida es diferente de la de otras personas, que ha percibido que la vida no tiene sentido y que ya no puede sentirse cómodo en el mundo como los demás. Encontramos este tema por primera vez en «Espergesia» (*HN*, 138). La primera estrofa, que se repite a través del poema como estribillo, presenta al poeta marcado por una fatalidad que le ha perseguido desde su nacimiento.

> Yo nací un día
> que Dios estuvo enfermo.

En el fondo esta fatalidad no es sino la percepción obsesiva del poeta que destruye toda ilusión y le aísla de los demás hombres. Todo el poema insiste en este abismo que separa al poeta de los otros. Los otros no ven sino su apariencia y sus actos externos. No comprenden nada de su estado de alma, de su sentimiento de vacío y futilidad.

> Hay un vacío
> en mi aire metafísico
> que nadie ha de palpar.

Mientras los demás no ven sino la superficie, su percepción penetra hasta el fondo de las cosas, y por eso su poesía chilla de desolación y de muerte. Los otros no ven, como él ve, que la poca luz que hay es enfermiza y que el mundo está envuelto en la oscuridad:

> Todos saben... Y no saben
> que la Luz es tísica,
> y la Sombra gorda...

El mismo tema se repite en «Aniversario» (*PH*, 333), donde vemos al poeta obsesionado por una fatalidad de la cual no puede escapar y que identifica con el número catorce, la fecha de su nacimiento [9]. El número catorce se convierte en una verdadera obsesión, algo inalterable e ineludible, identificado con la desdicha. Se repite a través del poema de una manera insistente, como un *leimotiv*:

> ¡Cuánto catorce ha habido en la existencia!

Condenado al número catorce y consciente de ser un desplazado, el poeta identifica el número quince con los demás y con una felicidad en la cual él nunca podrá participar:

> quince feliz, ajeno, quince de otros.

Aquí nuevamente la fatalidad del poeta no es sino una exteriorización de su percepción obsesiva de la falta de sentido de la vida.

---

[9] Es generalmente aceptado que Vallejo no nació el día 14 sino el día 16, pero de todas formas el detalle carece de importancia puesto que no se trata de un poema propiamente biográfico: el aniversario no es sino un símbolo de la fatalidad por la cual el poeta se siente perseguido. Parece que Vallejo ha escogido el número 14 por razones de ritmo: «catorce» ofrece una alteración con «cuanto», la cual da un tono insistente y contribuye a la sensación de fatalidad.

Este tema recibe un tratamiento más amplio en «Altura y pelos» (*PH*, 277). El poema consta de una serie de preguntas y respuestas que corresponden a una oposición entre el poeta y los demás hombres: Mediante las preguntas Vallejo retrata la vida ordinaria de los hombres con su rutina y su orden, con sus suposiciones de sentido, de propósito, de utilidad:

> ¿Quién no tiene su vestido azul?
> ¿Quién no almuerza y no toma el tranvía,
> con su cigarrillo contratado y su dolor de bolsillo?...
> ¿Quién no escribe una carta?
> ¿Quién no habla de un asunto muy importante,
> muriendo de costumbre y llorando de oído?...
> ¿Quién no se llama Carlos o cualquier otra cosa?
> ¿Quién al gato no dice gato gato?

Los demás hombres se visten, siguen una rutina cotidiana, gozan de ciertas comodidades, son acosados por problemas económicos. Hacen de personas importantes, escribiendo cartas y ocupándose de asuntos serios. Llevan una vida mediocre, rutinaria, superficial, sin trascendencia, pero ellos le atribuyen importancia. Es verdad que también sufren, pero hasta su sufrimiento es parte de la rutina, porque sufren de una manera instintiva, mecánica, inconsciente, sin que su sufrimiento les afecte profundamente. El sufrimiento no abre sus ojos a la realidad de la vida: siguen viviendo en un nivel superficial, sin percibir el absurdo de la existencia y creyendo que su vida tiene un sentido. Tienen nombres y juegan con el gato: son personas mediocres cuya vida es una serie de actos insignificantes, pero ellos se creen importantes y están convencidos de que están haciendo cosas importantes. En cambio, el poeta afirma su incapacidad para participar en tal rutina:

> ¡Yo que tan sólo he nacido!

Él ha nacido, es, y nada más: lo único que él conoce es la existencia, la existencia despojada de meta, propósito o sentido.

Afirma su angustia, su soledad, la desnudez absoluta de su vida. Pero también se da a entender que de algún modo su angustia es superior a la inconsciencia de los demás, porque él ha percibido la vaciedad de la rutina que llevan.

«Existe un mutilado...» (*PP*, 257) nos presenta a un hombre que

> nació a la sombra de un árbol de espaldas y su existencia
> transcurre a lo largo de un camino de espaldas.

Vallejo explica que el árbol crece sólo donde no hay vida y que el camino sólo atraviesa campo donde no hay vida. El hombre ha nacido y existe en un páramo sin vida. Ha nacido en un mundo donde la vida es vacía y sin sentido y, por lo tanto, nunca se vive realmente.

El hombre también se nos presenta como mutilado, la víctima no de un accidente ni de la violencia sino de algo inherente a la vida misma:

> Este mutilado que conozco, lleva el rostro comido
> por el aire inmortal e inmemorial.

El mutilado es un hombre que ha tomado conciencia de la falta de sentido de la vida, y su deformación es el signo exterior de un hombre incompleto y vacío.

Es significativo que sean la cara y la cabeza del hombre las que han sido corroídas: son el centro del cerebro y de las demás facultades. Su deformación no es sólo la insignia de su sufrimiento, sino también una indicación de que ha perdido o nunca ha poseído las facultades para percibir un patrón coherente dentro de la existencia.

Un tema relacionado es el del destierro. El hombre se siente exilado, abandonado sin querer en un mundo que no está hecho a su medida. Así el poeta pregunta con angustia:

> Hasta cuándo este valle de lágrimas, a donde
> yo nunca dije que me trajeran. (*HN*, 116)

El nacer es una desgracia para el hombre, ya que lo pone en un mundo que no ha escogido y que siente ser ajeno a él. El hombre es el fruto

> del placer que nos engendra sin querer,
> y el placer que nos DestieRRa. (*Tr.*, 202)

En este verso Vallejo pone la letra inicial y las dos «r» en mayúsculas para subrayar que la existencia es un destierro. En «El alma que sufrió de ser su cuerpo» dice al hombre:

> Tú, luego has nacido...
> y soportas la calle que te dio la suerte
> y a tu ombligo interrogas: ¿dónde? ¿cómo? (*PH*, 421)

El hombre no tiene otro remedio que aceptar la condición que le ha señalado el destino. Su abandono —simbolizado por el ombligo, signo exterior de la separación del niño de la madre— es algo que le causa angustia, que le desconcierta y que nunca llega a explicarse.

En la poesía de Vallejo se da a entender que el hombre es una criatura caída. La sección «Nostalgias imperiales» de *Los heraldos negros* está dominada por un sentimiento de angustia y de nostalgia, nostalgia de un idilio mítico que se ha perdido, angustia de sentirse extraño al mundo. El indio

> llora un trágico azul de idilios muertos. (*HN*, 101)

Aunque estos versos se refieren concretamente al indio peruano, cuya situación se explica en gran parte por razones históricas, también tienen un sentido más universal y se desprende que ésta es la condición de todos los hombres. En *Poemas humanos* una de las composiciones lleva por título «Traspié entre dos estrellas» (*PH*, 405); en ella Vallejo describe al hombre como un «dios desgraciado» (*PH*, 369) y un «desgraciado mono» (*PH*, 421). Esto supone que el hombre ha caído del cielo hasta la tierra, que ha pasado de un estado de gracia o felicidad a un estado de desgracia o miseria. El poeta no explica en qué sentido el hombre ha caído ni ofrece detalles sobre el estado de gracia que ha perdido, pero por su contexto las dos últimas citas parecen sugerir que la desgracia del hombre procede del desarrollo de su facultad de pensar. De todos modos, lo importante de este tema es que el hombre se siente extraño al mundo en que vive.

Este sentimiento de exilio se expresa también mediante la imagen del viaje. El hombre es una especie de peregrino alejado de su hogar y vive viajando por un camino largo y polvoriento en busca de un asilo. Por eso el poeta lamenta:

> …Y en qué recodo estiraremos
> nuestra pobre rodilla para siempre! (*HN*, 116)

La vida es un viaje a caballo, un viaje interminable en que el hombre nunca llega a su destino:

> Cómo arzonamos, cara a monótonas ancas. (*Tr.*, 152)

Vallejo habla del «instinto de inmobilidad con que ando» (*PH*, 327): camina en busca de un mundo donde pueda sentirse a sus anchas. La pobre señora de «Hoy le ha entrado una astilla…» (*PH*, 419) aparece como la «vecina del aire», la «vecina del viento», la «vecina de viaje», vive viajando a la intemperie. El poeta se nos presenta con «un camino en el pie» (*PH*, 345) y «con todo mi camino» (*PH*, 341), y lamenta, «yo he viajado mucho!» (*PP*, 225).

Otro tema importante es el de la incapacidad del poeta para distinguir el valor relativo de las cosas. En un mundo absurdo todas las cosas se igualan en su falta de sentido, y en la mente del poeta un objeto tiende a confundirse con otro. Spitzer, al hablar de Quevedo y de su influencia en la poesía moderna, dice: «El desengaño total despoja a las cosas de su importancia y de sus relaciones, las hace intercambiables» [10]. Lo mismo se puede decir de Vallejo, quien confunde objetos tan distintos como un huevo y un manto:

> ¿Qué me da, que me he puesto
> en los hombros un huevo en vez de un manto? (*PH*, 367)

Ve mármol donde hay un dedo y un zorro donde hay una cama:

> A lo mejor, recuerdo al esperar, anoto mármoles
> donde índice escarlata, y donde catre de bronce,
> un zorro ausente, espúreo, enojadísimo. (*PH*, 407)

Un tema relacionado es el de la anonimidad. Puesto que el poeta existe y nada más, puesto que su vida es vacía y sin sentido, no tiene una identidad verdadera. Habla de su miedo de no ser sino una criatura anónima que se señala con el dedo o con un pronombre demostrativo:

> tengo ese miedo práctico, este día
> espléndido, lunar, de ser aquél, éste tal vez. (*PH*, 411)

En «El alma que sufrió de ser su cuerpo» el poeta no puede recordar el nombre de su interlocutor —que es a la vez el hombre y el poeta mismo— y lo invoca como

> nicolás o santiago, tal o cual. (*PH*, 421)

En «Nómina de huesos» resulta imposible llamar al hombre por su nombre:

> —Que le llamen, en fin, por su nombre.
> Y esto no fue posible. (*PP*, 251)

---

[10] Leo Spitzer, *Lingüística e historia literaria* (Madrid: Ed. Gredos, 1961), p. 276.

Otro tema relacionado es el de la vida-muerte. Ya que es incapaz de asumir una vida plena y significativa, el hombre no vive realmente, es como si estuviera muerto. Así, el poeta pregunta:

¿Qué me da, que ni vivo ni muero? (*PH*, 367)

Es un hombre que no está ni vivo ni muerto. Vive en cuanto respira, en cuanto no está muerto, pero está muerto en cuanto no vive plenamente. Vallejo hasta llega a la fórmula: «Muero, luego soy.» Es la muerte un sentimiento de vacío y de utilidad, la que prueba al hombre que existe:

Tú, pobre hombre, vives; no lo niegues,
si mueres... (*PH*, 421)

Al mirar la vida desde esta perspectiva, Vallejo llega a la paradoja de que la muerte pone fin, no a la vida, sino a la muerte. Habla de un hombre que, al morir, «perdió su sombra en un incendio» (*PH*, 405) y describe la vida como un «espiar el momento de apagar con su sombra su tiniebla» (*PH*, 371). «Sombra» y «tiniebla» son símbolos de la muerte: la muerte parcial que en la vida termina en la muerte total y definitiva.

La poesía de Vallejo es un testimonio del absurdo: el hombre vallejiano vive en un mundo ilógico, desordenado y caótico, donde la vida es vacía y sin sentido. Pero esta visión pesimista de la condición humana dista mucho de ser negativa. En un artículo el poeta afirma: «El pesimismo y la desesperación deben ser siempre etapas y no metas» [11]. Vallejo está convencido de que el hombre debe tomar conciencia del absurdo si quiere superarlo. Por eso, en «¡Y si después de tantas palabras...!» (*PH*, 371) satiriza a los que cierran los ojos a la realidad. Después de demostrar que la vida es un absurdo, el

---

[11] César Vallejo, «Autopsia del superrealismo», *Variedades*, Lima, 26 de marzo, 1930.

poeta reconoce que otros pueden aducir que su visión es puramente subjetiva:

> Se dirá que tenemos
> en uno de los ojos mucha pena
> y también en el otro, mucha pena
> y en los dos, cuando miran, mucha pena...
> Entonces... ¡Claro!... Entonces... ¡ni palabra!

Dirán de él que es un hombre que ha sufrido desgracias personales que le llevan, cuando mira el mundo, a ver todo en negro. Reconoce que la mayoría de los hombres se complacen en creer que todo está bien con el mundo y que nunca llegarán a entender su posición. Vallejo prefiere hacer frente a la realidad, por más dolorosa que sea, antes que ignorarla o evadirla. Por eso, rechaza la anestesia que aliviaría su dolor:

> Pido se me deje con mi tumor de conciencia, con mi irritada lepra sensitiva, ocurra lo que ocurra aunque me muera! Dejadme doler, si lo queréis, mas dejadme despierto de sueño, con todo el universo metido, aunque fuese a las malas, en mi temperatura polvorosa. (*PP*, 241)

Sabe que los que no han despertado al absurdo no comprenderán nada de su angustia y que se burlarán de él:

> En el mundo de la salud perfecta, se reirá por esta perspectiva en que padezco; pero, en el mismo plano y cortando la baraja del juego, percute aquí otra risa de contrapunto. (*PP*, 241)

Pero sabe igualmente que su percepción de las cosas le da derecho a burlarse de ellos, porque son ilusos que se creen sanos y no se dan cuenta de que están enfermos. En «El alma que sufrió de ser su cuerpo» (*PH*, 421) vemos al poeta en el papel de un médico que examina a un enfermo, que es el hombre. Hace un diagnóstico frío e implacable de la enfermedad del paciente y quiere obligarle a reconocer la gravedad de su condición. Vallejo quiere que el hombre pierda sus ilusiones y que abra los ojos a su verdadera situación. El hombre debe enfrentarse con el absurdo y hacer un esfuerzo para superarlo:

> Bestia dichosa, piensa;
> dios desgraciado, quítate la frente. (*PH*, 369)

Debe despertarse de la inconciencia del animal que se cree feliz, pero sin dejarse vencer por la miseria de su condición, sin caer en la desesperación y en meditaciones obsesivas. Debe pensar en su situación y buscar una salida, debe hacer frente a su dilema y encontrar la manera de resolverlo:

> Anda, no más; resuelve,
> considera tu crisis, suma, sigue,
> tájala, bájala, ájala. (*PH*, 313)

En cierto sentido la poesía de Vallejo corresponde a este imperativo: si por una parte es un testimonio del absurdo de la condición humana, por otra representa un esfuerzo por trascender esta condición y alcanzar una existencia plena y armoniosa.

En *Trilce* varios poemas dan a entender que, abrazando el desorden y caos que le rodea, el individuo puede llegar a otra realidad que es ordenada y armoniosa [12]. Esta realidad superior no corresponde a conceptos convencionales de orden y armonía y desde una perspectiva racional es un absurdo. Por lo tanto, en *Trilce* el término «absurdo» es ambivalente: es la realidad caótica de nuestra experiencia cotidiana, y es un estado armonioso y unificado en que todas las contradicciones de la vida

---

[12] Este tema es tratado por Julio Ortega en su artículo «Una poética de *Trilce*», *Mundo Nuevo*, París, 22, 1968, pp. 26-29, y más extensamente por Keith McDuffie en su tesis «The Poetic Vision of César Vallejo in *Los heraldos negros* and *Trilce*», Pittsburgh, 1969. Las páginas siguientes deben mucho al excelente trabajo de McDuffie.

cotidiana se resuelven. Esta «absurda» dimensión ideal es para Vallejo la única realidad verdadera, el único estado libre de limitaciones existenciales:

> Absurdo, sólo tú eres puro.
> Absurdo, este exceso sólo ante ti se
> suda de dorado placer. (*Tr.*, 215)

«Exceso» parece referirse al anhelo de superar toda limitación. La contemplación del absurdo convierte este anhelo en un sentimiento extático de plenitud.

Trilce VIII expresa la confianza del poeta en la posibilidad de alcanzar tal estado de plenitud:

> Mañana es otro día, alguna
> vez hallaría para el hifalto poder,
> entrada eternal...
>
> ...un mañana sin mañana,
> entre los aros de que enviudemos,
> margen de espejo habrá
> donde traspasaré mi propio frente
> hasta perder el eco
> y quedar con el frente hacia la espalda. (*Tr.*, 150)

El «hifalto poder» es su potencia de hombre que todavía no se ha realizado —el neologismo «hifalto» tiene el sentido de «falto de hijo» [13]—, pero el poeta confía en que ha de conseguir entrada a una realidad ideal donde logrará la plena realización de su existencia. Los «aros» son un símbolo de las limitaciones temporales en que el hombre se encuentra atrapado: el tiempo es un ciclo que se repite interminablemente. Pero el poeta prevé la posibilidad de conquistar, en medio del

---

[13] Vea Giovanni Meo Zilio y otros, «Neologismos en la poesía de César Vallejo», en *Lavori della Sezione Fiorentina del Gruppo Ispanistico C.N.R.*, Serie 1, Università degli Studi di Firenze, 1967, p. 54.

tiempo mismo, un estado eterno, fuera del tiempo («un mañana sin mañana»). El espejo, símbolo de los límites de la condición humana, refleja el ser externo e inauténtico del poeta (su «frente») y la existencia cotidiana que no es sino un «eco» de la existencia ideal. Al penetrar el espejo, el poeta superará estas limitaciones y alcanzará la dimensión «absurda» donde todas las contradicciones se resuelven. Es de notar que para expresar su visión de esta «absurda» dimensión ideal Vallejo emplea las mismas técnicas básicas que traducen el absurdo de la vida cotidiana.

En Trilce XXXVI Vallejo nos insta a rechazar conceptos tradicionales de armonía y simetría puesto que imponen un orden falso en la vida:

> Rehusad, y vosotros, a posar las plantas
> en la seguridad dupla de la Armonía.
> Rehusad la simetría a buen seguro. (*Tr.*, 178)

Debemos abrazar una armonía superior, la armonía ilógica y asimétrica del absurdo que ofrece una «seguridad dupla», puesto que reconcilia los aspectos contradictorios de la vida en una nueva unidad. Para alcanzar esta armonía tenemos que hacer frente a las contradicciones y conflictos, al desorden y caos de la vida:

> Intervenid en el conflicto
> de puntas que se disputan
> en la más torionda de las justas
> el salto por el ojo de la aguja! (*Tr.*, 178)

Tenemos que luchar con estas contradicciones y hacer un esfuerzo heroico por pasar más allá de las limitaciones existenciales a otra realidad superior. El poema concluye con otro imperativo:

> ¡Ceded al nuevo impar
> potente de orfandad! (*Tr.*, 178)

El «impar», lo que está fuera de conceptos convencionales de orden, es otra palabra ambivalente que denomina a la vez el caos de la existencia ordinaria y el ideal «absurdo»: sólo enfrentándonos con el primero podemos alcanzar el segundo.

En Trilce XLV Vallejo nos advierte que no debemos desesperar si tropezamos con el absurdo de nuestra condición humana:

> Y si así diéramos las narices
> en el absurdo,
> nos cubriremos con el oro de no tener nada,
> y empollaremos el ala aún no nacida
> de la noche, hermana
> de esta ala huérfana del día,
> que a fuerza de ser una ya no es ala. (*Tr.*, 187)

El «ala huérfana del día», que por ser una sola no puede volar, es la imagen de la potencia no realizada del hombre y de sus limitaciones existenciales. Pero el poeta afirma que el tomar conciencia de esta condición absurda es algo positivo: el no tener nada es despojarse de lo contingente para acercarse a lo esencial. Aceptando y viviendo el absurdo, el hombre puede descubrir otra realidad superior: puede completar el ala solitaria con otra ala y levantarse a las alturas de una existencia unificada y armoniosa.

Varios poemas de *Trilce* describen momento de plenitud en que el poeta alcanza la dimensión «absurda». En Trilce XXXVI el acto sexual transporta a los amantes a otro nivel de la existencia:

> Pugnamos ensartarnos por un ojo de aguja,
> enfrentados, a las ganadas.
> Amoníacase casi el cuarto ángulo del círculo.
> ¡Hembra se continúa el macho, a raíz
> de probables senos, y precisamente
> a raíz de cuanto no florece! (*Tr.*, 178)

En el acto sexual los amantes se esfuerzan en pasar por un ojo de aguja, en superar sus limitaciones humanas y ganar acceso a otra dimensión de la realidad. Entran en un estado «absurdo» donde toda limitación es superada y toda contradicción resuelta: el círculo adquiere ángulos como un cuadrado. Macho y hembra ascienden a una realidad trascendental donde se fusionan en una nueva unidad, y su plenitud procede de un placer amoroso inmaterial («probables senos»), procede de que han alcanzado un estado donde nada tiene una existencia material («no florece»), un estado libre de las imperfecciones y limitaciones de la existencia ordinaria.

Pero tales momentos duran poco. En Trilce V, después de describir una existencia armoniosa alcanzada a través del amor, Vallejo expresa el deseo de que este momento pudiese ser eterno quedando fuera de los procesos de cambio y descomposición:

> A ver. Aquello sea sin ser más.
> A ver. No trascienda hacia afuera,
> y piense en son de no ser escuchado,
> y crome y no sea visto.
> Y no glise en el gran colapso. (*Tr.*, 147)

Pero no puede ser y el poema termina con un suspiro de tristeza. Tales momentos pueden ser eternos por su calidad, pero no por eso dejan de ser transitorios. Además estos momentos de plenitud son raros porque la «absurda» dimensión ideal es difícil de conseguir. En general el poeta tropieza con las limitaciones de su condición humana y sus anhelos quedan frustrados. No puede romper el círculo que le encierra:

> Cabezazo brutal. Asoman
> las coronas a oír,
> pero sin traspasar los eternos
> trescientos sesenta grados. (*Tr.*, 195)

En la obra posterior alguno que otro poema, como «Al fin, un monte...» (*PH*, 391), describe un momento de plenitud, pero estos momentos escasean cada vez más y el tono general es de frustración. Vallejo se encuentra

> más acá de los ajos, sobre el sentido almíbar,
> más adentro, muy más, de las herrumbres,
> al ir el agua y al volver la ola. (*PH*, 315)

El ajo y el almíbar son símbolos de un bienestar lujoso que queda fuera del alcance del poeta. Él se ve rodeado de desolación, simbolizada por el orín. Las aguas de la vida retroceden de él para dar entrada a las olas del caos.

Entre *Trilce* y *Poemas humanos* hay una evolución importante en el pensamiento de Vallejo. En *Trilce* vemos al poeta esforzarse por trascender la miseria de su condición humana, y una nota característica del libro es la búsqueda personal, individual de una realidad superior. En su último libro Vallejo sigue luchando por superar el absurdo, pero piensa cada vez menos en términos personales. Al mismo tiempo otra nota de *Los heraldos negros* y *Trilce* asume más importancia: cada vez más Vallejo despierta a la situación de los demás, abre sus ojos a la miseria de sus semejantes, y llega a la conclusión de que la redención del individuo depende de la redención colectiva de la humanidad. Un personaje de una de sus obras no recogida en libro dice:

> ...no le es dado al hombre ascender hacia Dios si no se apoya en hombros humanos... El aislamiento de los eremitas de la edad media no se adapta ya a nuestra época. Un hombre solo carece de suficiente fuerza para la ascensión suprema... no se puede descubrir a Dios fuera de las grandes asociaciones humanas, lejos de las multitudes [14].

---

[14] «Una tragedia inédita de Vallejo», *Letras Perua*nas, Lima, 7, 1952, p. 81.

Vallejo se convence de que el hombre puede conquistar una existencia armoniosa y unificada sólo si todos los hombres hacen causa común contra el absurdo.

Esta evolución coincide con la conversión de Vallejo al comunismo. Le parece que el comunismo se distingue de otras doctrinas en cuanto ofrece la posibilidad de transformar las condiciones de la vida, y queda convencida de que la salvación del hombre reside en la Revolución y en la creación de una sociedad comunista. La Revolución es un movimiento de las masas oprimidas para liberarse de la opresión y para crear una sociedad justa y nivelada, pero para Vallejo ésta no es sino la primera etapa de un proceso largo y lento que ha de terminar —en un futuro lejano— con la redención total del hombre. Porque la verdadera revolución se producirá en el corazón humano. Gracias al comunismo la mentalidad individualista del mundo capitalista cederá el paso a una nueva mentalidad colectiva. Los hombres adquirirán un espíritu de amor fraternal y subordinarán su interés privado al bien común. Con el tiempo la Revolución creará una nueva sociedad universal, sin fronteras, en que todos los hombres estarán unidos por el amor y trabajarán juntos como hermanos, empleando todos los recursos de la ciencia y la tecnología en el servicio de la humanidad, para eliminar el mal y crear un mundo unificado y armonioso. Entonces el hombre superará el absurdo, dominará la naturaleza y controlará su destino. Paoli comenta:

> ...per Vallejo il marxismo non è solo una ideologia che apre una nuova prospettiva politico-sociale, ma è una dottrina taumaturiga, redentrice, capace, oltre che di modificare a servizio dell'uomo tutte le leggi della società, di umanizzare anche, fin dalla radice, la natura cosmica [15].

Por eso, la guerra civil española es, para Vallejo, más que una lucha del pueblo español en defensa de la República.

---

[15] Paoli, *op. cit.*, p. cv. El libro de Paoli es el mejor estudio de este aspecto de la obra de Vallejo.

La República es el embrión de la nueva sociedad universal y la guerra es un episodio de la lucha de la humanidad por crearla. Por eso, en *España, aparta de mí este cáliz,* al celebrar el heroísmo de los milicianos republicanos, Vallejo adopta un tono mesiánico para profetizar el mundo de paz y armonía que ha de nacer como consecuencia de su sacrificio. Nacerá una nueva sociedad basada en el amor:

> ¡Se amarán todos los hombres...
> Descansarán andando al pie de esta carrera...! (*Esp.*, 443)

El largo peregrinaje de la humanidad en busca del ideal llegará a su fin en esta nueva sociedad donde los hombres se librarán de la angustia y se realizarán siguiendo los valores y el ejemplo de los milicianos. El hombre tendrá una personalidad integrada y unificada:

> ¡Unos mismos zapatos irán bien al que asciende
> sin vías a su cuerpo
> y al que baja hasta la forma de su alma! (*Esp.*, 443)

Conseguirá una armonía entre las partes conflictivas de su ser: el animal humano que sigue instintivamente los impulsos de su cuerpo y el pensador que desciende hasta el fondo de su alma han de fusionarse en una misma persona. El hombre dominará la naturaleza:

> ¡Entrelazándose hablarán los mudos, los tullidos andarán!
> ¡Verán, ya de regreso, los ciegos
> y palpitando escucharán los sordos! (*Esp.*, 443)

Los mudos y los cojos se abrazarán de alegría al liberarse de sus defectos. Al haber completado el viaje de sufrimiento y de oscuridad, los ciegos emprenderán el viaje de regreso, de alegría y de luz. Los sordos palpitarán de emoción, intoxicados por la revelación del sonido. El hombre llegará a la verdadera sabiduría:

¡Sabrán los ignorantes, ignorarán los sabios! (*Esp.*, 443)

Los ignorantes ascenderán hacia la ciencia, mientras que los sabios bajarán de las alturas de sus conocimientos abstractos. En este nuevo mundo las fuerzas de la vida vencerán a la muerte, el amor vencerá al absurdo:

> ¡Sólo la muerte morirá! La hormiga
> traerá pedacitos de pan al elefante encadenado
> a su brutal delicadeza; volverán
> los niños abortados a nacer perfectos, espaciales
> y trabajarán todos los hombres,
> engendrarán todos los hombres,
> comprenderán todos los hombres! (*Esp.*, 443)

El mundo entero estará unido en el amor fraternal y se establecerá una solidaridad entre los elementos más distintos, entre los débiles y los fuertes, la hormiga y el elefante. Hasta las imperfecciones de la naturaleza serán corregidas: los deformes volverán a nacer perfectamente formados. Toda distinción social desaparecerá y las grandes plagas de la humanidad serán eliminadas. Todos se ganarán la vida con su trabajo y todos trabajarán para el bien de la humanidad. La vida de todo hombre será fértil y productiva. Todo hombre tendrá plena comprensión de la vida y de sus semejantes.

El poema «Masa» (*Esp.*, 473) representa la culminación de este aspecto de la obra de Vallejo. Basado en la resurrección de Lázaro (Juan, xi, 43-44), es una visión profética de la victoria del hombre sobre el absurdo. El poeta concentra nuestra atención en el cadáver de un soldado de la República Española que yace en el campo de batalla. Este soldado es el prototipo del hombre que lucha para crear un mundo mejor para la humanidad y se sacrifica por solidaridad con sus semejantes. Uno de sus compañeros se acerca a él e intenta resucitarlo al recordarle el amor que le tiene. El movimiento del poema es de una tensión ascendente. Se acercan dos hombres, luego un

grupo que monta a quinientos mil, y luego millones de individuos. Todos le ruegan que vuelve a la vida, pero el cadáver
no sólo sigue muerto sino que muere cada vez más. Se sobre-
entiende que el amor de los individuos, por más numerosos
que sean, es impotente frente al absurdo. La progresión emocional del poema se resuelve en la última estrofa donde se
realiza el milagro de la resurrección. Todos los hombres de la
tierra rodean al cadáver y cuando éste ve toda la humanidad
unida vuelve a la vida. El poema da a entender que cuando
todos los hombres imiten el ejemplo del soldado republicano,
cuando toda la humanidad esté unida en el amor fraternal,
entonces el hombre será capaz de vencer el absurdo. La resurrección del combatiente muerto simboliza el dominio futuro
del hombre sobre la naturaleza y el destino. Es de subrayar
que Vallejo se refiere a un futuro lejano en que el mundo habrá
sido transformado y el absurdo vencido por la conciencia y
la tecnología empleadas por una humanidad unida en el servicio del hombre.

En resumen, la poesía de Vallejo es un testimonio del absurdo: Vallejo tiene la convicción de vivir en un mundo caótico y desordenado donde la vida es vacía y carece de sentido.
Pero, por otra parte, su poesía representa también un esfuerzo
por superar el absurdo, por trascender la miseria de la condición humana y alcanzar una existencia armoniosa y unificada.
Un aspecto esencial de *Trilce* es la búsqueda personal, individual de una realidad superior, y Vallejo cree que el individuo
que esté dispuesto a enfrentarse con el absurdo es capaz de
alcanzar una dimensión ideal donde todas las contradicciones
de la vida se resuelven. Pero en su último libro Vallejo tiende
a abandonar esta búsqueda personal y llega a la conclusión
de que la redención del individuo depende de la redención
colectiva de la humanidad. Convertido al comunismo, queda
convencido de que la Revolución ha de transformar las condiciones de la vida y producir una redención total del hombre.
Pero es de subrayar que la adhesión de Vallejo al comunismo
no resuelve su dilema existencial personal de un modo dramá-

tico. Si profetiza un futuro en que el hombre habrá creado un mundo armonioso y unificado, se trata de un futuro lejano que el poeta mismo no ha de ver. El mundo en que él vive sigue siendo absurdo y su angustia constituye la temática de la mayoría de las composiciones de *Poemas humanos*. Lo que le proporciona el comunismo es una causa a qué dedicar su vida: su vida ya va dirigida hacia una meta y cobra un sentido. Así Vallejo logró trascender en cierta manera su absurda condición humana.

VÍCTOR FUENTES

SUPERACIÓN DEL MODERNISMO EN LA POESÍA
DE CÉSAR VALLEJO

Superación dialéctica, es decir, aboliendo, suprimiendo, en un sentido, y elevando a un nuevo nivel, en otro. El cholo peruano sintió toda su vida una admiración por el gran Darío: sus amigos nos han dejado diversos testimonios de cómo solía repetir los versos del vate nicaragüense en una especie de culto.

En *Los heraldos negros*, y «en medio del camino de la muerte», para citar el verso de Rubén, el maestro sale al encuentro del joven poeta: «Altas sombras acuden,/ y Darío que pasa con su lira enlutada», (en «Retablo»). En el homenaje al maestro, hay, ya, un tono de reproche a sus seguidores, a los modernistas de escuela, «brujos azules» que de las trenzas de Darío «fabrican sus cilicios» y «que buscan entierros de oro absurdo». No sólo para rendirle homenaje, evoca Vallejo a Darío, en su primer libro, sino también para medir sus diferencias. Sale a su encuentro después de haber templado su palabra en la entraña de la raza indígena: «y lábrase la raza en mi palabra», en la sección «Nostalgias imperiales». Con el arraigo en la vida local, indígena, inicia Vallejo la superación del cosmopolitismo y el exotismo de los modernistas. Muchos años más tarde, y en plena madurez, escribirá las siguientes reveladoras palabras:

La incomprensión de España sobre los escritores sudamericanos que, por miedo, no osaban ser indoamericanos sino casi totalmente españoles (Rubén Darío y otros).

Partiendo de la más acendrada expresión de nuestro Modernismo, la del Rubén de los «Nocturnos», Vallejo en *Los heraldos negros*, con vitalidad y profundidad nuevas, poetiza el gran tema del simbolismo-modernismo: la profunda conciencia del vacío en que navega a ciegas el ser humano, la constante conciencia de la mortalidad del ser. Del apartamiento y desarraigo en que vive el poeta cuando escribe su primer libro, brotan los grandes poemas del libro, «Heces», «La de a mil», «El pan nuestro», «La cena miserable», «El tálamo eterno», «Los dados eternos», «Absoluta», Unidad», «Los anillos fatigados», «Amor», «Los heraldos negros», que sitúan a su autor a la altura de los grandes poetas simbolistas-modernistas, Baudelaire, Verlaine y nuestro Darío.

Frente a Darío, mientras el universo poético de éste, aunque constantemente minado por la amargura, la angustia y el no ser, descansa, en última instancia en la «vasta alma universal», «la seguridad de Dios y los dioses» y la «armonía del gran Todo», en cuyo ritmo se diluyen el dolor y la desesperación en sus versos, en el mundo de la poesía vallejiana, la contradicción se opone a la confianza en los absolutos: y el dolor y la angustia se viven en carne y hueso, al desnudo: la incertidumbre amenaza hasta a la poesía misma, «¡hay ganas de quedarse plantado en este verso!».

«Y madrugar, poeta, nómada,/ al crudísimo día de ser hombre»», llama César Vallejo, en «Desnudo en barro», muy lejos ya del «poetas: Torres de Dios», «pararrayos celestes de Rubén. Y en su «bajada» a lo humano va a estar la gran innovación de César Vallejo, ya en su primer libro.

La concepción de Eros como Ágape, convite de caridad con los demás, en que se resuelve la lucha entre Eros y Thanatos, que galvaniza a todo el poemario, le lleva a Vallejo a romper y transcender el espejo, símbolo de la contemplación del propio yo, en que tanto gustan de mirarse los simbolistas-modernistas. Superando el narcisismo y el egocentrismo, su poesía, desde *Los heraldos negros* busca la solidaridad y la comunión amorosa, muy especialmente con los oprimidos. Su caridad alcanza a Dios mismo, «Yo te consagro Dios, porque amas tanto: porque jamás sonríes: porque siempre/ debe dolerte mucho el corazón» (Dios»). Y el «Hermano, escucha, escucha...» del último poema recoge el anhelo de comunicación y comunión humana que alienta en todo el libro.

También, frente a la actitud ambigua de los modernistas ante las oligarquías en el poder, a cuyos representantes escriben versos de ocasión, Vallejo adopta una actitud de abierto desafío. Los guardianes del orden establecido zahieren y atacan al poeta «maldito», cuyas «flores del mal» celebran lo asocial, rechazando las formas de comportamiento y comunicación de una ley y un orden represivos.

Ya en el último poema de *Los heraldos negros*, el poeta, volviéndose contra una razón y una moralidad opresivas, proclama la fuerza liberadora del absurdo y de la imaginación creadora: «Todos saben que vivo,/ que soy malo... Todos saben que vivo, que mastico... y no saben/ que la luz es tísica,/ la sombra gorda...». Estamos en el mundo de *Trilce,* de la rebelión contra la sinrazón de la razón, de la desacralización de las fórmulas, de lenguaje y belleza, establecidas, en nombre de la liberación. El anhelo de libertad alcanza, en este libro, unos límites insospechados por los modernistas: «Hoy, y más que nunca quizás, siento gravitar sobre mí, una hasta ahora desconocida obligación sacratísima, de hombre y de artista, ¡la de ser libre!... Me doy en la forma más libre que puedo y ésta es mi mayor cosecha artística...», escribe el poeta, quien, en medio de la crisis del individuo como realidad esencial, y en una situación en que se siente encerrado, sin salida, va a hacer una defensa de lo cósmico, y del deseo, exaltando, en medio del abismo, lo humano.

En este libro, en que encontramos huellas del furor destructivo de los dadaístas y anticipaciones del fluir surrealista, que busca recuperar la coherencia de la incoherencia, el poeta hará de su condición de esquizofrénico hontanar de creación poética. «Y el alma se asustó/ a las cinco de aquella tarde azul desteñida», escribe en *Los heraldos negros*, y en *Trilce* protagoniza toda una fuga esquizofrénica, donde el lenguaje se libera en el flujo descodificador del deseo.

En *Trilce* el poeta será el Homo Natura, en coextensión con la naturaleza, que reivindica el flujo del deseo y la líbido, como elementos vitales y cósmicos, frente a la instituciones sociales, represoras y bloqueadoras, siempre amenazantes:

> Por esto nos separarán,
> por eso y para ya no hagamos mal.
> Y las reflexiones técnicas aún dicen
> ¿no las vas a oír?
> que dentro de dos gráfilas oscuras y aparte,
> por haber sido niños y también
> por habernos juntado mucho en la vida,
> reclusos para siempre nos irán a encerrar.

Trilce, LXXIV

En este segundo libro, el proceso esquizofrénico, liberado en la creación artística, revela un potencial revolucionario: la huida de la realidad se hace siguiendo la línea del deseo, elemento vital y cósmico: lo que no se puede soportar es la represión moral y social de un orden represivo, donde «reclusos para siempre nos irán a encerrar». César Vallejo repetía, en su última etapa, que Antenor Orrego en su prólogo a *Trilce* había definido el arte socialista. El entrañable amigo supo ver cómo bajo el estilo particular estaba el poeta que «piensa, siente y ama universalmente, expresa el fondo común humano y se siente continente del hombre y solidario del Universo». *Trilce* es el primer gran libro poético de la poesía vanguardista y apunta a la lírica de los poetas futuros, que anunciara A. Machado en 1931, una lírica inmergida en las «mesmas vivas aguas de la vida».

La fuga del poeta le lleva de Lima a París. Hombre del Tercer Mundo en la Metrópoli no tiene que andar mucho para tropezarse con los «heraldos de la revolución»: «el tormentoso friso de miseria y desesperación, la desolación económica» que lanza «bramidos calofriantes», usando sus propias expresiones. ¡Qué gran salto da César Vallejo de *Trilce* a *Poemas humanos*! El Homo Natura evoluciona al Homo Historia. «Pues de lo que hablo no es/ sino de lo que ocurre en China y en España, y en el mundo», canta el poeta celebrando su encuentro con la historia en movimiento y en transformación como la concibe el materialismo histórico, al cual adhiere en 1928. Encuentro con Marx, con el Freud del subconsciente y de los sueños, con Picasso y Walt Whitman: todos estos nuevos elementos harán que su poesía alcance la intensidad y altura de *Poemas humanos* y *España, aparta de mí este cáliz*.

Su marxismo es un marxismo crítico y creador: «El aspecto científico —que es su esencia creadora— de esta doctrina, ¿abastece y satisface a las necesidades extracientíficas y, sin embargo, siempre humanas, y, lo que es más importante, naturales de nuestra conciencia?», se pregunta y en otras ocasiones se vuelve contra lo que pueda tener de fatalista y determinista la dialéctica y la ley de la contradicción. Su poema «Yuntas» en donde se repite, el «Completamente. Además», verso tras verso, podría ser expresión de esta inquietud.

El Homo Historia, en sus últimos poemas, mantiene siempre su inexorable arraigamiento en la naturaleza, manteniendo su propia dinámica en las relaciones sociales dadas y creando su propia dimensión metasocial. Lo cual confunde, tanto a los «brujos de la reacción» que quieren presentar sus hondas convicciones comunistas como algo superficial, como a los «marxistas gramaticales» que no pueden catalogar su arte dentro de los cánones sancionados. Su materialismo histórico está vivificado por el gran aliento poético de Walt Whitman. Ningún otro poeta en nuestra lengua ha sabido recoger, dándole

nueva fuerza, como lo hiciera Vallejo, el latido cósmico, vitalista, de celebración del pueblo y del futuro del gran poeta
de Nueva Jersey.

También, para expresar artísticamente el devenir vital «tan
cargado de sorpresas», el Freud del subconsciente y de los
sueños es fuente de inspiración de la poesía vallejiana: una
poesía que busca plasmar, en los «imponderables del verbo»,
«los grandes movimientos animales, los grandes números del
alma, las oscuras nebulosas de la vida». Y con Picasso, lleva
Vallejo al arte, con una riqueza inigualada, el mandato de
Marx sobre la acción transformadora del pensamiento sobre
el mundo. Ambos supieron concebir el pensamiento creador
como un elemento motor, pánico y universal, y tuvieron conciencia de que las relaciones entre las cosas, y los seres y las
cosas son infinitas. La pasión del poeta peruano por poetizar
el devenir vital con toda su carga de sorpresas lo lleva a ser el
precursor del realismo mágico de nuestros días. Continuamente
reivindica en sus escritos el poder para la imaginación, el derecho a voltear la realidad al revés para mostrar cómo es del
otro lado, como pide García Márquez en nuestros días.

En la mayor parte de *Poemas humanos* es César Vallejo el
poeta revolucionario, revolucionario en el arte y en la política,
cuya creación, nacida de su «inquietud política y social» y,
también, de su inquietud introspectiva y personal y «mía para
adentro», según sus palabras, se integra en un doble ciclo de
destrucción y construcción. Toda una serie se organiza en
torno al tema de la destrucción de un orden y una civilización, la burguesa, de su principio de realidad, sus filósofos,
sus normas sociales y morales y su lenguaje. Y los otros alrededor del tema de la construcción revolucionaria. Aspira el
poeta a dar expresión en ellos a su idea de que «A la confusión de lenguas del mundo capitalista, quiere el trabajador
sustituir el esperanto de la coordinación y justicia social, la
lengua de las lenguas». Actualizando el tono profético de Whitman, recurre Vallejo, en alguno de estos poemas, al lenguaje
bíblico para profetizar, abolidas la explotación y la represión

clasista, un modelo del ser humano y del mundo, donde los seres y las cosas puedan realizar sus infinitas posibilidades.

Por la creación de la «lengua de las lenguas» luchan y mueren las milicianas y milicianos españoles. De aquí, que en *España, aparta de mí este cáliz*, el lenguaje del poeta alcanza su más acendrada expresividad. Arrebatado por la gesta popular, el poeta que declara que nunca midió tanto su pequeñez humana y lo poco que puede un hombre individualmente, logra, por medio del «ensueño poético», realizar su deseo de «volar al mismo campo de batalla». La preocupación social y la íntima y personal se hacen, ahora, una: Vallejo es el intelectual revolucionario que aspira a dar a la obra artística mayor belleza y trascendencia, creándola en medio del fragor de la batalla, «extrayéndola de los pliegues más calientes de la vida». El poeta acude a los campos y ciudades de batalla, se hace uno con sus compañeros y camaradas, lucha con ellos, se enfrenta a la muerte con ellos, carga a hombros un cadáver y hasta se puede decir que muere con ellos. Del libro que «quedó al borde de su cintura muerta» que retoñó de su «cadáver muerto», muchos de los temas que trataron los modernistas, desde sus altas torres, la patria, la humanidad, el amor, la muerte, la vida, la unidad, regados por la sangre del pueblo, brotan con fuerza y una belleza, rarísimamente alcanzadas, en toda la historia de nuestra poesía.

DOS NARRACIONES DE CÉSAR VALLEJO

EL NARRADOR

El de Vallejo es hoy un nombre universalmente reconocido, especialmente en el ámbito poético. Su poesía es objeto de constante estudio y apreciación. En cambio, menos transitadas, sus obras de creación en prosa aún guardan aspectos que la crítica puede desentrañar con alguna novedad. *Escalas melografiadas* (1922), *Fabla salvaje* (1923), *Tungsteno* (1931) y *Paco Yunque* (1931), además de bosquejos narrativos que no alcanzó a pulir como para suponerlos en versión definitiva, cual *Hacia el reino de los sciris* (novela breve), *El niño del carrizo* (relato), *Viaje alrededor del porvenir* (cuento), *Los dos soras* (cuento), *El vencedor* (cuento para niños), constituyen el bloque de su prosa creativa. Aunque —dada la correlación que guardan en fechas de redacción, impulso inspirador y motivaciones— aquí ensayaré especiales consideraciones con *Tungsteno* y *Paco Ynque*, corresponde también una leve caracterización de las restantes, para inscribir una imagen de la significación de Vallejo en el campo de la narrativa.

Escalas melografiadas reúne una serie de estampas y cuentos, verdaderos poemas en prosa, donde se trasluce la experiencia carcelaria de Vallejo. El tratamiento literario de los temas aparece avanzado en alardes imaginativos, juegos metafóricos, vocabulario y estructuras. Vallejo, en ellos, instala imprevistamente al lector en un mundo surrealista donde las mutaciones de personalidad, lo onírico, lo fantástico y lo poético se alternan con el realismo más directo e inmediato. Por ejemplo, en «Muro doble ancho», uno de los relatos, al presentar el caso del presidiario condenado por ladrón y por homicidio cometido en estado de embriaguez, reconstruye el proceso psíquico del asesino en el momento del crimen, cuando fue increpado por la víctima, de este modo:

> El varón sin tacha le arresta al bebedor diptongos de alerta; le endereza por la cintura, le equilibra, le increpa sus heces vergonzantes:
> —¡Anda! Esto te gusta. Tú ya no tienes remedio.
> Un asalto de anónimos cuchillos. Y errado el blanco del ataque, no va la hoja a rayar la carne del borracho, y al buen trabajador le toca por equívoco la puñalada mortal.
> Este hombre es, pues, también un asesino. Pero los Tribunales, naturalmente, no sospechan ni sospecharán jamás esta tercera mano del ladrón [1].

En *Escalas melografiadas* va incluido «Más allá de la vida y de la muerte», el cuento premiado en 1922, cuya lectura por el lector actual, casi medio siglo después de escrito, con el conocimiento de los pormenores del movimiento surrealista, admira por lo que comporta de temprano tratamiento de lo fantástico, del mundo onírico, de pesadillas y alucinaciones; admiración que es también dirigida a aquel jurado que lo laureó y a la genialidad del enfoque narrativo que Vallejo repite en «El unigénito» y en «Los Caynas», este último con estremecimientos paroxísticos de una familia de locos, cuyos integrantes se creen monos; sin contar con los que, con no menor

---

[1] Cita tomada de: César Vallejo: *Novelas y cuentos completos* (Lima: Francisco Moncloa, editores, S. A., 1967), p. 20.

acierto, aluden a premoniciones y a efecto de drogas, como el titulado «Cera».

Otro aspecto señalable concierne al vocabulario de *Escalas melografiadas*, rico en acoples inusitados de efecto novedoso y abundante en vocablos neológicos y recreaciones lingüísticas, de feliz plasmación, como «angustia anaranjada», «ojitriste», «talento grandeocéano», «relaciones estadizas», «mordisco episcopal», «torionda», «hechor», «victimar», «ecar», etc.

En *Fabla salvaje* deja la resonancia poemática y accede a la novela breve. Su protagonista, Balta Epinar, indio trabajador, feliz en su hogar junto a su mujer, rompe un espejo. A partir de ese momento, el presagio supersticioso cambia la normalidad de la vida cotidiana y lo envuelve en una maraña de desgracias buscadas. Varía su carácter bondadoso, entra a celar enfermizamente a la mujer y la abandona cuando está a punto de dar a luz. Mientras, desesperado, repasa el cambio experimentado en su vida al borde de un precipicio en lo alto de la montaña, en un movimiento inconsciente, alucinado, siente la atracción del vacío y de la muerte. En *Fabla salvaje*, la gradación y el suspenso están tan hábilmente conducidos como el proceso analítico de los sucesivos estados de ánimo de Balta, que sondea con rigor de psiquiatra.

En esta etapa de la creación narrativa se advierte en Vallejo al observador sagaz, al escritor que aborda con simpatía todo lo humano, esencialmente lo proveniente de los humildes de su tierra. Si de sus páginas brota un clamor por los postergados y sufrientes, no se descubre, en cambio, el alegato. No se trasluce aún el narrador que trazará cuadros de miseria, agobio y dolor, de explotación e injusticia, con intención de protesta, con propósitos de afirmar un credo ideológico. Éste aparecerá en *Tungsteno* y *Paco Yunque*, nacciones que, escritas en España hacia 1931, subrayarán tales aspectos; la primera con carácter de novela, según se la clasifica habitualmente; la segunda, como cuento infantil. Ambas configuran sendos cuadros de indignada protesta contra los abusos cometidos por los poderosos, contra las injusticias padecidas por los humildes, contra la olvidada condición humana en el trato soportado por los indígenas del Perú. No tienen moraleja ni tesis declaradas. Sólo la viva acción, de la cual el lector siente contagiarse la indignación y descubre el mensaje implícito.

Con razón, la de Vallejo fue señalada como «pluma fuerte, hecha de amor y de santa rabia»; los relatos citados equivalen a una especie de *enxiemplos* ilustrativos de las razones que le mueven a desnudar el alma de los perversos, a exhibir el calvario que padecen los hermanos oprimidos. El resorte que los dinamiza es la humana comprensión, su amor por el prójimo, el mismo que por vía de las sugerencias y de la síntesis poética vitaliza *Los heraldos negros* (1918), *Trilce* (1922), *España, aparta de mí este cáliz* y *Poemas humanos* (póstumos).

La vinculación entre los poemarios y las prosas de *Tungsteno* y *Paco Yunque* es cercana en contenidos y actitudes. Contenidos de libertad y dignidad, actitudes de protesta, rebeldía y ruptura. A tal punto existe que, respecto de ellas, Vallejo pudo haber repetido lo que, a propósito de *Trilce*, escribió ocho o nueve años antes a Antenor Orrego:

> El libro ha nacido en el mayor vacío. Soy responsable de él. Asumo toda la responsabilidad de su estética. Hoy, y más que nunca quizás, siento gravitar sobre mí una hasta ahora desconocida obligación sacratísima, de hombre y de artista —¡la de ser libre!—. Si no he de ser libre, no lo seré jamás. Siento que gana el arco de mi frente su más imperativa fuerza de heroicidad. Me doy en la forma más libre que puedo y ésta es mi mayor cosecha artística. ¡Dios sabe hasta dónde es cierta y verdadera mi libertad! ¡Dios sabe cuánto he sufrido para que el ritmo no traspasara esa libertad y cayera en libertinaje! ¡Dios sabe hasta qué bordes espeluznantes me he asomado, colmado de miedo, temeroso de que todo se vaya a morir a fondo para que mi pobre ánima viva! [2]

---

[2] Cfr. José Carlos Mariátegui: *Siete ensayos de interpretación de la realidad peruana* (Lima: Amauta, 1928), cap. XIV.

Espíritu rebelde por naturaleza, alma en fermento sin tregua por los golpes recibidos, incomprendido por los apoltronados, Vallejo arrastró una existencia de luchador idealista, una pobreza mendicante, hasta el desdichado y presentido fin, anunciado en el soneto «Piedra negra sobre una piedra blanca»:

> Me moriré en París con aguacero
> un día del cual tengo ya el recuerdo.
> Me moriré en París —y no me corro—
> tal vez un jueves, como es hoy, de otoño.

Vallejo se quejaba tempranamente en *Los heraldos negros*:

> Hay golpes en la vida, tan fuertes... ¡Yo no sé!
> golpes como el odio de Dios; como si ante ellos
> la resaca de todo lo sufrido
> se empozara en el alma... ¡Yo no sé!

se resolvía impotente en el poema LX, de *Trilce*:

> Es de madera mi paciencia,
> sorda, vegetal.
> Día que has sido puro, niño, inútil,
> que naciste desnudo, las leguas
> de tu marcha, van corriente sobre
> tus doce extremidades, ese doblez ceñudo
> que después deshiláchase
> en no se sabe qué últimos pañales...

y estallará en el poema escrito para encabezar *Paco Yunque*:

> La cólera que quiebra al hombre en niños,
> que quiebra al niño en pájaros iguales,
> y al pájaro en huevecillos,
> la cólera del pobre
> tiene un aceite contra dos vinagres.

Tres momentos distintos de su existencia, mas tres momentos de incubación de las motivaciones paralelas que vigorizarán *Tungsteno* y *Paco Yunque*. Lo anotó exactamente su condiscúpulo Luis Alberto Sánchez, en las líneas escritas para la edición póstuma de *Poemas humanos,* reconstruidos por Georgette Vallejo y costeada por algunos amigos, especialmente Sánchez, Jean Cassou, Juan Larrea y Raúl Porras Barrenechea:

> Trajo Vallejo de sus breñas de Santiago de Chuco una sensibilidad poética incomparable. Puede haber poetas más intensos; más vitales, no. En él afloraban resabios del Incario, el cholo de ojos brujos y risas de hontanar —«Coraquenque ciego, corazón de brasa»— con su mentón agresivo, su frente bombacha y esa boca que llevaba prendido un rictus de infierno. Que eso fue la vida mucho tiempo, casi todo, para él [3].

La razón de queja, revuelta y estallido queda concretada en ambas prosas. Y hoy que Vallejo es poeta de todos conocido y admirado, hoy que universalmente se le estudia como auténtico creador de avanzada poesía social, con relación directa a los problemas de los hermanos indios peruanos explotados por la plutocracia foránea y por los propios compatriotas entregados a la fiebre del oro, se pueden recorrer aquellos relatos y advertir, tras la forma elemental, la nota dramática exacerbada, el alegato implícito. La verdad de «la pluma fuerte hecha de amor y de santa rabia», mojada en propia sangre de heridas no restañadas, en lágrimas amargas de injusticias e incomprensión. Se pueden ver, también, impotencias y resignaciones, crisis y desesperaciones, palpables en el hecho de que ninguno de los dos relatos ofrezca un desenlace, feliz o infeliz, sino que ambos se interrumpan abruptamente.

Como obras narrativas, *Tunsgteno* y *Paco Ynque* se corresponden. Ambos están sostenidos por la actitud reivindicatoria

---

[3] *Poemas humanos* (París: Editions des Presses Modernes, au Palais Royal, 1939).

de las clases oprimidas y olvidadas. Pero los matices y perspectivas marcan las diferencias: *Paco Yunque* enmarca la denigradora conducta clasista en el tratamiento para con la infancia y entre niños; muestra cómo pesa ya el menosprecio al indígena en el rudimentario medio escolar, cómo abusan contra el indio los hijos de los ricos y extranjeros, cómo el favoritismo de los adultos interesados se descarga en arbitrariedades aberrantes. Proyectando luego iguales tensiones al mundo adulto, *Tungsteno* exhibe cómo, inicuamente explotados hombres y mujeres nativos, son víctimas propiciatorias tanto de miltones del capitalismo foráneo como de propios compatriotas aprovechados, al servicio de los mandones de afuera.

ANÁLISIS Y COMENTARIO DE «TUNGSTENO»

Quede aclarado de antemano que el título de esta novela ha variado según las distintas ediciones: en unas es *El tungsteno*; en otras, simplemente, *Tungsteno*. Como no he tenido oportunidad de confrontar el original vallejiano, me atengo a la segunda forma, que corresponde a la versión editada en Lima, en 1957, por Juan Mejía y P. L. Villanueva, de la cual proceden también las citas que más abajo transcribo.

Tungsteno fue escrita en España (1931) para la colección «Novelas proletarias» de la Editorial Cenit; la misma que poco después rechazaría *Paco Yunque*. *Tungsteno* aspiró a la categoría de novela. Sin embargo, considerada estructuralmente, se la nota fallida en el logro total de esa aspiración. Cuenta, más bien, como novela breve, pues, en realidad, está constituida por tres brochazos crudos en los cuales los personajes se van revelando sucesivamente. En el primero, la mina de tungsteno de Quivilca, en el departamento de Cuzco, comienza a ser explotada por disposición de la propietaria lejana y anónima, la firma neoyorquina «Mining Society». El proceso de cómo se animan las dormidas aldeas de los contornos ante la fiebre comercial suscitada por la explotación minera, de cómo crece un nuevo poblado en torno del yacimiento, de cómo se van creando negocios e intereses, de cómo aparecen inescrupulosos y audaces que hacen fortuna rápidamente, está pintado a lo vivo por Vallejo.

Al propio tiempo, frente a este desarrollo económico inusitado, ofrece el cuadro, los sentimientos y modos de vida del mundo edénico sobreviviente de los indios soras, que puros, ingenuos, limpios de alma, facilitan bienes, comidas, viviendas, tierras, vestidos, hacienda y terminan por ser despojados y exterminados de la manera más inicua.

La primera estampa aporta el conocimiento de casi todos los personajes gravitantes en la anécdota de *Tungsteno*: José Marino, turbio comerciante; el ingeniero Rubio, el agrimensor Benites: tres seres que se unen y ponen al servicio de Mr. Taik y Mr. Weiss, gerente y subgerente, respectivamente, de la «Mining Society». El conglomerado humano de *Tungsteno*, tanto como juega individualmente, actúa, también, en función de entidades representativas: el comercio sórdido y envilecido, el profesional universitario sin principios, el capitalismo foráneo, la masa explotada. José Marino deriva de simple bolichero improvisado a especulador en tierras y esclavos. Despoja a los indios soras y crea, con los compinches, una especie de sociedad, que tiene por objeto conchavar peones e indios para los diversos trabajos de la mina, para ir reemplazando a los exterminados por la despiadada explotación de jornadas de trabajo sin fin y labores infrahumanas.

El segundo boceto sigue los pasos de José desde Quivilca a Colca, ciudad cercana a donde éste va a ultimar negocios de la sociedad. En Europa la guerra es buena fuente consumidora del mineral. La «Mining Society» exige intensificar la explotación de la mina. Hace falta multiplicar el número de trabajadores. Se incorpora a la narración un nuevo personaje: Mateo Marino, hermano menor de José. Y la historia de ambos, sucias trampas y sordideces, cambia el foco de atención del relato. No faltan episodios de lúbrico naturalismo al detallar, por ejemplo, la doble posesión por los hermanos de la hermosa y sensual indiecita Laura; así como se conoce, también, el medio burocrático de la justicia y gobierno locales, corrompido, repugnante, mezquino e hipócrita. La resultante novelesca es la presentación de un friso de increíble crueldad al referir el tratamiento de un grupo de indios yacanones, reclutados forzadamente para el servicio público por un par de brutales gendarmes; reclutamiento descrito y narrado en todo su feroz proceso y en las etapas más degradantes, de manera cruda, directa e indignante, dejando al descubierto los atropellos cometidos, el avasallamiento de la dignidad humana, los menoscabos padecidos por los infelices indígenas.

El tercer brochazo vuelve la acción a Quivilca y se corresponde con la presentación, ahora en primer plano, de un personaje simpático hasta entonces sólo circunstancialmente mencionado con relación a un acto de protesta popular en favor de los yacanones: el herrero Servando Huanca, idealista que comienza a soliviantar a los hermanos en el dolor y en la miseria y va creando una atmósfera de rebeldía, cuyas consecuencias Vallejo no apuró hasta las últimas instancias, pues la narración se interrumpe bruscamente.

Es probable que *Tungsten*o haya sido escrita al correr de la pluma, sin previo y sólido plan; por lo menos sin plan mantenido inalteradamente de comienzo a fin. El tratamiento general del relato es naturalista, existencial, de un existencialismo *avant la lettre*. Pero también aquí, como en *Escalas melografiadas*, la prosa de Vallejo aparece cuajada de hallazgos impresionistas de buen observador: «Todos mostraban aire de viaje —dice un pasaje—. Hasta el modo de andar, antes lento y *dejativo*, se hizo rápido e impaciente» (p. 10). Otro trozo descriptivo de la pocilga donde ya Benites, está tratado así:

La noche había llegado y empezó a nevar. La habitación de Benites tenía la puerta de entrada y la ventanilla herméticamente cerradas. La señora tapó las rendijas con trapos, para evitar las rachas de aire. Una vela de esperma ardía y ponía toques tristes y amarillos en los ángulos de los objetos y en la cama del paciente. Según éste se moviese o cambiase de postura, movido por la fiebre, las sombras palpitaban ya breves, ya largas, truncas o encontradas, en los planos de su rostro cejijunto y entre las almohadas y las sábanas (pp. 32-33).

Hay aciertos de captación psicológica notables en la presentación del modo de ser ingenuo, primitivo, inocente de los soras. Éstos quedan exhibidos al lector como conjunto, a través de toques y circunstancias individuales, según la técnica que se advierte en el siguiente fragmento:

—¿Por qué haces siempre así? —le preguntó un sora a un obrero que tenía el oficio de aceitar grúas.

—Es para levantar la cangalla.

—¿Y para qué levantas la cangalla?

—Para limpiar la veta y dejar libre el metal.

—¿Y qué vas a hacer con el metal?

—¿A ti no te gusta tener dinero? ¡Qué indio tan bruto!

El indio vio sonreír al obrero y él también sonrió maquinalmente, sin motivo. Le siguió observando todo el día y durante muchos días más, tentado de ver en qué paraba esa maniobra de aceitar grúas. Y otro día el sora volvió a preguntar al obrero, por cuyas sienes corría el sudor:

—¿Ya tienes dinero? ¿Qué es el dinero?

El obrero respondió paternalmente, haciendo sonar los bolsillos de su blusa:

—Esto es dinero. Fíjate. Esto es dinero. ¿Lo oyes?…

Dijo el obrero esto y sacó a enseñarle varias monedas de níquel. El sora las vio, como una criatura que no acaba de entender una cosa:

—¿Y qué haces con el dinero?

—Se compra lo que se quiere. ¡Qué bruto eres, muchacho!

Volvió el obrero a reírse. El sora se alejó saltando y silbando.

En otra ocasión, otro de los soras que contemplaba absortamente y como hechizado a un obrero que martillaba en el yunque de la forja, se puso a reír con alegría clara y retozona. El herrero le dijo:

—¿De qué te ríes, cholito? ¿Quieres trabajar conmigo?

—Sí. Yo quiero hacer así.

—No. Tú no sabes, hombre. Esto es muy difícil.

Pero el sora se empecinó en trabajar en la forja. Al fin, le consintieron y trabajó allí cuatro días seguidos, llegando a prestar efectiva ayuda a los mecánicos. Al quinto día, al mediodía, el sora puso repentinamente a un lado los lingotes y se fue.

—Oye —le observaron—, ¿por qué te vas? Sigue trabajando.

—No —dijo el sora—. Ya no me gusta.

—Te van a pagar. Te van a pagar por tu trabajo. Sigue no más trabajando.

—No. Ya no quiero.

A los pocos días, vieron al mismo sora echando agua con un mate a una batea, donde lavaba trigo una muchacha. Después se ofreció a llevar la punta de un cordel en los socavones. Más tarde, cuando se empezó a cargar el mineral de la bocamina a la oficina de ensayos, el msmo sora estuvo llevando las parihuelas... (páginas 13 y 14).

En cambio, la presentación de los demás personajes es menos vivaz y activa, más intelectualizada y retórica, con la técnica del retrato ofrecido por un narrador omnisciente. Esta es la presentación de José Marino, de Rubio y de Benites:

El primero en operar sobre las tierras, con miras no sólo de obtener productos para su propia subsistencia

sino de enriquecerse a base de la cría y del cultivo, fue
el dueño del bazar y contratista exclusivo de peones de
Quivilca, José Marino... Gordo y pequeño, de carácter
socarrón y muy avaro, el comerciante sabía envolver en
sus negocios a las gentes, como el zorro a las gallinas.
En cambio, Baldomero Rubio era un manso, pese a su
talle alto y un poco encorvado en los hombros, que le
daba un asombroso parecido de cóndor en acecho de un
cordero. En cuanto a Leónidas Benites, no pasaba de
un asustadizo estudiante de la Escuela de Ingenieros,
débil y mogigato, cualidades completamente nulas y hasta
contraproducentes en materia comercial... (p. 16).

La imagen comparativa del zorro y del cóndor, en los casos de Marino y de Rubio, anticipa al lector conducta y carácter de los mismos. Por el contrario, sobre Benites volverá a
detallar los perfiles más adelante, en feliz estilo indirecto libre,

Leónidas Benites no hacía más que expresar por medio de palabras lo que practicaba en la realidad de su
conducta cotidiana. Benites era la economía personificada y defendía el más pequeño centavo, con un celo
edificante. Vendrían días mejores, cuando se haya hecho
de un capitalito y se pueda salir de Quivilca, para emprender un negocio independiente en otra parte. Por
ahora había que trabajar y ahorrar, sin otro punto de
vista que el porvenir. Benites no ignoraba que en este
mundo, el que tiene dinero es el más feliz, y que, en
consecuencia, las mejores virtudes son el trabajo y el
ahorro, que procuran una existencia tranquila y justa,
sin ataques a lo ajeno, sin vituperables manejos de codi-
cia y despecho y otras bajas inclinaciones que producen
la corrupción y ruina de personas y sociedades... (páginas 26-27).

Benites cae enfermo y las descripciones de sus pesadillas
y visiones febriles ocupan la parte final del primer brochazo,

aportando cabal radiografía de alucinadas supersticiones, restos de religiosidad pueril que confirman a Vallejo maestro de la narración onírica, tanto como, luego, el relato de la brutal posesión de la chola Graciela Rosada por Marino, el comisario Baldasari, Mr. Taik y el cajero Machuca, matizada con el cruel tratamiento inferido a una india que busca medicamentos para el padre agónico y con la paliza asestada al sobrino de Marino, una criatura de diez años que cuida animales bajo la nieve y presencia la macabra orgía de posesión del cadáver de Graciela, lo muestran artífice del realismo trágico.

Puesto que, como dije, *Tungsteno* aparenta estar redactada al correr de la pluma y sin ceñido plan previo, la narración salta de una motivación a otra, espontánea, obediente a los estímulos que la mueven. La acción alterna dinámicamente con lo pictórico y aún, si se descuenta que los aspectos descriptivos responden a la técnica evocativa, resultan vivaces e igualmente dinámicos, como puede advertirse, por ejemplo, en este procedimiento, en acción y acumulación, del primer brochazo:

> Todos mostraban aire de viaje. Hasta el modo de andar, antes lento y dejativo, se hizo rápido e impaciente. Transitaban los hombres vestidos de caqui, polainas y pantalón de montar, hablando con voz que también había cambiado de timbre, sobre dólares, documentos, cheques, sellos fiscales, minutas, cancelaciones, toneladas, herramientas. Las mozas de los arrabales salían a verlos pasar, y una dulce zozobra las estremecía, pensando en los lejanos minerales, cuyo exótico encanto las atraía de modo irresistible (p. 10).

Y ese dinamismo de las alternativas descriptivonarrativas, en la animal escena simultánea en el dormitorio y en la cocina de Mateo Marino, con las tensiones de los hermanos aspirantes a la posesión de Laura y que, sucesivamente, la poseerán, crean un cuadro de áspero y brutal sabor, rematado por el procedimiento dialogal en estilo directo, con la confesión de Laura a José, que constituye uno de los hallazgos patéticos de la novela:

Si no olvidamos que José no hacía más que engañar a Laura y que la caricia y la promesa terminaban una vez saciados sus instintos se comprenderá fácilmente por qué José se alejase, unos minutos más tarde, de Laura, diciéndole desdeñosamente y en voz baja:

—Y para esto he esperado dos horas enteras...

—Pero, ¡oiga usted, don José! —le decía Laura, suplicante—. No se aleje usted que voy a decirle una cosa...

José incomodándose y sin acercarse a la cocinera, respondió:

—¿Qué cosa?

—Yo creo que estoy preñada...

—¿Preñada? ¡No friegues, hombre! —dijo José con una risa de burla.

—Sí, don José. Yo sé que estoy preñada.

—¿Y cómo lo sabes?

—Porque tengo vómitos todas las mañanas...

—¿Y desde cuándo crees que estás preñada?

—Yo no sé. Pero estoy casi segura.

—¡Ah! —gruñó Marino, malhumorado—. ¡Eso es una vaina! ¿Y qué dice Mateo?

—Yo no le he dicho nada.

—¿No le has dicho nada? ¿Y por qué no le has dicho?

Laura guardó silencio. José volvió a decirle:

—Responde. ¿Por qué no se lo has dicho a él?

Este *él* sonó y se irguió entre José y Laura como una pared divisoria entre dos lechos. Laura y José conocían bien el contenido de esa palabra. Este *él* era el padre presunto, y José decía *él* por Mateo, mientras que Laura pensaba que *él* no era precisamente Mateo, sino José. Y la cocinera volvió, por eso, a guardar silencio.

—¡Eso va a ser una vaina! —repitió José, disponiéndose a partir.

Laura trató de detenerlo con un gemido:

—¡Sí, sí! Porque no estoy preñada de su hermano, sino de usted…

José rió en la oscuridad, mofándose:

—¿De mí? ¿Preñada de mí? ¿Quieres echarme a mí la pelota de mi hermano?

—¡S', sí, don José! ¡Yo estoy preñada de usted! ¡Yo lo sé! ¡Yo lo sé! ¡Yo lo sé!

Un sollozo la ahogó. José argumentaba:

—Pero si yo no he estado contigo hace ya más de un mes…

—¡Sí, sí, sí!… Fue la última vez. La última vez…

—¡Pero tú no puedes saber nada!… ¿Cómo vas a saberlo, cuando, muchas veces, en una misma noche, has dormido conmigo y con Mateo…

Laura, en ese momento, sintió algo que la incomodaba. ¿Era el sudor? ¿Era la posición en que estaba su cuerpo? ¿Eran sus luxaciones? Cambió de posición y algo resbaló por el surco más profundo de su carne… Instantáneamente, cruzó por el corazón de Laura una duda compacta, tenebrosa, inmensa. En efecto: ¿cómo iba a saber cuál de los dos Marino era el padre de su hijo? Ahora mismo, en ese momento, ella sentía oscuramente gravitar y agitarse en sus entrañas de mujer las dos sangres confundidas e indistintas. ¿Cómo diferenciarlas? (pp. 85 a 87).

Los tres brochazos tienen propio desarrollo y ambientación. No obstante, la transición de uno a otro —brusca, en lo formal— obedece a interna ligazón y trabadura. Cierra el primero el viaje de José Marino a Colca. Abre el segundo, con técnica de *flash-back*, recapitulando lo sucedido entre Mr. Taik y José Marino para decidir a éste a viajar. Recompone la historia de los hermanos Marino, los sucios encumbramientos económicos y la narración del procedimiento empleado para el reclutamiento y «arreo» —no cabe otra expresión— de peones para la mina, denuncia toda la miseria y podredumbre humana de la burocracia colquense, imagen en miniatura de todas las burocracias del mundo, de la Burocracia, abstracción mayúscula. El tercer momento de la novela vuelve temporalmente a lo que, mientras tanto, ha ido sucediendo en Quivilca a la partida de José Marino, y desnuda los resentimientos que dejó en ese instante. En esta parte final, la figura odiosa de José Marino se eclipsa y sólo será mencionada por los rencores de Benites. Desaparecen, además, los «gringos», el comisario, el cajero. En cambio, ocupa su breve desarrollo la chispa de rebeldía, cuidada por Huanca; chispa que se convertirá en llama... o se apagará. Se trata de un resquicio abierto a la esperanza, que Vallejo ha preferido no alentar y concluye el relato bruscamente.

LA TEMPORALIDAD EN «TUNGSTENO»

Toda narración supone desarrollo de hechos en el tiempo. La novelística contemporánea se ha complacido en jugar con la temporalidad, eludiendo su acumulación lineal. La estructura de *Tungsteno*, en este sentido, delata su modernidad no sólo en las omisiones frecuentes de los valores de causalidad, puesto que Vallejo pinta causas y deja librada la recreación mental de los efectos al lector; o, viceversa, consigna efectos y el lector hierve en indignación y desea arrasar las causas. Dicho de otro modo: si cada vez más, frente a la actual novelística hispanoamericana, para explicar su génesis, se busca asimilarla a la del poema, a la de la metáfora en acción, *Tungsteno* ofrece, desde este punto de vista intrínseco, señalables anticipaciones. El hecho mismo de su brusco desenlace no es sino un trampolín para que la mente, la imaginación y el apasionamiento suscitados en el lector sigan operando.

Pero también Vallejo ofrece interesante enfoque en la acomodación del tiempo, al que unas veces puntualiza reiterativamente y otras dispone en sincronías de acciones que, aunque relatadas en pasajes diversos, deben ser repuestas figurativamente a su real coetaneidad. Desde luego, de sobra son conocidos sus avances poéticos con la temporalidad. Recuérdese la notable coexistencia de presente, pasado y futuro, en el soneto «Ausente», de *Los heraldos negros* y la obsesiva composición II, de *Trilce*:

¿Y qué decir del tiempo-premonición, del entrañado anuncio que con acierto relativista une futuro, pasado y presente, en el agorero presagio de *Poemas humanos*?:

> Me moriré en París con aguacero,
> un día del cual tengo ya el recuerdo…

En *Tungsteno*, la inserción temporal, aparte de todo el efecto de sincronismo y coetaneidad presupuesto en el tercer brochazo en relación con el segundo, aparecen otros rasgos que reclaman observación. Así, por ejemplo, la puntualización cronológica, actitud expresionista, que es visible (en lo relativo al tiempo, entiéndase bien) en este pasaje:

> —¿Salieron los gendarmes por los «conscriptos»?
> —Sí, su señoría.
> —¿A qué hora?
> —A la una de la mañana, su señoría.
> ………………………
> —¿A qué hora volverán los gendarmes con los «conscriptos»? —preguntó José a la autoridad.
> —Supongo que en la tarde, a eso de las cuatro o cinco.
> —Bueno. Entonces los gendarmes pueden ir con nosotros por los peones, en la noche, entre ocho y nueve, por ejemplo…
> ………………………
> —En fin— repuso el subprefecto, en tono conciliador—. Ya veremos el modo de arreglarnos y conciliar intereses. Tenemos tiempo…

Los hermanos Marino, despechados, refunfuñaron a una voz:

—Muy bien, perfectamente...

El subprefecto sacó su reloj:

—¡Las once menos cuarto! —exclamó—. A las once tenemos sesión de la Junta... (pp. 89 y ss.).

Otro efecto del tiempo, donde concurre su transcurso para subrayar en la imaginación del lector una nota macabra, se halla en este fragmento:

El doctor Ortega sufría de una forunculosis y, originario de Lima, llevaba ya en Colca unos diez años de juez. Una historia macabra se contaba de él. Había tenido una querida, Domitila, a quien parece llegó a querer con frenesí. La gente refería que el doctor Ortega no podía olvidar a Domitila y que una noche, pocas semanas después del entierro, fue el juez en secreto y disfrazado, al cementerio y exhumó el cadáver. Al doctor Ortega le acompañaron dos hombres de toda su confianza. Eran éstos dos litigantes de un grave proceso criminal, a favor de los cuales falló después el juez, en pago de sus servicios de esa noche. Mas, ¿para qué hizo el doctor Ortega semejante exhumación? Se refería que, una vez sacado el cadáver, el juez ordenó a los dos hombres que se alejasen, y se quedó a solas con Domitila. Se refería también que el acto solitario —que nadie vio, pero del que todos hablaban— que el doctor Ortega practicara con el cuerpo de la muerta, era una cosa horrible, espantosa... (página 92).

La inserción retrospectiva del calvario de los yacanones —o sea la odisea sufrida durante su «arreo» desde la tribu a Colca—, cuando éstos ya se encuentran frente a las autoridades, es tan natural, pasa tan inadvertido su mecanismo a la primera lectura, que sólo la relectura permite descubrir el habilidoso juego temporal. Asimismo está logrado el tratamiento del tiempo hipotético y psicológico en el relato del envío de veinte indios a Quivilca, también ensayado en estilo indirecto libre:

> La marcha de estos forzados, para evitar encuentros azarosos en la ruta, se hizo en gran parte por pequeños senderos apartados.
> Nadie dijo a estos indios nada. Ni a dónde se les llevaba ni por cuánto tiempo, ni en qué condiciones. Ellos obedecieron sin proferir palabra. Se miraban entre sí, sin comprender nada, y avanzaban a pie, lentamente, la cabeza baja y sumidos en un silencio trágico. ¿A dónde se les estaba llevando? ¿Quién sabe; al Cuzco, para comparecer ante los jueces por los muertos de Colca? Pero, ¡si ellos no habían hecho nada! ¡Pero, quién sabe! ¡Quién sabe! ¿O tal vez los estaban llevando a ser conscriptos? ¿Pero también los viejos podían ser conscriptos? ¡Quién sabe! Y, entonces, ¿por qué iban con ellos los Marino y otros hombres particulares, sin vestido militar? ¿Sería que estaban ayudando al subprefecto? ¿O acaso los estaban llevando a botarlos lejos, en algún sitio espantoso, por haberlos agarrado en la plaza, a la hora de los tiros? ¿Pero, dónde estaría ese sitio y por qué esa idea de castigarlos botándolos lejos?... Cuando ya fue de mañana y el sol empezó a quemar, muchos de ellos tuvieron sed... ¡Ya todo iba quedando lejos!... ¿Hasta cuándo? ¡Quién sabe! ¡Quién sabe!... (p. 114).

Catalogada dentro de la literatura social y de protesta, *Tungsteno* entra, además, en el contexto americano de la narrativa indigenista y regional. Su escenario es típico en la ambientación, y en el desarrollo atiende más los sufrimientos externos de las personas que su mundo anímico, como ocurre en *Aves sin nido* (1889), de la peruana Clorinda Matto de

Turner. En su trasfondo se mueve un personaje-masa: el indio, como en *Raza de bronce* (1919), del boliviano Alcides Argue-das. La destrucción de las comunidades indígenas anticipa a *Huasipungo* (1933), del ecuatoriano Jorge Icaza y a *El mundo es ancho y ajeno* (1941), del peruano Ciro Alegría. Creo —aun-que habitualmente la crítica no lo ha sugerido— que *Tungs-teno* debe integrar esa serie de la literatura indigenista, de aliento épico, clamor por sufrimientos e injusticias, espíritu político y revolucionario, ansias de reformas, redención y jus-ticia social.

Por otra parte, el lenguaje crudo —sin las distorsiones de los vanguardismos poéticos vallejianos, con sintaxis cuidada de nexos y puntuaciones milimetradas—, las interjecciones cropológicas, los reflejos del sexo, alcohol y droga (aunque esté insinuada en el doble sentido supersticioso y aniquilador), ha-cen de *Tungsteno* vivo documento literario, anticipador de motivaciones que las letras universales transitarán en la segun-da posguerra para plasmar zonas límites de lo infrahumano.

Además, frente al enfoque naturalista de la barbarie de los blancos, revelable en el destemplado vocabulario, la sufrida dulzura indígena emerge, tanto cuando asume la palabra Va-llejo-expositor, como cuando se expresan los indios por sí, confirmando lo que tempranamente subrayó José Carlos Ma-riátegui, a propósito de *Los heraldos negros*:

> Lo fundamental, lo característico en su arte, es la nota india. Hay en Vallejo un americanismo genuino y esen-cial: no un americanismo descriptivo. Vallejo no recurre al folklore. La palabra quechua, el giro vernáculo, no se injertan artificiosamente en su lenguaje; son en él pro-ducto espontáneo, célula propia, elemento orgánico. Se podría decir que Vallejo no elige sus vocablos. Su autoc-tonismo no es deliberado. Vallejo no se hunde en la tra-dición ni se interna en la historia para extraer de su oscuro substrato perdidas emociones. Su poesía y su len-

guaje emanan de su carne de su ánima. Su mensaje está en él. El sentimiento indígena obra en su arte, quizá sin que él lo sepa ni lo quiera [4].

ACERCA DE «PACO YUNQUE»

En *Tungsteno* concurren tres elementos conformadores: el espíritu indígena de la montaña, la resaca humana de la colonización y el nuevo avasallamiento imperialista extranjero. Bien advirtió Jean Cassou —en el apunte preliminar de la ya citada edición de *Poemas humanos*— que *Tungsteno* es algo así como «la atroz historia de la servidumbre india, del dominio del capital yanqui sobre el suelo americano y la gran traición de la burguesía hispanoamericana». Si Vallejo hubiera contado con las mínimas condiciones ambientes, con cierta estabilidad del diario sustento, para intentar una novela amplia y artísticamente abarcadora de la problemática humana que le inquietaba; si no le hubiera compelido la necesidad económica de entregar material, medido a espacio fijo, para recibir paupérrima paga, es probable que hubiese comenzado *Tungsteno* con los cuadros de infancia desvalida e injustamente atropellada, que bordó en *Paco Yunque*. Tal es la estrecha relación que este cuento ofrece con aquélla; relación, por lo demás, intuible en el hermoso poema que decidió debía encabezar, alguna vez, *Paco Yunque*, compuesto en París, el 26 de octubre de 1937.

> La cólera que quiebra al hombre en niños,
> que quiebra al niño en pájaros iguales,
> y al pájaro, después, en huevecillos;
> la cólera del pobre
> tiene un aceite contra dos vinagres.

---

[4] José Carlos Mariátegui: *Loc. cit.*

La cólera que al árbol quiebra en hojas,
a la hoja en botones desiguales
y al botón, en ranuras telescópicas;
la cólera del pobre
tiene dos ríos contra muchos mares.

La cólera que quiebra al bien en dudas,
a la duda, en tres arcos semejantes
y al arco, luego, en tumbas imprevistas;
la cólera del pobre
tiene un acero contra dos puñales.

La cólera que quiebra al alma en cuerpos,
el cuerpo en órganos desemejantes
y al órgano, en octavos pensamientos;
la cólera del pobre
tiene un fuego central contra dos cráteres.

Según los editores Juan Mejía Baca y Pablo L. Villanueva, este relato fue conocido —y hasta que ellos lo reeditaron en 1957 no había llegado al libro— en un número de la revista *Letras peruanas*. En 1967 lo publica nuevamente Francisco Moncloa, editores, con asesoramiento de Georgette Vallejo, y en la *Noticia* con que abren el volumen *Novelas y cuentos completos* de César Vallejo, la viuda del poeta manifiesta que *Paco Yunque* apareció por primera vez en la revista *Apuntes del hombre* (Perú, año I, núm. 1, julio 1951). Según Raúl Porras Barrenechea, *Paco Yunque*, escrito también para la Editorial Cenit, de España, en 1931, fue rechazado por ésta —como dije anteriormente— «porque es demasiado pesimista y revolucionario». Yo diría, en cambio, que no es cuento para niños, sino sobre niños que padecen. Y agregaría: más que pesimista y revolucionario, es sobrecogedor, indignante. Quien lo lee no puede menos que sentir en carne propia las injusticias soportadas por el pobre cholito Paco, los abusos de los compañeros en el primer día de clase, la pusilánime conducta del maestro. Y no puede menos que sentir deseos de infligir ejemplar castigo a Humberto Grieve, el hijo del inglés, patrón de los Yunque, gerente de ferrocarriles y alcalde del pueblo.

Es cierto que los temperamentos de Paco y Humberto están polarizados en la configuración literaria: uno toda bondad pasiva, silencio sufriente; otro, altanería, prepotencia, orgullo, maldad, despotismo. Es cierto que los comportamientos de cada niño están presentados retóricamente a la manera de «carácter», viéndose a través del modo de ser del primero todo el dolor indio y, a través del segundo, toda la saña explotadora de los poderosos. Sin embargo, el friso escolar tallado por Vallejo está logrado artística y psicológicamente: el lector se identifica con el pobre Paco, protesta y asume su causa; sobre todo en el desenlace del relato, cuando Humberto roba a Paco sus deberes, los firma y el maestro, a sabiendas, lo premia, honrándolo ante la clase, asombrado testigo de la injusticia; y estampa el nombre de Grieve en el Cuadro de Honor de la semana, mientras Paco queda castigado por no cumplir con las obligaciones escolares.

Las injusticias, escarnios y atropellos padecidos por el cholito son anticipo de los que esperan al hombre y al conjunto humano explotado. La causa de los «cholos» tiene un verdadero precursor literario en la redención preanunciada por Vallejo. Lo señaló bien Luis Alberto Sánchez en uno de los trabajos encabezadores de la edición francesa de *Poemas humanos*:

En el Perú se ha discutido mucho, hace poco, sobre la precursoría del cholismo. ¡Desmemoriados!» Vallejo los antecedió a todos. El cholismo no es un 'ismo', sino una manera de ser, de sentir y expresarse. No admite escuela, como no la admiten el buen ver, la cojera, la credulidad, el ser linfático o canguíneo. Es un hecho. Se es o no se es cholo: parecerlo resulta difícil y, lograrlo, artificioso. A Vallejo le fluía naturalmente la amargura, pero sin grandilocuencia, deshilachada, balbuceante.

Cabría añadir: amargura indignada para construir, en estos relatos, un fondo patético, de honda dramaticidad, alimentado por razones profundas y valederas.

Los hallazgos expresivos están en su pluma, en el vocabulario regional que, a menudo, le aflora; las ansias sociales idealistas pujan desde el ancestro; se amasan en denso telurismo, en dolor compartido por los hermanos sufrientes. La resultante es —palabras de Jean Cassou, referentes a la guerra española, pero aquí aplicables— «una forma desgarrada que conviene a un asunto terrible».

EL COMPROMISO EN EL TEATRO
DE CÉSAR VALLEJO

Desde el mes de enero de 1979, los especialistas cuentan con una edición crítica del teatro completo de César Vallejo, que incluye *Lock-Out, Entre las dos orillas corre el río, Colacho hermanos o Presidentes en América* y *La piedra cansada* [1]. Aunque la presentación de los textos tenga algunas inconsistencias [2], la edición es un punto de arranque muy privilegiado para calar hondo en la conciencia política de Vallejo. En esta breve nota no voy a discutir ni *Colacho hermanos o Presidentes de América*, por ser una escenificación de la trama enunciada en la novela proletaria *El tungsteno* (1931), ni *La piedra cansada*, el cual es un drama inca que rebasa los límites del tema tratado aquí. Me limitaré a estudiar *Lock-Out* y *Entre las dos orillas corre el río* porque estos dos textos demuestran, sin

---

[1] César Vallejo: *Teatro completo*, prólogo, traducciones y notas de Enrique Ballón Aguirre. Lima, Pontificia Universidad Católica del Perú, 1979, 2 volúmenes.

[2] Véase la reseña acertada del Prof. David Sobrevilla: «Las ediciones y estudios vallejianos: 1971-1979. Un estado de la cuestión», *César Vallejo. Actas del Coloquio Internacional Freie Universität Berlin 7. -9, junio 1979*, editadas por Gisela Beutler y Alejandro Losada, con la colaboración de Klaus Zimmermann, Tübingen, Niemeyer, 1981, pp. 69-94 (pp. 70-74).

dejar lugar a dudas, que, en la época en que fueron escritos (1930-31), Vallejo fue socialista ortodoxo.

Como otros escritores comprometidos del siglo xx —pienso en Bertolt Brecht, Camus y Jean-Paul Sartre—, Vallejo, en una determinada época de su vida, decidió dedicarse al teatro. En efecto, Vallejo, que residía en París desde julio de 1923, conocía bien el drama francés de los años veinte. En 1925, Maurice de Wallef, el director de *Les Grands Journaux Ibéroaméricains*, le proporcionó a Vallejo un permiso que le autorizaba para visitar a los teatros principales de París. Sin embargo, las reseñas que Vallejo envió a revistas limeñas tales como *Variedades* y *Mundial* demuestran el poco interés que le inspiraron las obras que presenció. Mientras que apreció la representación francesa de *Santa Juana* de Bernard Shaw [3], y la de *Seis personajes en busca de autor* de Pirandello [4], Vallejo consideraba, por lo general, la Comedia Francesa como «un museo pútrido (*sic*) de la retórica del siglo xvii y de la pedantería andrógina de los Molière de nuestros días, que son tan grandilocuentes y tontos como el antiguo» [5]. Vallejo además sintió repugnancia por la representación de *Orphée* de Jean Cocteau (Théâtre des Arts-Pitoëf, 5 de junio de 1926) [6], y hasta por el teatro de Jean Giraudoux [7]. El desengaño de Vallejo con respecto al teatro francés contemporáneo se debía a varias causas. No solamente consideraba su frivolidad como ajena a su sensibilidad. También llegó a percibir que detrás de la estructura misma del teatro francés existía un conservadurismo burgués estéril. Según puntualizó:

---

[3] «La conquista de París por los negros», *Mundial*, núm. 287, 11 de diciembre de 1925.

[4] «La nueva generación de Francia», *Mundial*, núm. 273, 4 de septiembre de 1925.

[5] «El verano en París», *Mundial*, núm. 274, 11 de septiembre de 1925.

[6] «La visita de los reyes de España a París», *Mundial*, núm. 324, 27 de agosto de 1926.

[7] «Últimas novedades teatrales de París», *El Comercio*, 15 de junio de 1930.

El teatro se encuentra, en efecto, desprovisto de elementos de evolución. La debacle del teatro francés, que se nota ahora, obedece a la pobreza de sus medios de expresión y a la falta de autores que renueven de raíz sus formas sustantivas [8].

Fiel a su conciencia política, que se agudizaba cada vez más, Vallejo pasó a estudiar el teatro revolucionario que estaba en boga a la sazón en Rusia y en Alemania. En un artículo fechado el 11 de septiembre de 1925, Vallejo dijo que «del teatro ruso, por ejemplo, del nuevo teatro alemán, etc., no se sabe en París» [9]. Años más tarde, Vallejo discutió con evidente entusiasmo, en *Rusia en 1931: reflexiones al pie del Kremlin* (1931), el teatro revolucionario soviético. En la URSS, que Vallejo visitó tres veces, en 1928, 1929 y 1931, Vallejo fue a menudo al teatro. Fue un espectador de varias representaciones sovietizadas de obras clásicas. Presenció *Hamlet* de Shakespeare, *Los hermanos Karamazov* de Dostoievski, *El pájaro azul* de Maeterlinck, *El inspector* de Gogol, entre otros [10]. Más tarde, citó con evidente aprobación la opinión de Erwin Piscator, el director alemán que fundó el Berlin Proletarisches Theater en 1920 y cuyas obras izquierdistas eran acaso las más progresistas del mundo en los años veinte [11], aunque sea menos probable que Vallejo asistiese a una representación suya. Vallejo se interesaba por el teatro comprometido desde por lo menos 1925. Sin embargo, fue solamente en 1930 que este interés llegó a cristalizarse.

El primer drama que escribió se llamaba *Mampar* y lo terminó en 1930. Vallejo lo envió a Louis Jouvet, el entonces director de la Comédie des Champs-Elysées, pero éste, en una

---

[8] «Una importante encuesta parisiense», *Mundial*, núm. 389, 25 de noviembre de 1927.

[9] «El verano en París», *Mundial*, núm. 274.

[10] *Rusia en 1931: reflexiones al pie del Kremlin*, Lima, Gráfica Labor, p. 126. Todas las citas son de esta edición.

[11] Véase, al respecto, Emile Copfermann: *Le Théâtre populaire poarquoi?*, París, Maspéro, 1965, pp. 41-54.

carta dirigida a Vallejo el 2 de septiembre de 1930, rehusó cortésmente el drama, describiéndolo como falto de unidad y no apropiado para el teatro [12]. Más tarde, Vallejo desechó esta obra. Si echamos una mirada retrospectiva sobre el mundo teatral en Francia a la sazón, no sorprende que el texto de Vallejo fuese rechazado. Durante los años veinte y hasta los años treinta, el teatro francés no era ni social ni revolucionario en modo alguno [13]. Es sólo a medida que avanzaba el siglo —y específicamente después de la Segunda Guerra Mundial— que iba apareciendo un público capaz de reaccionar frente a un teatro revolucionario. Recordemos que la mayoría de las obras izquierdistas de Jean-Paul Sartre y de Albert Camus se estrenaron después de la guerra.

Poco después, Vallejo escribió otros dos dramas: *Lock-Out* y *Entre las dos orillas corre el río* (llamado antes *Moscú contra Moscú*). Son quizás las primeras piezas escritas en lengua española que pueden calificarse de comprometidas. A despecho de la ayuda amable de Federico García Lorca, Vallejo no pudo estrenar ni el uno ni el otro [14]. Otra vez, el hecho no debe asombrarnos. En España, donde Vallejo vivió desde enero de 1931 hasta febrero de 1932, el teatro era tan prerrevolucionario como en Francia. En aquel entonces, el teatro español estaba dominado por la personalidad de Lorca mismo y también por el dramaturgo joven Alejandro Casona, cuyas obras son más bien poéticas y no revolucionarias [15]. Rafael Alberti sólo escribió comedias comprometidas a partir de 1934, cuando estrenó *Dos farsas revolucionarias* [16]. El teatro vallejiano llegó demasiado temprano para el público español.

---

[12] Véase el facsímil de esta carta en *Teatro completo*, I, pp. 16-17.

[13] Dorothy Knowles, *French Drama of the Inter-War Years 1918-39*, Londres, Harrap, 1967, *passim*.

[14] Véase la carta que Vallejo escribió a Gerardo Diego el 27 de enero de 1932, *Epistolario general. César Vallejo*, Valencia Pre-textos, 1982, pp. 242-243.

[15] Ángel Valbuena Prat, *Historia del teatro español*, Barcelona, Noguer.

[16] Louise B. Popkin, *The Theatre of Rafael Alberti*, Londres, Támesis, 1975, pp. 73-84.

Lock-Out y *Entre las dos orillas corre el río* tienen un mensaje, o contenido revolucionario, pero revisten una forma, o construcción, clásica. En este aspecto, son semejantes al teatro de Jean-Paul Sartre [17]. Fue, sin embargo, el drama soviético —el cual busca ante todo «el verismo escénico» [18]— el que le sirvió de precedente a Vallejo. Una obra soviética en particular le conmovió hondamente. En *Rusia en 1931* (p. 126) la llama *El brillo de los rieles*. Es verosímil que este drama fuera *Rel'sy gudiat* (es decir, *Los rieles zumban*) traducido incorrectamente. Esta obra, cuyo autor era Vladimir Kirshon, fue montada en Moscú en 1928, por el teatro del Consejo de Escritores de Moscú (M.O.P.S. Moscovski Sovyet Pisatyel'yey) que funcionaba desde 1923. En efecto, la descripción de este drama hecha por el crítico ruso L. Tamashin en su estudio *Vladimir Kirshton. Ochork Tvorchestva* (Introducción a su obra), Moscú, Sovyetski Pisatel, 1965, pp. 57-79, es la misma que la esbozada por Vallejo mismo [19]. *Rel'sy gudiat* le recordó a Vallejo el drama sagrado, el mito de Prometeo, y hasta «los mejores pasajes de la Pasión y el drama esquiliano». También describe una escena muy tensa del drama como «la hora del sudor de sangre y del Aparta de mí este cáliz». No carece de interés que Vallejo no pudo seguir el hilo del drama muy bien puesto que ignoraba el ruso. Según él mismo señaló: «Yo ignoro completamente el ruso, me atengo y me contento con sólo la fonética de las palabras» [20].

Por eso, Vallejo sólo entendió a medias el drama. Nikolai A. Gorchakov, un especialista de renombre mundial en estas materias, califica *Rel'sy gudiat* de mediocre y también de lleno de «jerigonza soviética» y «acción gastada» [21].

---

[17] Frank Laraque, *La révolte dans le Théâtre de Sartre, vu par un homme du Tiers Monde*, París, Encyclopédie universitaire, 1976; véase especialmente pp. 32-37.

[18] *Rusia en 1931*, p. 123.

[19] *Rusia en 1931*, pp. 126-130.

[20] *Rusia en 1931*, p. 125.

[21] *The theater in Soviet Russia*, traducción de Edgar Lehram, Nueva York, Columbia University Press, 1972, p. 287.

Los rieles zumban, desde el punto de vista literario y estrictamente académico, no era un drama de primera clase. Pero Vallejo se interesaba más bien por el impacto inmediato que el drama ejerció sobre el público. Describió cómo, durante una escena muy tensa, cruzó por la masa de espectadores «un escalofrío», y cómo después todos gritaron «¡Viva la revolución social!». Es de suponer que fuera precisamente esta emoción inmediata y directa —y no académica— la que Vallejo quiso inspirar al público de *Lock-Out* y *Entre las dos orillas corre el río*.

En la primera escena de *Lock-Out* se nos presenta una fábrica en la cual los zumbidos de las máquinas armonizan perfectamente con el rítmico movimiento de los cuerpos de los trabajadores. Esta escena prefigura el tono de la obra en su totalidad en tanto que hace del trabajo la «sustancia primera, génesis y destino sentimental del arte», siguiendo de esta manera la preceptiva literaria de Eisenstein [22]. La trama de la obra actualiza la lucha social entre los gerentes que tratan de cerrar la fábrica y los empleados que no aceptan el cierre.

Mientras que los primeros ven el suceso como una «consecuencia ineluctable de la crisis económica internacional» (I, p. 38), los trabajadores ven que el cierre es nada más que una estratagema para conservar a toda costa el capital. Este conflicto ideológico se refleja también en la relación entre el Estado y la familia. El personaje que simboliza este conflicto es Obrero 12. Se siente torturado por la necesidad de elegir entre su familia —al amor por su madre y por su mujer— o la solidaridad obrera. Después de muchas vacilaciones espirituales, opta a favor de sus compañeros:

> Yo soy un obrero, nada más que un obrero. El amor por una mujer no me aturde la cabeza cuando los otros se hacen matar en este momento (I, p. 91).

---

[22] *Rusia en 1931*, p. 219.

El drama posee un desenlace feliz. La causa de los trabajadores triunfa. Regresan a la fábrica, gritando regocijadamente: «¡Viva la revolución mundial! ¡Viva la unión de todos los trabajadores!» (I, p. 91).

En *Entre las dos orillas corre el río* se dramatizan conflictos ideológicos muy similares a los expresados en *Lock-Out*. Pero la presentación de estos datos es muy diferente. La diferencia entre los dos dramas se patentiza si se compara el desenlace de ambas obras. Mientras que en *Lock-Out* el desenlace es afirmativo, la conclusión de *Entre las dos orillas corre el río* es negativa y violenta. Varona mata a puñetazos a su propia hija. Este desenlace, en efecto, transforma lo que hubiera sido nada más que un drama doméstico en una tragedia. Según Hegel ha señalado con justeza, en la tragedia no se trata simplemente de la colisión de personajes sino más bien de la colisión de fuerzas universales cuyos instrumentos son los hombres[23]. En la dramaturgia vallejiana, estas fuerzas universales son el pasado y el porvenir, el régimen zarista y el Estado comunista. De este combate dialéctico nace el dilema trágico. El pasado y el porvenir luchan en el teatro de la actualidad, del *hic et nunc*. El conflicto irreconciliable de estas dos fuerzas históricas se anuncia en la primera escena del drama. Atavov, tendido en su lecho de muerte, confiesa que, sin darse cuenta, ayudó a los bolcheviques que, en octubre de 1917, asumieron el poder. Vakar, el cura, le oye, escandalizado. Finalmente, Vakar interrumpe al moribundo y le echa la culpa del ateísmo de la URSS y de las persecuciones que ha sufrido la Iglesia. Finalmente, en un momento muy dramático, el cura condena a Atavov al castigo eterno en el infierno. Pero esto es sólo un atisbo de lo que pasará después.

El primer miembro de la familia Polianov que vemos es Osip, el padre. Es un símbolo del hombre que siempre transige y que acepta todo pero a medias. Así que acepta la vali-

---

[23] *Hegel on Tragedy*, edición e introducción al cuidado de Anne y Henry Paolucci, Nueva York, Harper and Row, 1975, pp. 97-163.

dez del Plan Quinquenal de Stalin, pero no renuncia a un deseo anacrónico de profundizar el concepto burgués de Dios:

> El proletariado, la máquina y la revolución mundial son, a no dudarlo, una realidad. Pero no menos reales y existentes son los misterios de Dios, del amor y de la muerte (I, p. 116).

A su amigo Spekry tampoco le parece incongruente el creer en Dios y ser al mismo tiempo revolucionario. Para él, comunismo es una forma más pura del cristianismo, o sea, más adecuado a la vida del hombre moderno:

> El aislamiento de los eremitas medievales ha perdido en nuestra época sentido y poder. Para elevarse a Dios, hay que comunicarse con su prójimo (I, p. 120).

Aquí Vallejo echa una luz cruda e irónica sobre la noción de que el comunismo realmente puede ser considerado como una nueva religión. En efecto, Vallejo toma a broma esta clase de revisionismo en sus escritos teóricos contemporáneos. En el capítulo XI de *Rusia en 1931*, por ejemplo, Vallejo afirma que «no andan, pues, cuerdos los buenazos escritores burgueses que, en este terreno, nos hablan del apocalipsis de San Lenin, de la nueva iglesia marxista, del evangelio proletario según San Stalin o según San Trotsky (*sic*), y otras necedades» (página 166). Más tarde, después luego, Vallejo adoptará otro punto de vista. En *España, aparta de mí este cáliz* (1937-38) mezclará la utopía del cristianismo con la del marxismo. Pero en esta época, en 1930-31, cuando su estalinismo es firme y ortodoxo, declara la guerra a la religión. En *Entre las dos orillas corre el río*, vemos muy claramente que la actitud «religiosa» de Osip, tal como la de su amigo Spekry, no es, en fin de cuentas, sino una trampa hipócrita. Osip trata de engañar a Mukinin y a Olga haciéndoles creer que él mismo es Stalin. Está dispuesto a utilizar el prestigio social y político (antiguamente era un príncipe) para ganancias ilícitas. En Osip, por eso, Vallejo personifica la cara negativa y anacrónica de la sociedad socialista. Precisamente a consecuencia de su apocamiento espiritual, Osip no puede desempeñar un papel importante en el desarrollo de la intriga. Los héroes, y las heroínas, son forzosamente intransigentes. Según Goethe ha señalado, «todas las tragedias dependen de un conflicto insoluble. Tan pronto como se obtenga la armonía, desaparece la tragedia»[24]. Es en la casa Polianov, de la cual Osip está ausente, donde estalla violentamente el terror del «conflicto insoluble».

Los miembros de la familia se dividen según su confianza en el régimen soviético o su desconfianza del mismo. Varona, la madre, Vladimiro y Niura, dos de sus hijos, deben lealtad espiritual a la época prerrevolucionaria. Por algo (¡detalle revelador!) Varona cuelga en los muros de la casa «fotografías de personajes de la época zarista y estampas religiosas» (I, página 123). Vallejo también escogió el nombre del hijo Vladimiro con intención.

Para un público de la URSS, el nombre sería un eco del poeta Vladimir Maiakovski, el cual se había suicidado hacía poco y quien, según cierta línea del Partido, fue un burgués incorregible. El que Vallejo satirice a Maiakovski demuestra la conformidad en aquel entonces con esa línea del Partido[25]. Los otros dos niños de la familia, sin embargo, son diametralmente opuestos a ellos. Reniegan de las pretensiones aristocráticas de su madre. A lo largo del drama, el ambiente es tenso y hostil. A menudo estallan argumentos virulentos. Mientras que Ilich y Varey defienden los innegables méritos del Estado socialista, Varona, Vladimiro y Niura se mofan del mismo. He aquí un defecto del drama. Uno tiene la impresión de que las ideas son discutidas en vez de ser presentadas dra-

---

[24] Citado por Albin Leskey, *Greek Tragedy*, traducción de H. A. Frankfort, Londres, 1965, p. 8.
[25] Tal es el tenor del artículo de Vallejo, «Vladimir Maiakoski», *El Comercio*, 14 de diciembre de 1930.

máticamente, es decir, como intriga. Semejante en este respecto
a la dramaturgia de Albert Camus [26], el teatro vallejiano llega
a veces a ser un simple intercambio de ideas. El Acto II, Escena IV, por ejemplo, es nada más que una discusión sobre,
entre otras cosas, la problemática de la familia en la actualidad
política de la URSS. Sin embargo, la discusión sí tiene cone-
xión con el drama en su totalidad, pues sirve de sustrato ideológico que estructura la trama. El drama pinta (según lo sugiere además el título anterior del drama, *Moscú contra Moscú*)
el conflicto de aniquilación mutua entre la familia y el Estado,
en el cual Moscú lucha materialmente consigo mismo. A los
ojos de Varona, por ejemplo, el hecho de que sus hijos Zuray
e Ilich asisten a reuniones bolcheviques es nada menos que
un reto lanzado contra la santidad de la familia. Según ella
lo expresa a Boris, en Acto I, Escena III:

> Es la voz de la familia, toda entera, que se eleva contra
> un tal extravío (I, p. 124).

Mientras Varona cifra sus esperanzas en la familia, su hija
Zuray le opone el ideal del socialismo:

> ¡El Soviet, madre, salvará la humanidad! Tu ruina, tus
> infortunios, tus amarguras, todo acabará poco a poco y
> más pronto de lo que tú te figuras. Por encima de todos
> nuestros dolores, rencores y luchas de hoy y, precisa-
> mente por desgracia, a precio de estas penas y amargu-
> ras, una sola cosa, madre, va a triunfar: la humanidad
> justa, fraternal, ¡la humanidad del porvenir! (I, p. 173).

A su madre, sin embargo, el argumento le parece poco
convincente y, por eso, la mata con sus propias manos. Varona
no solamente mata a su hija, sino que trata también de extin-

---

[26] E. Freeman, *The Theatre of Albert Camus*, Londres, Mathuen
and Co. Ltd., 1971, pp. 148-164.

guir el ideal del socialismo. Zuray muere como un mártir en defensa del comunismo soviético.

Ambos dramas, *Lock-Out* y *Entre las dos orillas corre el río*, son comprometidos, sin ser por eso de carácter panfletario. Resumen el fervor socialista que caracterizó al período en que fueron concebidos (1930-31). En muchos aspectos recuerdan el teatro revolucionario de la URSS en cuanto al énfasis sobre el trabajo como tema central en cuanto a la proyección de un escenario desnudo y, por ende, desmitificado. Tal como el drama de Meyerhold, acaso el mejor dramaturgo soviético de los años veinte, y cuyas obras Vallejo había presenciado, el teatro vallejiano trata, no de ser un espejo que refleja fielmente la realidad, sino de ser «un espacio en que se expone delante del público, por medio de convenciones peculiares al teatro, una quintaesencialización de los conflictos extremos de la vida atacándose recíprocamente» [27].

Pero acaso más importante sea el contacto más estrecho que se logra entre pueblo y creador. En su teatro, Vallejo tiene conciencia de la problemática social y de la realidad histórica de pueblo y se solidariza con él en el plano puramente humano, aceptando los deberes que emanan de tal actitud, creando automáticamente para el pueblo.

Esperemos que, aun cuarenta años después de la muerte de Vallejo, su teatro no tenga que seguir siendo un teatro de catacumba ni un teatro de silencio. Parecido destino, por ejemplo, han sufrido muchos dramaturgos españoles cuyas obras, a consecuencia del censor, componen lo que se ha llamado el «drama subterráneo» [28]. El teatro de César Vallejo, sin embargo, merece ser conocido mejor.

---

[27] James H. Symons, *Meyerhold's Theatre of the Grotesque. The Post-Revolucionary Productions 1920-1932*, Cambridge, Rivers Press, 1973, p. 67.

[28] Véase George E. Wellwarth, *Spanish Underground Drama*, University Park, Pennsylvania, The Pennsylvania State University Press, 1972, *passim*.

TODOS LOS ISMOS EL ISMO:
VALLEJO RUMBO A LA UTOPÍA SOCIALISTA

La llegada de César Vallejo a Europa en julio de 1923 marcó el comienzo de una época decisiva en la vida del poeta, que duró hasta su primer viaje a Rusia en octubre y noviembre de 1928. Hacia fines de esta época sufrió una crisis intelectual y moral que iba a determinar, por un lado, el rechazo del surrealismo y de todos los *ismos* de la vanguardia, y por otro lado, su adhesión al marxismo y a la causa del proletariado, ejemplificadas en las luchas de éste en Rusia y en España. No representó ruptura alguna con su pasado, sino que, en lo literario, fue la fruición de varias lecciones de la experimentación trílcica y la búsqueda de una expresión más adecuada a las dimensiones sociales y fraternales del contenido poético que en aquel entonces quería expresar. Además, significó el rechazo de toda literatura que Vallejo no estimaba como expresión de los anhelos y las exigencias más profundas de una humanidad deshumanizada por la época en que vivía; y en lo ideológico, la fijación de su pensamiento socio-político (preocupación preeminente desde el poema titular de su primera obra, *Los heraldos negros*) en un marxismo más pragmático que dogmático, en el que vio Vallejo el camino que conduciría a la utopía socialista del porvenir.

Dos textos de Vallejo hasta ahora inéditos resultan fundamentales para estudiar el desarrollo del pensamiento de Vallejo durante este lustro: *Contra el secreto profesional* y *El arte y la revolución* (Lima, Mosca Azul Editores, 1973). Vienen a complementar y a esclarecer la producción periodística y poética de Vallejo, no sólo la de esta época sino la de toda la última etapa de su vida. Además, parecen dar la clave para resolver algunas paradojas o contradicciones aparentes entre la estética y la ideología política de Vallejo.

Al hablar de la producción poética y periodística de estos años, cabe destacar el hecho de que, a pesar de la crisis que sufrió, Vallejo no dejó de escribir. Inició *Hacia el reino de los Sciris*, narrativa de tema incaico, que el autor fechó de 1924-1928 [1]. En 1925 comenzó su colaboración periodística en la revista *Mundial* de Lima, y al año siguiente en la revista limeña *Variedades*, «quedando en cierta medida asegurada su situación material» [2]. Al mandar tres poemas a Luis Alberto Sánchez en 1927 Vallejo se rfirió a la «nueva cosecha» de su poesía, de la que estos poemas, al parecer, forman sólo una parte [3]. Según la viuda del poeta, Georgette de Vallejo, esta «cosecha» constituye una etapa íntegra en la obra de Vallejo, la de *Poemas en prosa*, que figura como libro aparte, por primera vez, en la *Obra poética completa* [4]. Y empezó a elaborar el texto que recibiría el título de *Contra el secreto profesional*.

---

[1] Cf. los «Apuntes biográficos sobre *Poemas en prosa* y *Poemas humanos*, p. 7, que acompañan a la *Obra poética completa*, edición facsimilar de Francisco Moncloa Editores, Lima, 1968. Citaremos en adelante como *Apuntes* y *OPC*.

[2] *Apuntes*, p. 7.

[3] Cf. Juan Espejo Asturrizaga, *César Vallejo: itinerario del hombre*, Lima: Librería-Editorial Juan Mejía Baca, 1965, quien reproduce los dos poemas, «Actitud de excelencia» y «Lomo de las sagradas escrituras», publicados en *Mundial*, 18 de noviembre de 1927. Además reproduce parte del artículo de Luis Alberto Sánchez que los introduce (pp. 253-254). La carta con que Vallejo acompañó los poemas es reproducida en la p. 208. Según Juan Larrea, el tercer poema no publicado por Sánchez fue «Piedra negra sobre una piedra blanca» cf. su artículo, «Claves de profundidad, *Aula Vallejo*, núm. 1, Universidad de Córdoba, Argentina, 1961, p. 65).

[4] *OPC*, pp. 223-271. Vallejo publicó en el mismo año de 1927 en *Favorables-París-Poema*, núm. 1, julio de 1926, revista que fundó con

A pesar de que prosiguió su producción literaria y periodística, y de que por fin consiguió una relativa estabilidad económica, Vallejo pareció sufrir durante esta época de lo que

Juan Larrea, el poema «Me estoy riendo», el que, con «Lomo de las sagradas escrituras», además otro poema en verso, «He aquí que hoy saludo», aparecido en el último número de *Favorables-París-Poema*, número 2, octubre de 1926, figuran entre los *Poemas en prosa*, por ser de la misma época. Además se incluyen dos poemas en verso que son refundiciones de versiones primitivas en prosa: «Cuatro conciencias simultáneas» y «Entre el dolor y el placer» (los facsímiles de estos textos en prosa mecanografiados por el poeta fueron publicados por su viuda en la revista *Visión del Perú*, núm. 2, Lima, agosto de 1967). Todos estos poemas en verso, según Georgette, deben colocarse, por razones cronológicas, con los poemas en verso, escritos por los años 1923/24-1929, menos la versión definitiva de «Actitud de excelencia», la que, con el título de «Alturas y pelos», fue colocada por Vallejo mismo en *Poemas humanos* (*Apuntes*, p. 21). La primera edición de *Poemas humanos* (Editions des Presse Modernes au Palaix Royal, París, 1939) dio los 104 poemas de Vallejo (14 de los que están escritos en prosa) en el orden en que se encontraron a la muerte del poeta, no en el orden cronológico en que fueron escritos (*Apuntes*, p. 6). Además, de los 52 poemas fechados entre septiembre y noviembre de 1937, la mayoría fueron escritos antes, y las fechas corresponden «no a la creación del poema, sino a la de una simple revisión del mismo (y no forzosamente la última)» (*Apuntes*, p. 6). La *Obra poética completa* es la primera edición que pretende establecer el orden cronológico de los poemas, además de cumplir la voluntad del poeta. según Georgette de Vallejo, al publicar *Poemas en prosa* y *España, aparta de mí este cáliz* como libros independientes de *Poemas humanos* y los únicos que llevan los títulos que les puso el autor (*Apuntes*, p. 8). Desgraciadamente, la viuda de Vallejo no parece distinguir entre el título «Poemas en prosa» y el hecho de estar escritos ciertos poemas en prosa y otros en verso. Así que cuando dice que la primera edición de 1939 dio sólo «catorce poemas en prosa... por omisión inevitable de 'En el momento en que el tenista...' que, a la publicación de los versos póstumos de Vallejo, no figuraba en el conjunto de los poemas en prosa tal como lo había dejado el autor» (*Apuntes*, p. 19), para decir luego que figuran «dieciséis en la [*Obra poética completa*] con 'Lánguidamente su licor', también sustraído de 'Contra el secreto porfesional'», parece confundir el título del libro, *Poemas en prosa*, con el conjunto de poemas que se encuentran en el libro, puesto que hay, según nuestra cuenta, 19 poemas en total, de los que 13 están escritos en prosa y seis en verso. De éstos, tres son los mencionados antes, «Me estoy riendo...», «Lomo de las sagradas escrituras» y «He aquí que hoy saludo...», los que la viuda no considera entre los incluidos originalmente por el autor en *Poemas en prosa*. Así se explica el número 16. Pero para mayor confusión, el crítico José Miguel Oviedo, su viuda ha llamado «un estado de inestabilidad y de descontento», que llegó a una «crisis aguda en 1927-1928» (*Apuntes,* página 7). La causa de tal crisis parece haber tenido sus raíces

---

quien ha consultado los originales de *Contra el secreto profesional* que el diplomático peruano Federico Mould Távara, amigo de Vallejo en París, dio a la Biblioteca Nacional en 1973, declara que «Lánguidamente su licor» figura entre los manuscritos y que así se justifica la inclusión de este poema en prosa en *Contra el secreto profesional*, pero no en *Poemas en prosa*, donde lo colocó Georgette de Vallejo en la *OPC*. (Cf. José Miguel Oviedo, «Vallejo entre la vanguardia y la revolución [Primera lectura de dos libros inéditos]», *Hispamérica*, College Park, Md., EE.UU., núm. 6 [abril 1974], 5). Al parecer, el número de poemas escritos en prosa que deben incluirse en *Poemas en prosa* queda reducido a 12, el número total de poemas en el libro a 18, 15 de los que debió incluir el poeta en la versión original del poemario, según el criterio de su viuda. Pero además de la confusión entre el título y la forma de los poemas, la viuda de Vallejo no nos da ninguna prueba textual de la «última voluntad» del poeta, y como señala Oviedo en su artículo, «demuestra que ha habido una manipulación excesiva de... [los] papeles vallejianos» (*Hispamérica*, p. 5). Por su parte, Américo Ferrari duda de que *Poemas en prosa* sea una «etapa perfectamente definida», puesto que por un lado, si «es muy probable que todos estos poemas hayan sido escritos entre 1923 y 1928-30 [*sic*], resulta también indudable que por la misma época Vallejo escribía otros poemas en verso...» (Américo Ferrari, *El universo poético de César Vallejo*, Caracas, Monte Ávila Editores, 1972, p. 271; citaremos en adelante *El universo poético*). Además, señala Ferrari, estos poemas en verso los coloca Georgette de Vallejo en la etapa 'bien definida'» de *Poemas en prosa*, «mientras que 'Actitud de excelencia', que data de la misma época, sigue figurando, refundido y con el nombre de 'Alturas y pelos', en la etapa 'bien definida' de *Poemas humanos*» (*El universo poético*,pp . 271-272). Añade que no es nada improbable que diversos otros poemas que figuran en *Poemas humanos* hayan sido escritos antes de 1930. «Tal sería el caso, por ejemplo, del célebre «Piedra negra sobre una piedra blanca», que según Juan Larrea sería el tercer poema enviado por Vallejo a L. A. Sánchez en 1927» (*El universo poético*, p. 272). A la vez que su viuda declara que fue Vallejo mismo quien colocó «Altura y pelos» en *Poemas humanos*, afirma que el poeta colocó «En suma, no poseo para expresar mi vida sino mi muerte...» en *Poemas en prosa* antes de su muerte «por un descuido evidente» (*Apuntes*, p. 6), lo que justificó, según la viuda, que devolviera a *Poemas humanos* (donde figura en todas las ediciones de éste). Este poema parece una mezcla de versos y de prosa, y podríamos pedir más datos para establecer, sin duda alguna, una equivocación por parte del poeta (si es que aceptamos *Poemas en prosa* como libro aparte). De todos modos, parece difícil, si no imposible, establecer con certeza el orden cronológico de la obra poética de Vallejo escrita en Europa.

en el «profundo malestar» que sentía el poeta ante su aleja-
miento de los problemas de la humanidad avasallada. Si al
principio se resistió a ver en el marxismo la solución a los males de los hombres, según afirma su viuda (*Apuntes*, p. 7), hacia 1928 empezó a experimentar una transformación intelectual que iba a llevarlo a fines del año a Rusia por primera vez.

Mientras experimentaba tal transformación en su ideología
socio-política, Vallejo siguió criticando, en los artículos publicados en *Mundial* y *Variedades*, varios aspectos de la vida
económica, socio-política, literaria y artística de la entreguerra
europea [5]. Hasta la fecha, estos artículos nos han ofrecido la
fuente más rica y útil para estudiar el desarrollo del pensamiento de Vallejo durante esta época. Podemos ver, sobre todo,
cómo llegó al rechazo de los movimientos vanguardistas, los
que le ejemplificaron de alguna manera toda la cultura europea
de la época. En su conjunto, estos artículos vienen a ser una
condenación de la decadente cultura capitalista de occidente,
condenación que, sin embargo, no incluyó ningún programa
específico para renovar o revolucionar esta cultura. La publicación tan largamente esperada de los dos textos más repre-
sentativos del pensamiento vallejiano de esta época nos pone
al alcance de una mayor comprensión de la visión literaria,
cultural e ideológica que tenía el poeta, además de su concepto del hombre y de la sociedad del porvenir.

---

[5] Cf. la «Mínima guía bibliográfica» preparada por Alfredo Roggiano, *Revista Iberoamericana*, XXXVI, núm. 71 (abril-junio 1970), páginas 353-358. Roggiano menciona las siguientes obras: *Artículos olvidados* (Lima: Asociación Peruana por la Libertad de la Cultura, 1960),
prólogo de Luis Alberto Sánchez; *Literatura y arte* (*Textos escogidos*)
(Buenos Aires: Ediciones del Mediodía, 1966); *Aula Vallejo*, núm. 1
(Universidad de Córdoba, Argentina, 1961) (pp. 21-51) y *Aula Vallejo*
números 5-6-7 (Universidad de Córdoba, Argentina, 1967) (pp. 17-87);
Desde Europa. Crónicas y artículos dispersos (Lima: Instituto Porras
Barrenechea, 1969) (Recopilación, prólogo y notas de Jorge Pucci-
nelli). [El profesor Roggiano me informa que incluyó esa ficha en su
bibliografía por indicación del recopilador, quien le mostró el manuscrito ya a punto de ser impreso. La no impresión se debió a causas
ajenas al editor, que no es del caso exponer aquí].

Según Georgette de Vallejo, al llegar Vallejo a Europa en 1923, emprendió varios trabajos literarios que iban a dar origen a tres obras: *Hacia el reino de los Sciris*, *Poemas en prosa* y *Contra el secreto profesional* (*Contra el secreto profesional*, página 7; citaremos en adelante *Contra el secreto*). La primera mención de que existía tal libro es también de la viuda; en *Apuntes* advierte que Vallejo pudo reunir, al regresar de su primer viaje a Rusia, estas tres obras bajo el título de *Código civil*[6]. El texto de *Contra el secreto profesional* no incluye el artículo titular publicado en *Variedades* el 7 de mayo de 1927 (reproducido en *Aula* 1, pp. 32-35). Éste, a propósito del poeta y compatriota de Vallejo, Pablo Abril, pretende caracterizar a la «nueva poesía» de América (Neruda, Borges, Maples Arce, etcétera), la que, declara Vallejo, imita servilmente a la vanguardia europea. El título alude, sin mencionarlo, al libro de Jean Cocteau, *Le secret professionel*, aparecido en París en 1922, texto crítico en el que Cocteau propone un tipo de código literario como manera de reclamar cierto orden dentro del caos de movimientos literarios de esta época (se integró luego en un volumen titulado precsamente *Rappel à l'ordre*,

---

[6] Hay cierta confusión en lo que dice Georgette de Vallejo: «Al terminar el año [1928], Vallejo, que ya radica de nuevo en París, procede a la selección de «Código Civil», título que reúne por entonces tres obras. Dos en prosa: la una, ya titulada 'Hacia el reino de los Sciris', y la otra, que titulará 'Contra el secreto profesional'. La tercera la constituyen unos poemas en prosa. Son estos mismos los que integrarán 'Poemas en prosa', publicado con 'Poemas humanos' y 'España, apuarta de mí este cáliz', en un solo volumen (París, julio de 1939). Luego de esta selección, desaparece definitivamente 'Código Civil'.» Américo Ferrari señala la importancia del matiz de significado entre «unos poemas en prosa y el título, *Poemas en prosa*. Si se trata de un verdadero libro con tal título,«¿cómo se entiende que en la primera edición de *Poemas humanos* esos poemas hayan perdido su carácter de libro aparte y su título?» (*El universo poético*, p. 273). En cuanto a éste y los demás errores de la edición original de *Poemas humanos*, ha declarado la viuda del poeta: «...mi excesiva fidelidad a los originales me llevó a respetar ciegamente el estado en que Vallejo había dejado sus textos poéticos...» (*Apuntes*, p. 5; cf. también p. 6). Al parecer, Vallejo, al dejar sus poemas, a su muerte, en un «orden indeterminado», no creía inminentes ni su publicación ni su propia muerte.

de 1926). Cocteau nos presenta al artista divinizado, egoísta, de «buen gusto», quien busca las formas perfectas y gratuitas, sin mezclar la literatura con la impura realidad, y quien, por eso, rechaza las urgencias de la época en que le toca vivir, sobre todo las exigencias morales de la humanidad que sufre de esta época. Nada más lejos de los conceptos literarios de Vallejo, como veremos.

La omisión de este artículo implica otra significación más amplia del título, sobre todo cuando advertimos que Vallejo tituló así al libro sólo después de regresar de su primer viaje a la Unión Soviética, y más de un año después de publicar el artículo. Ahora el título tendrá un sentido general, que no se aplica sólo a lo literario, sino a cualquier actividad del hombre que lo fracciona, que lo separa del prójimo y que así lo deshumaniza. En las palabras de Vallejo:

> Los técnicos hablan y viven como técnicos y rara vez como hombres. Es muy difícil ser técnico y hombre, al mismo tiempo. Un poeta juzga un poema, no como simple mortal, sino como poeta. Y ya sabemos hasta qué punto los técnicos se enredan en los hilos de los bastidores, cayendo por el lado flaco del sistema, del prejuicio doctrinario o del interés profesional, consciente o subconsciente y fracturándose así la sensibilidad plena del hombre (*Contra el secreto*, p. 38).

Se trata de una preocupación, si no obsesión, que subyace bajo todos los temas del libro: *la conciencia angustiosa de la fragmentación de la existencia*. De ahí la dificultad del hombre de alcanzar la plenitud humana, una plenitud *orgánica*. Todos los otros temas tienen sus raíces en esta obsesión: el dolor como valor positivo, el absurdo (también de valor positivo), la fuerza destructiva del egoísmo, la búsqueda de la solidaridad humana, el tema del *doble* como obsesión y salvación, y quizá más importante para Vallejo, el artista, la importancia de la palabra como signo del pacto social entre los hombres. O sea, por medio de esta obra, podemos comprobar que algunas de las preocupaciones principales de Vallejo en *Los heraldos negros* y *Trilce* siguen siendo los temas básicos al emprender el poeta la última etapa de su producción literaria.

Como muchos pasajes del libro, el citado arriba proviene de los artículos publicados en *Mundial* y *Variedades* entre 1925 y 1929, refundidos drásticamente, sobre todo por la eliminación de las actualidades que dieron lugar a estas meditaciones del autor. Además de tales pasajes, se agregan otras notas y observaciones, unas de las que podría considerarse como trozos o esbozos de poemas en prosa, otros poemas en prosa que parecen tener sus formas definitivas [7] y una serie de lo que podríamos denominar parábolas, algo semejantes a las del Nuevo Testamento, pero que nos recuerda más, por ser de índole secular, las de Kafka y Borges. Por fin, la viuda de Vallejo ha agregado al final «unas notas sobre preocupaciones afines, recopiladas de las libretas de apuntes dejadas por César Vallejo» (prefacio, *Contra el secreto,* p. 7).

Es imposible determinar si *Contra el secreto profesional,* escrito «paralelamente» a *Poemas en prosa* (prefacio, p. 7), podría considerarse en su forma definitiva tal como se presenta, a pesar de lo que dice Georgette de Vallejo en *Apuntes:* «Vallejo no ha dejado ni una sola obra (versos o prosa) que no estuviera prácticamente terminada e inclusive repetidamente revisada...» (p. 16). Por su forma «abierta», tal pregunta no es quizás la más importante. Lo que sí importa es

---

[7] En el prefacio a *Contra el secreto profesional,* p. 7, la viuda dice que tres poemas han pasado a *Poemas en prosa.* Pero José Miguel Oviedo, quien ha consultado los únicos manuscritos existentes fuera de los que posee la viuda del poeta (cf. nota 3), ha averiguado que Vallejo quiso incluir «Lánguidamente su licor» en *Contra el secreto profesional,* donde figura en esta edición, y que no debió incluirse en *Poemas en prosa,* de la *OPC.* Al parecer, Vallejo quiso pasar otros dos poemas en prosa a esta obra, «En el momento en que el tenista» (versión poética de «De Feuerbach a Marx» que aparece en *Contra el secreto profesional*), y «Cuatro conciencias». Véase José Miguel Oviedo, «Vallejo entre la vanguardia y la revolución», p. 5.

la oportunidad que nos da este texto de seguir de cerca el desarrollo del pensamiento de Vallejo durante esta época.

A pesar de la continuidad de temas, no encontramos en *Contra el secreto profesional* la expresión tan hermética de *Trilce*, aunque sí una expresión del todo *personal*, la que podría llevar al lector a ciertas conclusiones erróneas si no estuviera familiarizado con la expresión poética de Vallejo. Es el caso, sobre todo, cuando se trata de lo absurdo, que podría interpretarse como valor negativo. Así, por ejemplo, a primera vista el pasaje siguiente parece ser una condenación de todo lo que no se conforma a las normas lógicas de la vida:

> Se rechaza las cosas que andan lado a lado del camino y no en él. ¡Ay del que engendra un monstruo! ¡Ay del que irradia un arco recto! ¡Ay del que logra cristalizar un gran disparate! Crucificados en vanas camisas de fuerza, avanzan así las diferencias de hojas alternas hacia el panteón de los grandes acordes» (*Contra el secreto*, p. 39) [8].

Tal pasaje es algo oscuro porque Vallejo parte de un presupuesto implícito: el del materialismo dialéctico como método filosófico, el que conduce, por medio de una síntesis de contrarios, hacia «los grandes acordes», frase positiva por completo, que nos hace entender «panteón» también en forma positiva, quizás en el sentido de los nuevos seglares «dioses» salvadores de la humanidad, que serían los propios «grandes acordes». La palabra clave es «vana»; nada ni nadie

---

[8] José Miuel Oviedo no parece entender bien este pasaje cuando lo califica de «retroceso» a los «acentos de *Trilce*» y lo contrapone a otros en que «razona dialécticamente» Vallejo. Es nuestro juicio de que este pasaje es también dialéctico, como explicamos luego. Cf. José Miguel Oviedo, «Vallejo entre la vanguardia y la revolución», p. 7. Afirma, además, que la obra en su totalidad muestra «avances y retrocesos que testimonian la complejidad del proceso en el que, como artista y como hombre Vallejo se ha envuelto» (p. 7). A nuestro parecer, el proceso es complejo porque abarca tantos campos de la cultura, no porque hay irresolución por parte del autor.

podrá impedir tal proceso. Los «ayes» nos recuerdan el poema LXXIII de *Trilce*: «Ha triunfado otro ay. La verdad está allí» (*OPC*, p. 215). Pero además la frase «ay de...» parece aludir a la amenaza al orden establecido, sobre todo al capitalismo decadente que hasta la fecha ha podido triunfar por medio de la ley darwiniana de la supervivencia de los más aptos. Así se explica el sentido del pasaje siguiente, «La cabeza y los pies de la dialéctica», en que podemos ver la esperanza de Vallejo que *siempre está por debajo de todo sufrimiento*:

> Ante las piedras de riesgo darwineano, de que están construidos los palacios de las Tullerías, de Potsdam, de Peterhof, el Quirinal, la Casa Blanca y el Buckingham, sufro la pena de un megaterio, que meditase parado, las patas traseras sobre la cabeza de Hegel y las delanteras sobre la cabeza de Marx (*Contra el secreto*, p. 19).

El materialismo dialéctico de Marx, el que ha reemplazado definitivamente al idealismo dialéctico de Hegel, viene a ser la solución tan esperada del callejón sin salida de la lógica clásica, la que sirve de fundamento a la cultura capitalista de occidente y la que ha conducido a la decadencia de ésta. Así lo expresa Vallejo en un pasaje en que parece criticar a la ciencia y el «sentido común» de la lógica cotidiana, a la vez que parece elogiar el arte y lo que él denomina «la conciencia dialéctica de las cosas», frase que parece conducir a las paradojas y contradicciones de lo absurdo:

> Existen preguntas sin respuestas, que son el espíritu de la ciencia y el sentido común hecho inquietud. Existen respuestas sin preguntas, que son el espíritu del arte y la conciencia dialéctica de las cosas (*Contra el secreto*, p. 18).

Se ve aquí que la función del arte es la de rescatar la vida humana del espíritu científico analítico que la destruirá junto

con el universo mismo en nombre del conocimiento humano.
Para Vallejo el mayor conocimiento, imprescindible para el
hombre, es la visión orgánica y sintética que dan el arte y
el materialismo dialéctico como modo de pensar.

Pero es en la parte del trabajo intitulado «Negaciones de
negaciones» donde se comprende mejor la importancia que
otorga Vallejo a las paradojas y los «grandes disparates» de
lo absurdo. Nos da seis ejemplos de casos raros o de situacio-
nes absurdas, todos los que se incluyen con otras materias en
su artículo «Las pirámides de Egipto», aparecido en *Mundial*,
26 de marzo de 1926 (reproducido en *Artículos olvidados*,
páginas 74-77). Pero en la versión refundida suprime precisamente el pasaje que explica el sentido que en aquel entonces
tenía para Vallejo el sin sentido; antes de que descubriera su
resolución dialéctica, parecía intuir la existencia de alguna
solución fuera de la lógica normal:

> En el fondo, no se trata de otra cosa que de modos de
> intuición tan antiguos como el mundo... es entre los
> niños que tales métodos heroicos de aventura creadora
> o de descubrimiento, son más frecuentes. Entre los niños
> y entre los locos. Entre los hombres, no, porque los hom-
> bres tienen la inclinación a ir sobre seguro, esto es, por
> las vías inmediatas de la realidad lógicamente practica-
> ble. Los hombres son muy maliciosos y demasiado prác-
> ticos, para fiarse de tales aventuras de intuición de que
> tratamos... (*Artículos olvidados*, p. 75).

Como dice Vallejo en otro lugar, «Dichosos ellos que, al menos, pueden así divorciarse de las necesidades de la lógica»
(«La inoculación del genio», *Artículos olvidados*, p. 194). La
época en que Vallejo escribe demuestra el fracaso del pensamiento lógico de occidente. A los seis ejemplos sigue un poema en prosa o tipo de letanía sin título que revela un mundo
congelado por completo por la racionalidad que plantea al
hombre como un ser escindido en dos, un cuerpo y una psique,

escisión que conduce al hiato fatal entre la lógica y la existencia verdadera del ser humano:

> Los trescientos estados de mujer de la Tour Eiffel, están
> helados. La herzciana crin de cultura de la torre, su pe-
> lusa de miras, su vivo aceraje, engrapado al sistema moral
> de Descartes, están helados (*Contra el secreto*, p. 35).

El poema continúa citando una aparente serie caótica de cosas, pero si las consideramos bien, vemos que se trata de la
condenación de la cultura de occidente, de sus instituciones
y de su total cosmovisión. La historia:

> Las estatuas que periplan la Plaza de la Concordia y so-
> bre cuyos gorros frigios se oye al tiempo estudiar para
> infinito, están helados (*Contra el secreto*, p. 36).

La religión:

> Los dados de los calvarios católicos de París, están hela-
> dos hasta por la cara de los treses (p. 36) [9].

La vida cívica y política:

> Los gallos civiles, suspenso en las agujas góticas de No-
> tre-Dame y del Saçré-Coeur, están helados (p. 36).

---

[9] Como han señalado varios críticos, el número tres, por ser impar,
evade la fatalidad simétrica de lógica. En otro lugar he indicado la
posibilidad de que el número tres apunta hacia una nueva dimensión
más allá de las dimensiones del tiempo y del espacio. Cf. mi tesis
doctoral, «The Poetic Vision of César Vallejo in *Los heraldos negros*
and *Trilce*», aún inédita (University of Pittsburgh, 1969). Hay también
un aspecto dialéctico, puesto que es la síntesis del guarismo 1 que
representa la unidad y lo único y el guarismo 2 que simboliza la multiplicidad (el uno y *el otro*) e implica todos los demás guarismos. Implica también el concepto de la trinidad con todo su sentido ortodoxo del
cristianismo, por la evidencia misma de pasajes como el citado arriba.
Sobre el número en Vallejo, cf. también mi artículo «Babel y lo babilónico», *Aproximaciones a César Vallejo,* simposio dirigido por Ángel
Flores (Nueva York: Las Américas Publishing Co., 1971), II, pp. 54-61.

La vitalidad de la juventud:

> La doncella de las campiñas de París, cuyo pulgar no se repite nunca al medir el alcance de sus ojos, está helada (p. 36).

El arte contemporáneo:

> El andante a dos rumbos de «El pájaro de fuego» de Strawinsky, está helado (p. 36).

La ciencia:

> Los garabatos escritos por Einstein en la pizarra del anfiteatro Richelieu de la Sorbona, están helados (p. 36).

La tecnología moderna:

> Los billetes de avión para el viaje de París a Buenos Aires, en dos horas, 23 minutos, 8 segundos, están helados (p. 36).

La fuente misma de la energía:

> El sol está helado (p. 36).

La Naturaleza de la que vive el hombre:

> El fuego central de la tierra está helado (p. 36).

Por fin, el hombre mismo, en todos sus aspectos biológicos y espirituales:

> El padre, meridiano, y el hijo, paralelo, están helados.
> Las dos desviaciones de la historia están heladas.
> Mi acto menor de hombre está helado.
> Mi oscilación sexual está helada (p. 37).

Si la obsesión o preocupación constante del libro es la conciencia de la fragmentación de la vida, el libro entero representa un esfuerzo para lograr, por medio del arte, un nuevo enfoque del mundo y del hombre, y de esta manera superar la dicotomía racionalista. El artista debería buscar nada menos que la unidad secreta de la existencia; de ahí su grave responsabilidad social y moral. No debe, no puede, buscar «el secreto profesional» que lo separe de los otros hombres, sino que debería darles a los otros el conocimiento esencial que les otorga el verdadero arte. Es por eso que Vallejo revela a lo largo del libro tanto interés en la estética teatral, plástica y cinemática, pero sobre todo en la poética. El idioma poético, drama central de *Trilce*, sigue siendo un tema básico de Vallejo. Por la insuficiencia del lenguaje, el poeta se ve obligado a llenar los huecos de la expresión, o sea, darles a las cosas sus verdaderos nombres. Es el sentido de varias parábolas y pasajes sueltos. En la parábola «Teoría de la reputación», el preso, víctima de la opresión económica y oficial, no tiene nombre. La vida humana es orgánica, o debería serlo, y debería conducir a la expresión total del ser humano, en el «acto representativo» que sintetice esta vida. Por representar el nombre esta vida, mientras ésta no se realiza, el verdadero nombre del hombre no puede darse. Además, parece estar implícito aquí el concepto de que el poner nombre a lo que no existe es falsear la existencia y traicionar el lenguaje («el secreto profesional» literario por definición).

Otra parábola, «Magistral demostración de salud pública», plantea de otra manera el problema del lenguaje. En ésta, el narrador crea una lengua, mejor dicho, un vocabulario políglota. Su eficacia se encuentra «en el hecho de estar formado en sus tres cuartas partes sobre raíces arias y el resto sobre raíces semitas» (*Contra el secreto*, p. 58), o sea, sobre familias lingüísticas que entre sí representan la herencia cultural (mítica, literaria y lingüística) de occidente. El enorme alcance simbólico de la expresividad es quizás lo más importante en este caso, pero habrá que reconocer también la fusión simbólica de estos dos grupos lingüísticos (y por lo tanto de sus culturas) en una nueva síntesis dialéctica.

Lo anecdótico de la parábola es mínimo pero fundamental: el deseo del narrador de expresar una experiencia que tuvo en el Hotel Negresco de Niza queda frustrado por su absoluta incapacidad de encontrar la forma literaria que le sirva para expresarla:

> Sin duda, existen cosas que no se ha dicho ni se dirá nunca o existen cosas totalmente mudas, inexpresivas e inexpresables. Existen cosas cuya expresión reside en todas las demás cosas, en el universo entero, y ellas están indicadas a tal punto por las otras, que se han quedado mudas por sí mismas (*Contra el secreto*, p. 53).

Esta característica alusiva de los vocablos es lo esencial; no le interesa al narrador las ideas o conceptos preestablecidos de las palabras, sino la forma o *sonido* de cada vocablo, que él busca llenar de nuevos significados. Se trata, desde luego, de la renovación del lenguaje, pero en este caso, de una renovación tan radical como el rechazo de la lógica como método válido de pensar. Como es de esperar, en el fondo yace el problema de la lógica como método incapaz de expresar cabalmente todo lo que no se somete a la razón: los sentimientos, las emociones, la unidad esencial de la existencia. En otras palabras, es el problema gnoseológico de siempre, expresado desde el principio de la trayectoria poética de Vallejo en el «yo no sé» del poema titular de *Los heraldos negros*. *Saber es nombrar*, lo que supone un lenguaje capaz. Desde otro aspecto, las paradojas y las contradicciones son *problemas lingüísticos*, porque la existencia es unitaria en el fondo. El problema es el de captar lingüísticamente esa unidad. Es decir, se trata de una *poética*.

El hecho de que, por fin, el narrador pudo dar forma literaria a su experiencia por medio de una lista de vocablos tomados de ocho idiomas (no por voluntad del narrador sino por la de los vocablos mismos, los que iban presentándosele «espontáneamente» al oído del narrador), significa que los «materiales léxicos» capaces de dejarle expresarse al hombre sí existen, si el hombre sabe encontrarlos (la tarea poética por definición). Puesto que el bienestar de los hombres depende precisamente de ponerles nombres a las cosas, de *saber la verdad*, esta anécdota viene a ser «una magistral demostración de salud pública». Una variación de tal poética se da en un pasaje sobre la posibilidad de transportar al poema la estética de Picasso:

> Es decir: no atender sino a las bellezas estrictamente poéticas, sin lógica, ni coherencia, ni razón. Como cuando Picasso pinta a un hombre y, por razones de armonía de líneas o de colores, en vez de hacerle una nariz, hace en su lugar una caja o escalera o vaso o naranja (*Contra el secreto*, p. 74).

Algo semejante parece ser la poética inspiradora de por lo menos dos composiciones de *Poemas humanos*, «La paz, la abispa, el taco...» y «Transido, salomónico...».

En todas las artes Vallejo busca lo orgánico como piedra de toque. En la danza, busca la improvisación que, al morir en seguida, evita llegar a ser estereotipada por consecuencia de la repetición. «Esto hacen los negros», es decir, los más espontáneos por ser los menos contagiados por la cultura de occidente (*Contra el secreto*, p. 39). En el teatro, hace falta una estética orgánica:

> Si no se quiere que el teatro, como representación, desaparezca, convendría, al menos, que cada pieza sea improvisada —texto, decorado, movimiento escénico— por los actores mismos, que, al efecto, deben ser también autores y «régisseurs» de las obras que representan. Tal hace Chaplin en la pantalla (*Contra el secreto*, p. 40).

Otra variación:

> ...una pieza en que el autor convive, él y su familia y relaciones, con los personajes que él ha creado, que toman parte en su vida diaria, sus intereses y pasiones. No se sabe o se confunden los personajes teatrales con las personas vivas de la realidad (*Contra el secreto*, página 94).

Cabe subrayar una vez más la importancia del arte en la cosmovisión vallejiana. Como se puede ver por los ejemplos aludidos, para Vallejo sólo el arte, por medio del método dialéctico, puede dar «las respuestas sin preguntas», las afirmaciones sintéticas de la unidad y la totalidad de la existencia humana. La pregunta que conduce a tal respuesta sintética no existe, precisamente porque la pregunta, por definición, plantea una visión analítica de la realidad al aislar forzosamente sólo ciertos elementos de esa realidad.

El ejemplo del espíritu sintético del arte y «la conciencia dialéctica de las cosas» señala una manera de rescatar el pasado y de hacerlo instaurarse en el presente; en otras palabras, de rescatar la unidad de la historia. Tal parece ser el sentido del ensayo breve «Explicación de la historia», una refundición del artículo «El secreto de Toledo», publicado en *Mundial*, 25 de junio de 1926 (reproducido en *Artículos olvidados*, pp. 92-95). Aquí Vallejo ve el pasado como siempre presente en «la actualidad viajera, que a la postre, es la refundición y cristalización esencial de la historia pasada» (*Contra el secreto*, p. 16). En otro ensayo, «El movimiento consustancial de la materia», Vallejo niega aún más enfáticamente toda ficción lógica (en este caso la «ilusión geométrica» de las paralelas y la «ilusión temporal» de la pluralidad) que pretende dividir la unidad de la historia y la naturaleza: «...se desenvuelven linealmente y, en esta única línea, solitaria, los hechos humanos y los fenómenos naturales se suceden, uno tras otro, sucesiva y nunca simultáneamente» (p. 23). La pluralidad resulta un fenómeno del tiempo y no del espacio, puesto que «el número 1 está solitario de lugar» y el 2 y todos los guarismos subsiguientes existen como figuraciones abstractas del pensamiento y no como «realidad objetiva» (p. 24). El ensayo representa un esfuerzo por redimir la historia para llegar a la unidad: «Bajo la ilusoria simultaneidad de las cosas y los seres, reposa, en el fondo, la realidad exclusivamente sucesiva y en marcha del universo» (p. 25).

Pero Vallejo no acepta el determinismo dialéctico como válida ley que gobierne «esta única línea» que es la historia, a pesar de que reconoce a Hegel y a Marx como descubridores de la ley dialéctica: «[Mi] posición rebasa la simple observancia de esta ley y llega a cabrearse contra ella y llega a tomar una actitud crítica y revolucionaria delante de este determinismo dialéctico» (p. 99). De ahí su actitud comprometida como artista, actitud que sin embargo nunca llegó a desvirtuar su arte, es decir, su expresión poética, aunque sí influyó enormemente en su producción periodística posterior (por no decir en «una etapa bien definida», sino a lo largo de su vida, como demuestran muchos momentos de la obra aquí analizada).

La búsqueda de la unidad del hombre se expresa más sintéticamente en el párrafo en prosa «De Feuerbach a Marx», pasado luego en verso para integrarse a *Poemas humanos* bajo el título de «En el momento en que el tenista…». El rechazo de la dicotomía de Descartes es implícito:

Cuando un órgano ejerce su función con plenitud, no hay malicia posible en el cuerpo. En el momento en que el tennista [*sic*] lanza magistralmente su bola, le posee una inocencia totalmente animal. Lo mismo ocurre con el cerebro. En el momento en que el filósofo sorprende una nueva verdad, es una bestia completa. Anatole France decía que el sentimiento religioso es la función de un órgano especial del cuerpo humano, hasta ahora desconocido. Podría también afirmarse que, en el momento preciso en que este órgano de la fe funciona con plenitud, el creyente es también un ser desprovisto a tal punto de malicia que se diría un perfecto animal (*Contra el secreto,* p. 13).

El término «animal», en el léxico de Vallejo, es el más alto elogio que puede emplearse, puesto que señala lo orgánico y lo natural del sujeto. Falta por completo en tal momento la malicia, o sea, la enajenación que conduce a la perversidad.

En otro pasaje, Vallejo hace más explícita su disconformidad con la exaltación de la razón, fuente de la enajenación humana:

> Se puede hablar de freno sólo cuando se trata de la actividad cerebral, que tiene el suyo en la razón. El sentimiento no se desboca nunca. Tiene su medida en sí mismo y la proporción en su propia naturaleza. El sentimiento está siempre de buen tamaño. Nunca es deficiente ni excesivo. No necesita de brida ni de espuela (*Contra el secreto,* p. 42).

La enajenación trae irrefragablemente consigo la traición del lenguaje, y como ya hemos notado, la falsificación del lenguaje tiene por resultado la perdición del hombre. La subversión de la palabra es a la vez la subversión del conocimiento del hombre. En una anécdota Vallejo describe el momento en que por primera vez un niño descubre el sexo de su madre. Al señalarlo, experimenta un manotazo y la reprobación materna. Así empieza el abandono de la fe en la palabra:

> El chico vio, sin embargo, una cosa existente y su conocimiento fue roto y controvertido por su propia madre, cuya palabra le merecía toda fe. Aquí está la raíz de la farsa social y de los fracasos de la historia y de las luchas entre los hombres (*Contra el secreto,* pp. 93-94).

Años antes de escribir esto, en *Trilce* XX, Vallejo había señalado lo temprano que aprende el ser humano a traicionar la palabra:

> La niña en tanto pónese el índice
> en la lengua que empieza a deletrear
> los enredos de enredos de los enredos...

(OPC, p. 162)

Este poder de la palabra de esconder la verdad es quizás el sentido de la parábola «Vocación de la muerte», en la que el hijo de María viene a ser paria entre los miembros de su propia familia ,además de serlo entre los vecinos del pueblo, y ya no trabaja de carpintero para ganar la vida. Desaparece largos ratos en el desierto, cuida a las pobres fieras que encuentra allá, y por fin, negada la ayuda familiar, muere de hambre, olvidado de todos. En el mismo momento de morir el hijo de María, se nombra a un joven filosofastro «Hijo del Hombre, enviado del Padre, el Mesías». Desde luego es irónico el que el pueblo no se dé cuenta de la verdad. El hijo de María, con su «vocación de la muerte», ha visto la tragedia de la vida humana, y por eso merece ser llamado Hijo del Hombre, por reconocer y así recibir toda la amarga herencia trágica del hombre. Pero muere, y tal conocimiento nunca llega al pueblo, el que desde su ignorancia sacraliza al joven «de gran hermosura» que articula absurdos obvios como «el curso de las cosas es el resultado de la voluntad libre de Dios».

Vallejo ve tal falta de comprensión como base de los defectos de la sociedad. La pérdida de la fe en la palabra impide que el hombre vea la verdad, aunque la encuentre ante los mismos ojos. Así sucedió, en la misma parábola, en el caso del doctor rabino que leía en el templo a Lenin (anacronismo éste muy eficaz) sin comprender la situación del pobre acreedor sirio a quien se le juzgaba. Pero lo más peligroso para el hombre no es la capacidad de la palabra de esconder la verdad, sino la de crear una «verdad» falsa. Al oír los elogios del pueblo, el joven filosofastro respondió «como si acabase de tener una revelación por espacio de treinta años esperada». Y luego, la ironía que encarna la moraleja: «En torno de su cabeza judía, empezó a diseñarse un azulado resplendor» (página 66).

Si la personalidad humana ha de ser una, orgánica, el lenguaje también ha de ser orgánico, en el sentido de fiel a la verdad, con la que se une, y hasta *se identifica*. Lo absurdo, por su parte, no viene a ser un defecto de la existencia, sino un reflejo de la inacapacidad de la lógica de captar la existencia en su unidad secreta, la que sólo puede captar el arte y el método dialéctico. Otro aspecto de la unidad de la existencia es la solidaridad humana, que también es orgánica. La ausencia de esa solidaridad en el mundo contemporáneo, según Vallejo, se debe a los defectos ya notados: la escisión de la personalidad humana, la exaltación de la razón, la traición de la palabra, y, no menos importante, una herencia cultural y económica que fomenta el egoísmo del individuo. Por eso, en un pasaje que nos recuerda el poema «Ágape» de *Los heraldos negros*, Vallejo lamenta la imposibilidad de sumergir su propio individualismo y asumir de alguna manera la totalidad de la existencia, alcanzando así la pérdida de sí mismo en «el otro»:

Quiero perderme por falta de caminos. Siento el ansia de perderme definitivamente, no ya en el mundo ni en la moral, sino en la vida y por obra de la vida (*Contra el secreto*, p. 37).

Es el sentido de otra parábola del libro, «Individuo y sociedad», en la que reaparece el antiguo tema vallejiano del *doble*. En este caso, un asesino se salva por reconocerse a sí mismo en su doble, o sea, por reconocer su responsabilidad social y solidaria. Pero en el pasaje citado (tanto como en «Ágape») Vallejo no encuentra una salida de su propio egoísmo (como tampoco la encontró el protagonista de la primera novela de Vallejo, *Fabla Salvage*, hecho que lo condenó) y termina el pasaje con una nota pesimista: «Esto es desesperante» (p. 37).

Pero Vallejo iba a encontrar por fin una salida y su propia salvación en una actitud política que él denominaba *socialista*, término al que dio un sentido muy suyo y que desarrolló conceptualmente con más claridad en su obra *El arte y la revolución*. Esta obra —llamada su «libro de pensamientos», según Georgette de Vallejo— es la primera que inició después de sus dos viajes a la Unión Soviética. Siguió amplificándola a lo largo de 1930, y en 1932 la corrigió para entregarla a la Editorial Plutarco, la que rechazó el libro (*Apuntes*, p. 9). Es por eso que la primera página del original lleva la fecha «Madrid febrero de 1932», pero también «París 1934», lo que indica que Vallejo, después del rechazo, hizo nuevas correcciones. En efecto, es posible que nunca terminara los cambios que había proyectado, puesto que dejó cinco notas al principio del texto (además de varias otras en el texto mismo), las que indican que seguía redactando el libro, o que por lo menos no quedaba en su forma definitiva. Pero tales cambios tenían por fin el desarrollo o ampliación de varios temas relacionados con el tema principal del libro: el complejo de relaciones entre el arte y la revolución. No representaban cambios de fondo en las materias esenciales del libro, de manera que podemos aceptar éste como el manifiesto definitivo de Vallejo sobre la cuestión del papel del arte y del artista en la revolución proletaria.

La mayor parte de los textos vienen de los artículos que Vallejo publicó en *Mundial*, *Variedades*, *El Comercio* y otras publicaciones, las más limeñas, desde 1926 a 1931. Como en el caso de muchos textos de *Contra el secreto profesional*, han sido refundidos, en la mayoría de los casos, extensamente. Una comparación con los originales demuestra el esfuerzo para enfocar la problemática que promete el título, de tal manera que se podría justificar el activismo artístico en la revolución mundial del proletariado además que defender los dogmas del arte, por no decir propaganda, de la revolución bolchevique.

Por medio de una comparación de los originales con las versiones refundidas, se puede entrever el drama de la lucha de Vallejo para poder poner su conciencia de artista de acuerdo con las necesidades cada vez más exigentes de su conciencia política, hasta que en la víspera de su primer viaje a la Unión Soviética pudo aceptar la necesidad del dogmatismo soviético en cuanto al arte de la revolución, sin aceptar, sin embargo, los criterios soviéticos en sí. Sólo después de sus dos viajes iba a encontrar la fórmula para apoyar la doctrina de Lenin sobre la literatura proletaria, pero de una manera muy suya.

Este drama comenzó con el artículo titulado «Los artistas ante la política», que publicó Vallejo en *Mundial,* el 30 de diciembre de 1927 (reproducido en *Literatura y arte,* pp. 49-53). En este artículo, el que muy significativamente no aparece en *El arte y la revolución,* Vallejo rechazó la idea de que el poeta debe poner su arte al servicio de la política en forma de la propaganda, y criticó a Diego Rivera por querer prostituir el rol político del artista, «convirtiéndolo en el instrumento de un ideario político, en un barato medio didáctico de propaganda económica» (p. 51). Aceptó, sin embargo, la sensibilidad política del artista, la que no se somete nunca a una receta, sino que «se produce, de preferencia y en su máxima autenticidad, creando inquietudes y nebulosas políticas, más vastas que cualquier catecismo o colección de ideas expresas, y... más puras que cualquier cuestionario de preocupaciones o ideales periódicos de política nacionalista o universalista» (p. 50). El rol del artista «consiste, sobre todo, en remover, de modo oscuro, subconsciente y casi animal, la anatomía política del hombre despertando en él la aptitud de engendrar y aflorar a su piel nuevas inquietudes y emociones cívicas» (p. 50). Por fin, «todo catecismo político, aun el mejor entre los mejores, es un disco, un cliché, una cosa muerta, ante la sensibilidad creadora del artista... Las teorías, en general, embarazan e incomodan la creación» (p. 52). Este último juicio iba a ser empleado por Vallejo para condenar el surrealismo, «una receta más de hacer poemas sobre medida», en su artículo «Autopsia del superrealismo» (publicado en *Nosotros* (Buenos Aires), LXVII, núm. 250 (mayo de 1930), 342-347, y reproducido, sin cambio alguno, en *El arte y la revolución*, pp. 72-79).

Casi un año más tarde, en septiembre de 1928, un mes antes de emprender su primer viaje a la Unión Soviética, Vallejo examinó, en un artículo intitulado «Literatura proletaria», el problema de la definición oficial del arte —en la forma específica de una declaración por ordenanza administrativa de julio de 1925, por parte del gobierno soviético— de la existencia de una literatura proletaria, que debería formar parte con todas las demás esferas sociales en la lucha de clases. Vallejo defendió el derecho y hasta la obligación del estado de constreñir a los escritores a orientarse, «de grado o por fuerza, dentro de los horizontes espirituales que convienen a sus concepciones políticas y sociales de la vida» (*Literatura y arte*, p. 76). El no hacerlo sería traicionarse a sí mismo, «sustrayendo a su ideal político un importante medio de realizarlo» (p. 76). Pero a la vez afirmó la libertad del artista: «Sin embargo, muy diverso es y debe ser el concepto que los artistas tienen del arte» (p. 77). Luego Vallejo aclaró, al parecer una vez por todas, su propia actitud:

Cuando Haya de la Torre me subraya la necesidad de que los artistas ayuden con sus obras a la propaganda revolucionaria en América, le repito que, en mi calidad genérica de hombre, encuentro su exigencia de gran giro político y simpatizo sinceramente con ella, pero en mi calidad de artista, no acepto ninguna consigna o propósito, propio o extraño, que aun respaldándose de la mejor buena intención, someta mi libertad estética al servicio de tal o cual propaganda política. Una cosa es mi conducta política de artista, aunque, en el fondo, ambas marchan siempre de acuerdo, así no la parezca a simple vista. Como hombre, puedo simpatizar y trabajar por la Revolución, pero, como artista, no está en manos de nadie ni en las mías propias, el controlar los alcances políticos que pueden ocultarse en mis poemas (*Arte y literatura*, p. 77).

Vallejo siguió luego con una discusión sobre la naturaleza de la literatura proletaria, examinando primero la doctrina leninista de que el arte debería ser un instrumento del Estado para realizar una doctrina política, y luego la extensión de Trotski del «criterio proletario del arte a más vastos y profundos dominios del espíritu» (p. 78). Al considerar la opinión de Trotski de que ningún artista hasta entonces había logrado realizar los trazos esenciales del arte proletario, Vallejo opinó que tal opinión fue «menos política y más humana que la del Soviet» (p. 78), pero que en fin de cuentas ambos criterios «ven el arte, no desde un punto de vista estético y libre, sino desde un punto de vista político y dependiente del Estado» (p. 78). Reservó su juicio más negativo para condenar la actitud de Gorki, quien según Vallejo se confundía con el espíritu de la literatura burguesa por querer ensalzar al individuo y no a la masa como tal (p. 79). Por fin, terminó sus consideraciones en esta primera versión del artículo (publicado en *Mundial*, 28 de septiembre de 1928) con el dictamen de que la cuestión de lo que es la literatura proletaria todavía no había sido resuelto y que esto no sería posible mientras dominara en el debate «un criterio extraño a la leyes sustantivas del arte» (p. 80).

Ahora bien, la versión que figura en *El arte y la revolución* ha sido refundida hasta tal punto que el énfasis del original se encuentra casi totalmente cambiado. Vallejo ha quitado todo comentario respecto al derecho del Estado de emplear el arte como instrumento ideológico; es decir, *lo da por supuesto.* Suprime, además, toda discusión en cuanto a la libertad estética del artista. Luego, después de incluir las referencias del original a Lenin, Trotski y Gorki, agrega una definición de la literatura proletaria como la propia literatura bolchevique, definición que demuestra que «una vez más, Lenin tiene aquí razón y la tiene sobre Trotski, que pretende, por decirlo así, desviar y dispersar en vagos humanismos el trabajo del artista proletario, y sobre Gorki, que, como escritor, debería ver estos problemas con mayor penetración técnica que los que no lo son» (*El arte y la revolución*, p. 60). Por fin, en unos párrafos totalmente nuevos, Vallejo desarrolla los conceptos de Lenin sobre la literatura proletaria además de los suyos (v.gr. dos características esenciales del arte bolchevique o proletario son el «odio ardiente a la sociedad capitalista» y la disposición de «consagrar [el] talento [del artista] a la destrucción de esta sociedad»), y termina afirmando rotundamente la obligación de tal literatura de «servir los intereses de clase del proletario y, específicamente... enmarcarse dentro de las directivas y consignas prácticas del Partido Comunista, vanguardia de las masas trabajadoras» (p. 61).

Al parecer, Vallejo ha abandonado por completo su concepto de la libertad estética del artista y así ha traicionado su propia conciencia de artista. Así lo ve José Miguel Oviedo: «Estas nuevas versiones de los textos para homologarlos con las exigencias de su posición ideológica presente y con los apremios de la circunstancia política, muestra diversas fisuras, vacíos, contradicciones» («Vallejo entre la vanguardia y la revolución», p. 9). Según Oviedo, la adscripción «sin restricciones» de Vallejo a la propuesta ideológica que contenía la «nueva utopía política» del comunismo a escala mundial le condujo a «una línea ortodoxa que aspira a ser todo lo férrea que se pueda...», pero que sin embargo «está quebrada en varias partes del libro» (p. 10). «Las certezas que Vallejo quiere asumir hasta sus últimas consecuencias, quedan contradichas por la tendencia —tan característica en el poeta— a explorar las experiencias y creencias a un nivel del espíritu más hondo y libre del que alcanzan las fáciles consignas y lemas de acción política». Así se explica que «nos encontremos con conflictos irresolubles» (p. 10).

Sin duda Oviedo ha querido ver el asunto con la mayor generosidad al considerar las contradicciones básicamente como el drama del «proceso intelectual por el que atraviesa Vallejo al filo de la década del 30» (p. 10) [10]. Pero dos consideraciones obran aquí para impedir que a Vallejo se le disculpe por completo la existencia de estas contradicciones. En primer lugar,

---

[10] Con menos simpatía ha visto D. P. Gallagher la dicotomía aparente entre Vallejo el poeta y Vallejo el apologista del marxismo: en su estudio sobre el poeta, incluido en su obra *Modern Latin American Literature* (Oxford University Press, Nueva York, 1973), enjuicia así la actitud política de Vallejo: «Vallejo came to be an extremely militant, indeed rather dogmatic, Communist in the thirties... What is remarkable is that Vallejo never let his political faith significantly affect his poetry. Politics are present in many of the poems, in *Poemas humanos*, but always as just one new element in Vallejo's consciousness. Unlike Pablo Neruda, who... was prompted by militance wholly to abandon the hermetic, neurotic vision of *Residencia en la tierra*, Vallejo regards Communism, in *Poemas humanos* and 'España, aparta de mí este cáliz', as just one more component of an essentially unchanged vision, just the vague sighting of a way out from a world that nevertheless remains as hermetically frontier-bound as that of *Trilce*. It would seem that Vallejo was too rigorous a man to believe in miracles; or conversely, that political affirmation outside his poetry was mostly just a necessary and convenient way of preserving his sanity. In order to arrive at the self-discovery that he was aiming for in his poems, he had to keep all his options open, however terrible. In his ordinary life he could take time off from so dangerous an enterprise and choose the option that seemed most promising to him. How else can one explain the almost schizophrenic gap that separates the relentles affirmations of the prose from the tortured neurosis of the poetry?» (p. 29). Creemos con Gallagher que la cosmovisión de Vallejo no ha cambiado, pero el comunismo vallejiano significa muchoe más qu «un elemento más» de su cosmovisión. No es nuevo el sentido político de su poesía, ni tampoco existe un abismo esquizofrénico entre su prosa y su poesía, aunque sí existen unas diferencias esenciales entre sus medios y fines. En cuanto a la adhesión de Vallejo al marxismo, hay que definir bien el significado que se da al término «dogmático»; si quiere decir que Vallejo es un partidario entusiasta de la experiencia bolchevique, tiene razón Gallagher, pero como veremos, el socialismo vallejiano sobrepasa los conceptos de la dictadura proletaria, la que, en su turno, es sólo el primer paso hacia el socialismo, última solución política de la raza humana. La defensa por Vallejo del gobierno soviético es más bien pragmática que dogmática, y como veremos, Vallejo hasta condena a los marxistas dogmáticos.

al parecer existen lado a lado en una sola obra, lo que indica un descuido muy grave y hasta un abuso del lector. En segundo lugar, es difícil aceptar lo aparentemente causístico de tal cambio de actitud respecto a un asunto tan grave como es el de la integridad artística.

Por de pronto, las contradicciones empiezan a desvanecerse si atendemos bien a los términos que emplea Vallejo. En prmer lugar, Vallejo no distingue entre comunismo y socialismo: «Ese nuevo orden social, que ha de reemplazar al actual, no es otro que el orden comunista o socialista. El puente entre ambos mundos: la dictadura proletaria» (*El arte y la revolución*, p. 17). Pero es obvio, por esta misma cita, que Vallejo sí distingue entre socialismo (o comunismo) y la dictadura proletaria (el gobierno soviético). Ésta es sólo la primera etapa en el desarrollo del verdadero socialismo. «El fenómeno soviético es la demostración objetiva, palmaria y de un realismo inexorable, del camino dialéctico ineludible que ha de seguir el sistema social capitalista para desembocar en el orden socialista [...] los obreros y campesinos del inmenso país de los Soviets... echan las bases de una nueva sociedad socialista» (pp. 17-18).

Pero también es obvio, nos parece, que tal sociedad no ha llegado a su perfección todavía. Para Vallejo, la utopía socialista se encontraba en el futuro, aunque han existido y existen ahora formas socialistas de la vida que prometen algún día, destruidos los antagonismos del sistema capitalista, florecer en el socialismo verdadero:

> Aunque andamos aún lejos de la sociedad socialista, no podrá negarse que existen diversos aspectos de la vida social, cuya forma, estructura e irradiación colectivas son manifiestamente socialistas. Ejemplos: la técnica de producción en cadena, el motocultivo, el *combinat* y otras formas avanzadas del trabajo; el tipo *standard* de gran número de productos industriales, muchas costumbres cotidianas, las grandes viviendas obreras, y finalmente,

el gran arte. Se trata, desde luego, de formas socialistas rudimentarias e incompletas dado que se hallan frenadas por los antagonismos del sistema capitalista en que se producen. La masa misma es acaso la forma más sugestiva, por ahora, de vida socialista. El socialismo se halla, pues, en marcha, encarnado en múltiples fenómenos de la vida social (*El arte y la revolución*, p. 39).

Para Vallejo, el elemento primordial del socialismo es la masa o *colectividad*, en que el egoísmo del individuo tiene que ceder a las exigencias de la vida colectiva: «Indudablemente, no se puede hablar de socialismo ni de arte socialista, en sociedades en que el hombre es explotado por el hombre» (página 40). Por eso, la revolución proletaria es el primer paso hacia tal sociedad:

La sociedad socialista no va a surgir de golpe, de la noche a la mañana. La sociedad socialista será el resultado de todo el proceso social de la historia. La sociedad socialista será la obra de un conjunto de fuerzas y leyes deterministas de la vida social. Ella no será una improvisación, sino una elaboración racional y científica, lenta, evolutiva, cíclica y revolucionaria. La prueba está en que la estamos viendo ahora (concretándose y definiéndose en Rusia) y la hemos visto, en el pasado plural y sucesivo de las sociedades, esbozarse y edificarse piedra a piedra... (p. 39).

Sin la revolución proletaria, la elaboración «científica» del socialismo es una imposibilidad:

La división de la sociedad en clases y el imperio de la injusticia han impedido, ciertamente, hasta hoy, una más vasta, profunda y pura socialización de muchos aspectos de la vida colectiva (p. 41).

Sin embargo, el momento es propicio para tal socialización:

...la dialéctica irrefragable de la historia, contrariando y triunfando de las clases dominantes, ha socializado, repito, ciertas formas sociales de la vida. Es así como los Estados Unidos, baluarte por excelencia del sistema capitalista —con sus injusticias más refinadas— ofrecen en su técnica de trabajo y en su estructura industrial una creciente, aunque sorda y subterránea, tónica socialista (p. 41).

De ahí la gran importancia de la experiencia soviética:

En grado revolucionario y sumo, Rusia —con la abolición de clases y la supresión de la injustica social— ha cerrado el ciclo de las socializaciones esporádicas, intermitentes y larvadas y ha abierto para siempre la era socialista de la humanidad. Y mañana, cuando haya estallado y triunfado la revolución proletaria universal, la sociedad será socializada integralmente, no sólo en la producción, sino también y lo que es más decisivo, en la distribución de los productos (p. 41).

Sin entrar en la cuestión de la objetividad con que Vallejo enjuicia la dictadura soviética, podemos comprender la importancia que da Vallejo a la revolución proletaria: es el único medio de derrocar el egoísmo burgués que se encuentra insito en el sistema capitalista. Por ser imprescindible tal revolución, se justifica el empleo del arte soviético «como medio de realizar el socialismo y como una fuerza dialéctica de creación de aquella sociedad» (p. 43). Pero, ¿puede considerarse o caracterizarse ese arte como *arte socialista*?

...tomado el arte soviético como medio de realizar el socialismo y como una fuerza dialéctica de creación de aquella sociedad, ese arte puede considerarse o, mejor dicho, caracterizarse como socialista. En segundo lugar, tomado el arte soviético como reflejo y expresión de la sociedad de que procede, también puede caracterizarse como socialista, puesto que él encierra, repetimos, muchas y fundamentales formas, socializadas ya, de la vida colectiva.

Pero, juzgadas las cosas con mayor precisión, es imposible no percibir, a la base del arte y la literatura soviéticos, todo el espíritu y todos los caracteres de lo que más adelante hemos designado con el nombre de *arte bolchevique* (subrayamos). Más que expresar las formas de una nueva sociedad, socializada en un 25 ó 30 por 100, el arte soviético se propone, de preferencia, atizar y adoctrinar la rebelión y la organización de todas las masas del mundo, para la protesta, para las reivindicaciones, para la lucha de clases y para la revolución universal (p. 44).

Así queda claro el hecho de que Vallejo distingue el arte por su *función* y por el alcance de sus conceptos, sentimientos e ideas. Por eso puede considerar la música de Beethoven y la obra de Bach como arte socialista (p. 37):

Estos músicos llegaron, en efecto, a tocar lo que hay de más hondo y común en todos los hombres, *sin aflorar a la periferia circunstancial de la vida* (subraya el autor), zona ésta que está determinada por la sensibilidad, las ideas y los intereses clasista del individuo (p. 42).

Vallejo enumera los siguientes tipos de arte: proletario o bolchevique, socialista y burgués o capitalista. En otro lugar, el pasaje intitulado «Ejecutoria del arte bolchevique», Vallejo no vacila en juzgar y situar en sus fines, sin ofuscación alguna, al arte bolchevique o proletario:

El arte bolchevique es principalmente de propaganda y agitación... Sus fines son didácticos, en el sentido específico del vocablo. Es un arte de proclamas, de mensajes, de arengas, de quejas, cóleras y admoniciones. Su verbo se nutre de acusación, de polémica, de elocuencia agresiva contra el régimen social imperante y sus consecuencias históricas. Su misión es cíclica y hasta episódica y termina con el triunfo de la revolución mundial... Al iniciarse la edificación socialista mundial, cesa su acción estética, cesa su influencia social (p. 26).

Luego de señalar el carácter utilitario y propagandista del arte bolchevique, Vallejo hace una distinción clave entre este «arte temporal» y el arte socialista, «arte intemporal»:

El arte bolchevique, por su prestancia actualista fulminante, requiere y embarga la atención colectiva más que el arte socialista. Siempre el arte temporal predomina, en el momento del que procede y al que sirve, sobre el arte intemporal (p. 27).

Aclaradas las características del «arte» o propaganda bolchevique, quizás podemos entender por qué Vallejo pudo elogiar, en las palabras de José Miguel Oviedo, «un tipo de arte en el que de ninguna manera es posible reconocer al poeta de *Poemas humanos*» («Vallejo entre la vanguardia y la revolución», p. 9). El ejemplo que da Oviedo es el pasaje en que Vallejo habla de la superioridad de la nueva psicología colectiva en Rusia sobre la psicología burguesa, citando momentos decisivos del arte bolchevique:

¡Qué lejos del tartufismo, de la «delicadeza» convencional y ñoña y de la vergüenza burguesa! En una pieza teatral, un hombre ordena el fusilamiento de su hermano, en nombre del interés revolucionario. En una novela, una mujer solicita y obtiene de las autoridades que el hijo que acaba de dar a luz sea suprimido, en virtud de haber nacido estropeado... (p. 52).

Sin aceptar el dictamen de Vallejo, se podría entender cómo llega a tal juicio teniendo en cuenta no sólo la supremacía que otorga al bienestar colectivo respecto al sentimiento egoísta o individualista, sino también el hecho de que Vallejo califica al arte bolchevique por criterios distintos de los criterios con que enjuicia lo que él llama arte socialista, que viene a ser el único arte verdadero. En sus definiciones del artista socialista y del arte socialista, sí podemos reconocer al poeta de *Poemas humanos*:

El poeta socialista no reduce su socialismo a los temas ni a la técnica del poema. No lo reduce a introducir palabras a la moda sobre economía, dialéctica o derecho marxista, a movilizar ideas y requisitorias políticas de factura u origen comunista, ni a adjetivar los hechos del espíritu y de la naturaleza, con epítetos tomados de la revolución proletaria. El poeta socialista supone, de preferencia, una sensibilidad orgánica y tácitamente socialista. Sólo un hombre *temperamentalmente* socialista, aquel cuya conducta pública y privada, cuya manera de ver una estrella, de comprender la rotación de un carro, de sentir un dolor, de hacer una operación aritmética, de levantar una piedra, de guardar silencio o de ajustar una amistad, son orgánicamente socialistas, sólo ese hombre puede crear un poema auténticamente socialista. Sólo ése creará un poema socialista, en el que la preocupación esencial no radica precisamente en servir a un interés de partido o a una contingencia clasista de la historia, sino en el que vive una vida personal y cotidianamente socialista (digo personal y no individual). En el poeta socialista, el poema no es, pues, un trance espectacular, provocado a voluntad y al servicio preconcebido de un credo o propaganda política, sino que es una función natural y simplemente humana de la sensibilidad (páginas 28-29).

El poeta socialista viene a ser el verdadero poeta de quien ha hablado siempre Vallejo, y quien ha hablado desde el principio en la poesía de Vallejo. Así que hay que entender el calificativo *socialista* en el sentido de lo más profundamente humano de la personalidad, el *yo* que tiene todo ser humano y que representa precisamente lo más esencial y característicamente humano [11].

Por la misma distinción entre arte proletario o bolchevique, arte socialista, y arte burgués, se puede entender su rechazo de la literatura burguesa, hecho que asombra a Oviedo: «...movido por el afán de exaltar la grandeza de la literatura proletaria, (Vallejo) rechaza violentamente *toda* la literatura burguesa» («Vallejo entre la vanguardia y la revolución», página 11). Vallejo la condena en estas palabras: «En los temas y tendencias de la literatura burguesa no hay más que egoísmo y desde luego, sólo los egoístas se placen en hacerla y en leerla» (*El arte y la revolución*, p. 96). Una vez entendidas las distinciones que hace Vallejo, se comprende que, según su definición, la «literatura burguesa» no se identifica estrechamente con toda la literatura de la sociedad capitalista. Al contrastar la literatura de espíritu colectivo con la burguesa, Vallejo declara en su ensayo «Duelo entre dos literaturas» (publicado en *Universidad*, Universidad de San Marcos, Lima, 1 de octubre de 1931):

> Digo producción obrera, englobando en esta denominación a todas las obras en que dominan, de una u otra manera, el espíritu y los intereses proletarios: por el

---

[11] Vallejo distingue este yo esencial, que se identifica con la humanidad, del egoísmo del individuo. El yo es *personal*, atributo de la persona humana, mientras el egoísmo es atributo del *individuo*, y por eso contingente. Es, al parecer, el sentido de «Voy a hablar de la esperanza» de *Poemas humanos*: «Yo no sufro este dolor como César Vallejo, Yo no me duelo ahora como artista, como hombre ni como simple ser vivo siquiera. Yo no sufro este dolor como católico, como mahometano ni como ateo. Hoy sufro solamente...» (*OPC*, p. 243). La *causa de* un dolor tan profundo está por debajo de todo aspecto contingente; es algo intrínseco a la condición humana.

tema, por su contextura psicológica, o por la sensibilidad del escritor. Así es como figuran dentro de la literatura proletaria autores de diversa procedencia clasista, tales como Upton Sinclair, Gladkov, Selvinsky, Kirchon, Pasternak, O'Flaherty y otros, pero cuyas obras están, sin embargo, selladas por una interpretación sincera y definida del mundo de los trabajadores (*El arte y la revolución*, p. 98).

Así también Vallejo salva a Tolstoi y a Dostoievski, por ejemplo, pero condena al poeta bolchevique Maiakovski y a Gorki. Es decir, Vallejo enjuicia la obra misma del artista, y no la etiqueta que lleva el producto artístico, ni la receta que proclama el artista. «Las declaraciones de Maiakovski expresan la verdad sobre su obra en el sentido en que confirman el hecho de que ella responde a un arte basado en fórmulas y no en la sinceridad afectiva y personal» (p. 109).

Sin percibir tales distinciones, Oviedo llega a la calificación siguiente: «Se diría que en *El arte y la revolución* trata de elaborar una teoría marxista del arte que no es sino un pálido ensayo de lo que su poesía pone admirablemente en ejercicio; es decir, la verdadera teoría de Vallejo es su praxis poética» («Vallejo entre la vanguardia y la revolución», página 12). Pero, en el fondo, la definición vallejiana del arte socialista, o sea, del arte verdadero, es su teoría de siempre, hecho que justifica la presencia en *El arte y la revolución* de varios textos publicados anteriormente, textos en los que podemos estudiar la poética de Vallejo antes de su adhesión al marxismo.

Tal es el caso del texto «Electrones de la obra de arte», en el que Vallejo recoge algunos párrafos claves de su artículo «La nueva poesía norteamericana»; publicado en *El Comercio*, 30 de julio de 1929 (y reproducido en *Aula* 5-6-7-, 67-70). En el original Vallejo elogia a ciertos poetas jóvenes de Norteamérica, por expresar «un estado de espíritu colectivo... y de inquietud social», pero la mayor parte del artículo se dedica a las teorías de Vallejo sobre la palabra poética, materia prima de la poesía, y lo intraducible de la poesía. En la forma que figura en *El arte y la revolución*, no queda mención alguna de la poesía norteamericana; se ha agregado, además, un párrafo final sobre lo orgánico y lo elemental de las materias primas empleadas en la arquitectura, la música, el cine, etc. (páginas 69-71). Otro ejemplo es «Poesía nueva», publicado originalmente en *Favorables-París-Poema*, núm. 1, julio de 1926, y reproducido íntegramente aquí. Vallejo critica el empleo de vocablos de la ciencia y las industrias contemporáneas (radio, motor, jazz-band) cuando todavía «los materiales artísticos que ofrece la vida moderna... (no han) sido asimilados por el artista y convertidos en sensibilidad» (p. 100). Critica también, y por las mismas razones, la poesía a base de metáforas nuevas (p. 101). Su conclusión alude a lo que en otra parte él llamaría poesía socialista: «La poesía nueva a base de sensibilidad nueva es, al contrario, simple y humana y, a primera vista, se la tomaría por antigua o no atrae la atención sobre si es o no es moderna» (p. 101).

Hasta un texto nuevo como el breve «Regla gramatical» no aporta nada nuevo a la poética de Vallejo, aunque expresa de otra manera ciertos aspectos de su poética y hace más explícito su concepto de la libertad estética del artista:

> El poeta puede hasta cambiar, en cierto modo, la estructura literal y fonética de una misma palabra, según los casos. Y eso, en vez de restringir el alcance socialista y universal de la poesía, como pudiera creerse, lo dilata al infinito. Sabido es que cuanto más personal (repito, no digo individual) [12] es la sensibilidad del artista, su obra es más universal y colectiva (p. 64).

Aunque el empleo de la voz *socialista* es un elemento nuevo, Vallejo había hablado antes sobre la validez de una nueva

---

[12] Cf. la nota 11.

estética en su artículo «Los maestros del cubismo», publicado
en *Variedades*, 25 de agosto de 1928 (reproducido en *Literatura y arte*, pp. 67-71). Vallejo dijo lo siguiente:

> La difusión del cubismo prueba únicamente que en él
> alienta un contenido ampliamente humano, una vitalidad universal. Esta difusión es, por lo mismo, natural
> y lógica. Las grandes corrientes estéticas de la historia
> han tenido idéntica suerte e igual consagración (p. 69).

En cuanto a la necesidad del artista de expresar lo más personal de su sensibilidad para hacer más universal y colectiva
su obra, Vallejo dio en el mismo artículo el siguiente juicio
sobre el pintor español Juan Gris:

> Gris es siempre Gris, contra ases y senas, aun contra
> el tiempo y contra sí mismo. Y por este riguroso espíritu
> de austeridad artística y por la posesión científica de sus
> fuerzas creadoras, sin nieblas inconfesables ni misterios
> rebuscados y cómplices, Juan Gris quedará como el pintor más representativo de nuestra época (p. 71).

Otro pasaje, «Poesía e impostura», es una versión levemente refundida de una parte de «Se prohíbe hablar al piloto»,
publicado en *Favorables-París-Poema*, núm. 2, octubre de 1926
(reproducido en *Literatura y arte*, pp. 21-23), la que empieza:
«Hacedores de imágenes, devolved las palabras a los hombres...» En la versión definitiva, Vallejo ha agregado un nuevo
título que da más énfasis al sentido básico del pasaje, además
de una nueva frase inicial: «Hacedores de símbolos, presentaos desnudos en público y sólo entonces aceptaré vuestros
pantalones.» También ha cambiado la frase final del original:
«Fraguadores de colmos, os conmino a presentaros de manos
y una vez hecho esto, ya podéis hacer lo demás» (*Literatura y arte*, p. 22). Ahora se lee: «Hacedores de colmos se ve de

lejos que nunca habéis muerto en vuestra vida», una muestra del desprecio que sentía Vallejo hacia los autores de «literatura de gabinete» que no habían compartido nunca la miseria de los desprovistos del mundo. Pero quizás lo más importante es la nota al pie de la página: «Poesía e impostura: añadir que el 'hacedor' debe ser reemplazado por el conductor de vida social y de dolor derivado del capitalismo...» (*El arte y la revolución*, p. 63), es decir, por el *poeta socialista*, en el sentido del término que le da Vallejo.

Sin cambiar en lo esencial su poética, Vallejo buscaba dar un enfoque más preciso al aspecto «político» de su pensamiento. Otro ejemplo que ilustra este esfuerzo es la refundición del conocido pasaje sobre la naturaleza del poema, que en un principio formaba parte del mismo «Se prohíbe hablar al piloto»:

> Un poema es una entidad vital mucho más orgánica que un ser orgánico en la naturaleza. A un animal se le amputa un miembro y sigue viviendo. A un vegetal se le corta una rama y sigue viviendo. Pero si a un poema se le amputa un verso, una palabra, una letra, un signo ortográfico, MUERE (*Literatura y arte*, p. 21).

Agrega lo siguiente en la versión definitiva:

> Como el poema, al ser traducido, no puede conservar su absoluta y viviente integridad, él debe ser leído en su lengua de origen, y esto, naturalmente, limita, por ahora, la universalidad de su emoción. Pero no hay que olvidar que esta universalidad será posible el día en que todas las lenguas se unifiquen y se fundan, por el socialismo, en el único idioma universal (*El arte y la revolución*, p. 62).

La poética en sí no ha sufrido ningún cambio aquí; ya hemos visto el dictamen de Vallejo sobre lo intraducible de la poesía.

Pero lo agregado tiene por motivo llevar la poética hacia una finalidad *política*, en el sentido más amplio de esta palabra.

Sin embargo, parece irresoluble la contradicción entre esta poética esencial de Vallejo y lo que afirma en el artículo con que concluye *El arte y la revolución*, «El arte revolucionario, arte de masas y forma específica de la lucha de clases» (páginas 122-125). Anteriormente, en la obra, en el trozo «¿Qué es un artista revolucionario?», Vallejo había definido así a «todo verdadero artista»: «Revolucionario, política y artísticamente, es y debe ser siempre todo artista verdadero, cualquiera que sea el momento o la sociedad en que se procede» (p. 24). Pero también había separado al artista soviético por tener éste la responsabilidad de «no obrar contra la revolución socialista naciente, sino... (de) servirla e impulsarla» (p. 24). Es decir, «el estudio objetivo y científico de la historia» dictaba que el artista, tal como se encontraba en la Unión Soviética, debiera suspender su rol revolucionario tradicional para apoyar la versión oficial del arte. Son dos las justificaciones de este deber. En primer lugar los artistas soviéticos «son revolucionarios precisamente porque son los *pioneers* de esa gran revolución»; y en segundo lugar, «es en un plano mundial que los artistas soviéticos ejercen su función revolucionaria, y, en este plano, el régimen social dominante es el capitalismo, contra el cual la única manera que tienen esos artistas de ejercer su función revolucionaria, es trabajando según los principios e intereses soviéticos, que son los intereses y principios revolucionarios mundiales» (pp. 24-25).

Vallejo separa también al artista bolchevique del artista socialista, el que, como hemos visto, crea el arte intemporal, considerado el arte verdadero por Vallejo: «Sólo desde un punto de vista dialéctico es que puede denominarse y se denomina socialista al artista bolchevique» (p. 25). Es decir, Vallejo no quiere identificar el arte bolchevique, lo que él ha llamado propaganda, con el arte verdadero, y para resolver el dilema, acude al concepto del desarrollo dialéctico del arte. En tanto que la revolución proletaria conduciría a la utopía socialista, el arte proletario conduciría al arte socialista [13].

Es desde este punto de vista como se puede entender mejor el artículo que cierra el libro. Urgido por los problemas del «actual período social de la historia, por la agudeza, la violencia y la profundidad que ofrece la lucha de clases», Vallejo declara que la sensibilidad del artista no puede sustraerse a ellos, y llega a la conclusión de que «decir... arte y, más aún, arte revolucionario, equivale a decir arte clasista, arte de lucha de clases», y que «artista revolucionario en arte, implica artista revolucionario en política» (p. 122). El arte que crea debe ser de un «realismo implacable... arte de primer plano... todo crudo... ángulos y no curvas, pero pesado, bárbaro, brutal, como en las trincheras» (pp. 123-124).

La identificación del arte revolucionario con el arte proletario parece aquí completa, pero al estudiar bien la conclusión del artículo, surgen algunas dudas. Al referirse al público de este arte, Vallejo destaca el hecho de que es «múltiple: la masa aún no ralicalizada y que forma en las filas del fascismo o del anarco-sindicalismo y hasta de los partidos de izquierda burgueses; la masa sin conciencia clasista, la masa ya radicalizada y bolchevique, y, por último, la pequeña burguesía y la propia alta burguesía» (p. 125). Es por eso que «una táctica fina, hábil, aguda y dúctil hay que observar en este terreno, ya que el objetivo práctico de la obra artística o literaria depende de los medios que se emplean para cada público y según las necesidades del instante» (p. 125). En otras palabras, Vallejo parece modificar cualquier concepto de una «receta artística» a la que parece señalar el artículo, para dejar lugar a un arte revolucionario multiforme que implica la libertad estética del artista. Está claro, de todos modos, que ha vuelto definitiva-

---

[13] Recordemos también que el arte proletario sirve los intereses clasistas del proletariado, según Vallejo, mientras el arte socialista no sirve a «un interés de partido o a una contingencia clasista de la historia» (*El arte y la revolución*, p. 28). El arte socialista es «una función natural y simplemente humana de la sensibilidad» (p. 29).

mente a tal actitud hacia el final de su vida. En uno de los apéndices de la obra, «El carnet de 1936-37-¿38?» declara Vallejo:

> Hay la literatura revolucionaria rusa y la literatura revolucionaria que combate dentro del mundo capitalista. Los objetivos, método de trabajo, técnica, medios de expresión y materia social varía de la una a la otra. Esta distinción nadie la ha hecho todavía dentro de la crítica marxista (p. 156) [14].

Sin duda la pasión política de Vallejo lo llevó peligrosamente cerca de una negación terminante de la libertad estética del artista, pero se salvó en último término, no sólo por medio de las salvedades aludidas, sino por el ejemplo de su propia praxis poética [15].

---

[14] Después de todo, es el mismo punto de vista que expresa Vallejo en varios momentos de la obra, algunos de los cuales citamos en este estudio. Es posible interpretar este último artículo como una llamada a los artistas a hacer *propaganda*, sobre todo cuando la definición que emplea Vallejo para arte revolucionario, «arte de lucha de clases», es la misma que emplea para arte bolchevique en otros instantes de la obra. De todos modos, la distinción que hace entre las dos literaturas no parece caber dentro de la teoría crítica de Lenin y Engels, según Georg Lukács; para ellos, todo verdadero arte tiene la misma naturaleza. «We have already seen how for Lenin and Engels partisanship [human practice in interrelationship with the external world] in the work of art is a component of objective reality and of a correct, objective artistic reflection of life. The tendency in the work of art speaks forth from the objective context of the world depicted within the work; it is the language of the work of art transmitted through the artistic reflection reality and therefore the speech of reality itself, not the subjetive opinion of the writer exposed baldly or explicitly in a personal commentary or in a subjective, ready made conclusion. The concept of art as *direct* propaganda, a concept particularly exemplified in recent art by Upton Sinclair, rejects the deeper, objective propaganda potential of art in the Leninist conception of partisanship and substitutes pure personal propaganda which does not grow organically out of the logic of its subject matter but remains a mere subjective expression of the author's views» (*The Writer & Critic and Other Essays*, Georg Lukács, trans. and ed. by Arthur D. Kahn, Grosset and Dunlap, Nueva York, pp. 43-44).

[15] No puede decirse lo mismo en cuanto a su obra novelística y

262 • *En torno a César Vallejo*

La importancia de *El arte y la revolución* se encuentra
sobre todo en poner de manifiesto el pensamiento político de
Vallejo durante la época de su conversión al marxismo, o sea,
desde fines de 1928 hasta el principio de 1930, y también el
desarrollo de este pensamiento en los años inmediatamente
después de su conversión. Nos da la clave de su fe en el marxismo y en la filosofía del materialismo dialéctico, además de
su profundo interés por la experiencia soviética [16]. Pero quizás

---

dramática. La novela *Tungsteno*, publicada en marzo de 1931 (Madrid,
Editorial Cénit), además de *Colacho Hermanos*, fragmento dramático
sobre el tema de *Tungsteno* del imperialismo yanqui y la obra dramática *Moscú contra Moscú* (definitivamente *Entre las orillas corre el
río*) manifiestan bien a las claras sus aspectos polémicos y su naturaleza de obras de tesis, características que en muchos momentos suelen
quitar el valor estético de las obras, por la concentración sobre lo que
Georg Lukács ha llamado el *que* del contenido a expensas del *como*,
la manera de articular y fijar estéticamente las reacciones humanas al
mundo. Tal reducción de la obra literaria a una sola dimensión no
ocurre en su poesía, donde el *que* y el *como* forman una unidad indi-
soluble, el *estilo* único del poeta Vallejo.

[16] Cf. Roberto Paoli, «Observaciones sobre el indigenismo de César
Vallejo», *Revista Iberoamericana*, XXXVI, núm. 71 (abril-junio 1970),
341-344. En este estudio breve pero muy sugestivo, Paoli plantea el indigenismo de Vallejo como causa principal de su «entusiasmo, tan confiado que raye n lo acrítico» por la nueva sociedad bolchevique. Según
Paoli, el indigenismo vallejiano tiene muchos puntos de contacto con el
manifestado por José. C. Mariátegui en su obra, *Siete ensayos de luter-
pretación de la realidad peruana*. En las palabras de Paoli, es «...un
indigenismo... en el que se entretejen realidad y mito, y en el peculiar
ambiente de los años veinte y treinta, cuando... la mitología dieciochis-
ta, aunque nominalmente rechazada (por el marxista Mariátegui, por
ejemplo), con cordaba de hecho con los primeros análisis económicos y
sociológicos de la realidad peruana, en virtud de sus gérmenes senti-
mentales e ideales, en virtud de los arquetipos humanos que añoraba y
anhelaba como valores representantes de un pasado perdido que se renovaría en el futuro, en virtud precisamente de sus mitos nostálgicos y
proféticos» (p. 342). Al llegar Mariátegui a la conclusión de que el indio
era *todavía* (o *ya*) comunista, llegó a concluir también que había que
reactivar el proceso histórico del indio, paralizado por los blancos.
Vallejo, a diferencia de Mariátegui, «...concretó históricamente el mito
del hombre nuevo, del hombre solidario e interhumano (plasmación
final que reproducía los caracteres del patrón original), proyectándolo
y encarnándolo en el bolchevique revolucionario». Así que «...cuando
visitó Rusia, vio la sociedad soviética con ojos de indio...» (p. 343).
Paoli señala, además, que en el culto a Rusia se injerta otro motivo que

el aspecto más dramático de la obra es la evidencia que nos da de la lucha íntima de Vallejo para lograr un equilibrio entre exigencias y necesidades del hombre político y la integridad artística del poeta. Se salva éste por medio de una poética que nunca abandona. Si ha querido otorgar cierto valor e importancia a la propaganda soviética llamándola arte proletario o bolchevique, no ha alcanzado a darle una base teórica —no hay en la obra el desarrollo sistemático de una teoría estética marxista—, sino que sólo ha destacado el fin utilitario y ha afirmado la necesidad pragmática de la propaganda bolchevique. Pero ha reiterado lo esencial de su verdadera poética, la que conduce al arte verdadero, o *arte socialista*, para emplear la terminología que se manifiesta por primera vez en esta obra. Esta poética no se deja influir por el marxismo, pero sin embargo encuentra en el marxismo y en la experiencia soviética un enorme sustento espiritual. El gran valor de lo absurdo, postulado básico desde *Trilce*, encuentra ya su base filosófica por excelencia en el materialismo dialéctico; todo instante de lo absurdo viene a ser lo que Vallejo llama en *Rusia ante el segundo plan quinquenal* «…una contradicción dialéctica… una contradicción en movimiento y en marcha hacia una solución» (*Rusia ante el segundo plan quinquenal*, 1.ª ed., Editorial Gráfica Labor, Lima, 1965, p. 239.

Por medio de la misma teoría, Vallejo encuentra una base filosófica que puede ofrecerle la posibilidad de alcanzar la

---

se combina con el marxismo y el indigenismo de Vallejo: «un cristianismo auténtico que suscita [en el espíritu ruso] grandes y cósmicas exigencias de justicia humana. Es el espíritu cristiano de Dostoievski, autor que Vallejo admiraba tanto y cuya influencia sobre algunos temas incluso sobre algunos enunciados de *Poemas humanos* y de *España, aparta de mí este cáliz* hay que tomar en seria consideración» (p. 344). Ya hemos notado la opinión de Vallejo sobre Dostoievski, a quien Vallejo elogia en *El arte y la revolución*. Las observaciones de Paoli concuerdan muy bien con la opinión de José Miguel Oviedo de que el marxismo fertilizó la poética de Vallejo, pero también con nuestro juicio, contrario, a Oviedo, de que no renovó su poética en su esencia. El aspecto «político» de ésta, en el sentido más amplio del término, se encontraba ya en la herencia cultural de Vallejo.

plenitud orgánica que ha buscado a lo largo de su trayectoria poética. Le ofrece una salida, ya *fuera* de su expresión poética, de la lógica tradicional de la existencia y le abre el camino hacia un porvenir utópico. Sin embargo, queda probado textualmente, a nuestro juicio, la existencia en su forma esencial de la poética vallejiana antes de su adhesión al marxismo, hecho que quizás explica en parte el que su poesía no cayera en la mera propaganda.

Estas dos obras, aunque no alcanzan la unidad y desarrollo estéticos (lo fragmentario, repetido y discontinuo de la forma de estas obras, aspectos que son positivos en el mosaico que es *Poemas humanos*, resultan defectos aquí) que les merecieran considerarse importantes por sus valores literarios, son sumamente importantes para los lectores de Vallejo que buscan una mayor comprensión de su vida intelectual durante los últimos años de su vida. Constituyen los dos primeros volúmenes de sus futuras *Obras completas*, que continuarán con tomos dedicados a su poesía, su narración, su teatro, etc., y representan en sí un gran paso hacia una definitiva imagen literaria y humana de Vallejo.

III

ACABA DE PASAR SIN HABER VENIDO

SOBRE ALGUNOS PROCEDIMIENTOS ESTRUCTU-
RALES EN *POEMAS HUMANOS*

Nos proponemos estudiar algunos procedimientos que consideramos esenciales para la comprensión de la estructura del
poema en la última etapa de Vallejo.

1) *Anáfora, reiteración, diseminación recolectiva.* Estos
procedimientos, que se pueden rastrear ya en *Trilce* y en algunos poemas en prosa, se generalizan en *Poemas humanos* con
una amplitud tal que podemos considerarlos como elementos
esenciales de la estructura de la obra; a menudo, en efecto,
el poema queda fijado desde el principio en una obsesión,
pero, en lugar de progresar linealmente a partir de ahí, vuelve
tenazmente a dicha obsesión, esbozando un movimiento en
que el poema tiende a cerrarse como un círculo; sin embargo,
el círculo no se cierra nunca de verdad, y el poema suele quedar abierto en una interrogación o en una meditación que se
prolonga y se proyecta siempre más allá.

De este procedimiento, *Poemas humanos* ofrece, por lo
menos, tres variantes:

a) la palabra o expresión clave reaparece de manera permanente aunque no ordenada ni sistemática; diseminadas a
lo largo del poema, estas palabras pueden, por ejemplo, faltar

en una estrofa, eclipsarse para volver a aparecer, marcando
así su función de hilo conductor, o bien presentarse de manera
absolutamente constante, pero sin más orden aparente que el
de la libertad de la intuición cuyo objeto constituyen. Citemos
como ejemplos del primer caso «la dicha», en el poema «Pero
antes que se acabe...» (p. 303) [1], las expresiones «vestiríame
de músico», «chocaría con su alma» («Piensan los viejos asnos», p. 305), «Hoy me gusta la vida» (p. 307), «Es la vida,
no más» (p. 311), «El placer de sufrir» (p. 331), «Cuánto
catorce...» (p. 333), etc. Para el segundo caso, tenemos «el
dolor» de «Los nueve monstruos» (p. 321) y «Cuídate, España» (p. 477), casos límites del vocablo obsesivo en Vallejo.

b) Las palabras o expresiones reiteradas aparecen bajo la
forma de estribillos o letanías; figuran de manera simétrica y
sistemática en cada estrofa y, a menudo, en un lugar preciso
de la estrofa. Tal es el caso de «Yuntas» (p. 279), poema de
siete estrofas binarias cada una de las cuales repite dos veces
los dos elementos constantes: «Completamente/Además...», a
los que viene a añadirse en cada verso un tercer elemento
variable y contradictorio: «vida/muerte», «todo/nada», etc.
Encontramos, pues (dejando de lado, por el momento, la palabra «además», que no tiene valor substantivo) tres elementos
esenciales en cada estrofa: la noción-obsesión de «todo» o
«totalidad» (que se podría identificar aquí con la visión originaria de unidad ideal) seguida, en cada verso, por un término
antagónico del que completa el sentido del verso siguiente.
El poema se construye así sobre un doble eje simétrico hori-
zontal-vertical que anuda una doble contradicción: en el eje
horizontal la noción de totalidad implicada por «completamente» excluiría lógicamente la adición de otro término, y sin
embargo el poeta dice: «*además* vida» — «*además* muerte»
(el subrayado es nuestro); en el eje vertical, los dos términos
«añadidos» se afrontan también contradictoriamente. No obs-

---

[1] Las citas refieren a la edición Moncloa (*César Vallejo. Obra poética completa*, Lima, 1968).

tante, no hay aquí ninguna «superación dialéctica» de los términos contradictorios en una «síntesis» que estaría representada por «completamente»; esta noción, en efecto, precede a los términos complementarios y contradictorios que vienen a agregarse a ella, por decirlo así, desde afuera, pero que quedan separados por la introducción constante de «además», término que, en lugar de vincular, aísla aquí dos planos: el de la intuición ideal de la completud del ser, y el de la experiencia real del conflicto de los contrarios en la existencia. En cada verso el poema se reanuda a partir de la intuición original de lo completo, de la unidad, para chocar con la evidencia de la diversidad y el antagonismo; ambos planos no llegan ni a confundirse ni a superarse y todo el poema toma así la forma de la repetición monótona de la misma obsesión, la cual se prolonga en el último «Completamente!» que, por fin totalmente aislado, traduce esa fascinación matizada de perplejidad que ejerce sobre el poeta la visión transcendente de la Unidad [2].

El poema «Altura y pelos» (p. 277) nos da otro ejemplo de repetición sistemática y simétrica. Dividido en tres estrofas, este poema se organiza en torno a la intuición de la condición fáctica del hombre arrojado en el mundo, con la enérgica y doble repetición en cada estrofa de dos expresiones claves: el pronombre *quién* y la frase «Yo que (tan sólo —solamente— sólo) he nacido», reforzada al final por «Yo que sólo he nacido solamente». La reiteración de esta expresión en el plano vertical se completa en el eje horizontal con la repetición del adverbio que da a la expresión su fuerza particular. De estructura análoga, el poema «Confianza en el anteojo, no en el ojo» (p. 309), reitera en el primer verso de cada una de sus cuatro estrofas la palabra «confianza», que introduce cada vez tres oposiciones fuertemente marcadas por «nunca» - «no» -

---

[2] De estructura análoga, aunque no idéntica, el poema «Qué me da que me azoto con la línea» (p. 367) expresa también en la constante «Qué me da» el sentimiento de perplejidad suscitado por la constatación de la contradicción.

«mas no», para volver en el último verso de cada cuarteto al estribillo «y en ti solo, en ti solo, en ti solo». Aquí también el mecanismo de la repetición se da sobre un doble eje, pero de manera mucho más sistemática que en «Altura y pelos», donde la reiteración de «sólo» por «solamente» no se efectuaba sino en los dos últimos versos del poema.

Sin embargo, estos casos de organización rigurosa del poema sobre un doble eje simétrico (reiteración simple o reiteración + contradicción) son raros. Desde el punto de vista de la construcción, este tipo de composiciones representa una elaboración compleja de la simple repetición de letanías que se encuentra, por ejemplo, en algunos poemas de *España, aparta de mí este cáliz*: «Varios días el aire, compañeros» (p. 463), «Padre polvo que subes de España» (p. 475), y «Cuídate España de tu propia España» (p. 477). Más frecuentes son los poemas en que una expresión es reiterada, ya sea al principio de cada estrofa como un leitmotiv que reconduce sucesivamente el poema entero a la obsesión inicial, ya sea al final, como un estribillo en que se apoya esta intuición. Así, en «Hasta el día que vuelva de esta piedra» (p. 289), la primera frase se repite idéntica en cada una de las tres estrofas, inmovilizando el poema en esta obsesión del regreso. En «Acaba de pasar el que vendrá», todo el proceso de repetición reposa sobre la palabra «acaba» que reaparece sistemáticamente y sin excepción al principio de cada una de las siete estrofas sumamente cortas, la última de las cuales es un verso aislado que confronta aún dos miembros lógicamente contradictorios e incompatibles: «Acaba de pasar sin haber venido.» El poema «Los desgraciados» (p. 381), presenta una variante más compleja aunque menos sistemática del mismo procedimiento: cada estrofa, en efecto, es abierta por la expresión «Ya va a venir el día», que reaparece simétricamente al final de la estrofa, seguida por una segunda expresión reiterativa compuesta de un término constante y un término variable: «ponte el saco», «ponte el alma», «ponte el sueño», «ponte el cuerpo», «ponte el sol»; constituyen excepciones al sistema la segunda y la última estrofa, en las que la expresión reiterativa de apertura resulta asimétrica por la ausencia de expresión correlativa de clausura, lo que determina la desaparición de la segunda frase «ponte».

Encontramos una estructura análoga, pero esta vez perfectamente sistemática y simétrica, en «La cólera que quiebra al hombre en niños» (p. 415), que se organiza en torno a la repetición de «La cólera...» («La cólera que quiebra...» y «La cólera del pobre...») en el primero y el penúltimo verso de cada estrofa, y de «tiene... contra...», en el último verso, mientras que el último miembro de cada uno de los dos primeros versos es reiterado a su vez para abrir el verso siguiente; en este movimiento las palabras se encajan las unas en las otras; hay como un abrirse progresivo de los concepto que estallan y desaparecen para dar vida a otros; pero toda esta progresión nos retrotrae constantemente a la obsesión inmóvil y central: *la cólera del pobre tiene lo menos contra lo más* [3].

He aquí un esquema del poema (indicamos con las primeras letras del alfabeto la repetición de las palabras que constituyen la materia de la intuición, y con las últimas, las estructuras sintagmáticas formales, cada una de las cuales constituye el esquema de un verso):

U) La cólera (A) que quiebra (B) al hombre en niños (C)
V) que quiebra al niño (C) en pájaros iguales (D)
X) y al pájaro (D') después en huevecillos;
Y) la cólera (A') del pobre (E) —AE—
Z) tiene (F) un aceite contra (G) dos vinagres.

U') La cólera (A2) que al árbol quiebra (B') en hojas (H)
V') a la hoja (H') en botones desiguales (I)
X') y al botón (I') en ranuras telescópicas;

---

[3] Cuantitativamente se entiende. Para Vallejo la fuerza de los pobres reside justamente en su carencia, en su desamparo, en su «no tener»: «Y atacan a gemidos, los mendigos/ matando con tan sólo ser mendigos» (*España*, IV).

Y')   la cólera (A3) del pobre (E') —AE'—
Z')   tiene (F') dos ríos contra (G') muchos mares.

(U2)   La cólera (A4) que quiebra (B2) al bien en dudas, (J)
(V2)   a la duda (J') en tres arcos semejantes (K)
(X2)   y al arco, (K') luego, en tumbas imprevistas;
(Y2)   la cólera (A5) del pobre (E2) —AE2—
(Z2)   tiene (F2) un acero contra (G2) dos puñales.

U3)   La cólera (A6) que quiebra (B3) al alma en cuerpos, (L)
V3)   al cuerpo (L') en órganos desemejantes, (M)
X3)   y al órgano (M') en octavos pensamientos;
Y3)   la cólera (A7) del pobre (E3) —AE3—
Z3)   tiene (F3) un fuego central contra (G3) dos cráteres.

Se trata, como lo vemos, de un caso privilegiado de estructuración rígida y sistemática centrada sobre el desarrollo de series progresivas y paralelas emitidas cada vez a partir de la presencia central de la palabra «cólera»: cólera ⇒ hombre - niños - pájaros - huevecillos; cólera ⇒ árbol - hojas - botones - ranuras, etc. Estas series son sintetizadas en la segunda parte de cada estrofa en una expresión que por su posición en la arquitectura del poema aparece como un verdadero centro de gravitación: *la cólera del pobre* (AE), y que emite a su vez cuatro parejas paralelas de complementos: un aceite - dos vinagres - dos ríos - muchos mares/ un acero - dos puñales/un fuego central - dos cráteres [4]. Notemos también la simetría de los pares contradictorios: «iguales-desiguales/semejantes-desemejantes» al final del segundo verso de cada estrofa.

---

[4] Desde el punto de vista de la disposición de los conjuntos («pluralidades») estudiada por Dámaso Alonso y Carlos Bousoño (*Seis calas en la expresión literaria española*, Gredos, Madrid, 1956), este poema puede ser considerado como una síntesis de la correlación progresiva (lineal o paratáctica) y del paralelismo (organización vertical o hipotáctica) de las pluralidades. Pero es preciso insistir aquí en la importancia verdaderamente capital que adquieren para la significación general del poema vallejiano la anáfora y las reiteraciones.

Este tipo de poema muestra bien la importancia de la repetición para la organización del poema en el último libro de Vallejo. La recurrencia ordenada de los sintagmas da a la composición una forma que tiende constantemente a cerrarse sobre el término-obsesión que la ha suscitado; y sin embargo el poema *queda abierto*, en la medida en que, aunque de hecho termina en un momento dado, podría no obstante continuar indefinidamente por la recurrencia constante de la misma obsesión encarnada en el mismo esquema de organización.

c) Hallamos finalmente, a veces, el procedimiento, menos frecuente, pero igualmente importante para la comprensión de la estructura del poema, que ha sido caracterizado por Dámaso Alonso con el nombre de «diseminación recolectiva». Simple artificio retórico en numerosos poetas españoles del Siglo de Oro, la recolección, en conjuntos polisintagmáticos, de vocablos o expresiones diseminados en la composición, presenta, en la poesía vallejiana, un significado particular y contribuye a reemplazar (cosa importante para la coherencia y la organización del poema) el vínculo lógico tan a menudo ausente o deformado [5].

Se puede señalar en Vallejo dos modalidades de este procedimiento:

1.º *Recolección de palabras diseminadas en el poema.* El poeta recoge, muchas veces después de una enumeración, ciertas palabras que eventualmente pueden determinar un nuevo movimiento del poema, o bien darle fin. Veamos algunos ejemplos:

> Hoy me gusta la vida mucho menos,
> pero siempre me gusta vivir: ya lo decía.

---

[5] Carlos Bousoño (*op. cit.*, p. 269) ha insistido ya en la importancia que presentan, para la organización del poema moderno, la reiteración, la anáfora y la correlación de ciertos sintagmas: «La correlación se mostrará entonces, junto a la anáfora y otras apoyaturas semejantes, como un elemento fortificador de la estructura poemática que impide el derrumbamiento de ésta.»

Casi toqué la **parte** de mi **todo** y me contuve
con un tiro en la lengua detrás de la palabra.

....

¡Tántos años y siempre mis semanas!
Mis padres enterrados con su piedra
y su triste estirón que no ha acabado;
de cuerpo entero hermanos, mis hermanos,
y, en fin, mi ser parado y en **chaleco**.

....

Dije **chaleco**, dije
todo, **parte**, **ansia**, **dije casi**, por no llorar

....

(*Poemas humanos*, p. 307)

Los últimos versos citados recogen las palabras del tercer verso del poema, los que podría hacernos pensar en un simple procedimiento de reiteración, pero recogen también la palabra *chaleco*, que está bastante lejos de este tercer verso: nos encontramos, pues, en presencia de un caso de diseminación recolectiva, aún sumamente simple, es verdad. Podemos notar, además, que la palabra «ansia» recoge de manera puramente nocional, no literal, un contenido significativo difuso en toda la primera parte del poema.

Veamos otro ejemplo, extraído de «Los nueve monstruos» (p. 321):

Y, **desgraciadamente**,
el dolor crece en el mundo a cada rato,
crece a treinta **minutos** por segundo, paso a paso,
y la naturaleza del dolor, es el dolor dos veces,
y la condición del martirio, carnívora, voraz,
es el dolor, dos veces
y la función de la yerba purísima, el dolor dos veces
y el bien de ser, dolernos doblemente.

Jamás, **hombres humanos**,
hubo tánto dolor en el pecho, en la solapa, en la cartera,
en el vaso, en la carnicería, en la aritmética!
jamás tánto cariño doloroso,
jamás tan cerca arremetió lo **lejos**,
jamás el fuego, nunca
jugó mejor su rol de frío muerto!
Jamás, **señor ministro de salud**, fue la salud más mortal
y la migrañña extrajo tanto frente de la frente!
y el mueble tuvo en su **cajón**, dolor,
el corazón, en su **cajón**, dolor,
la **lagartija**, en su **cajón**, dolor.

Crece la desdicha, **hermanos hombres**,
más pronto que la máquina, a diez máquinas, y crece
con la res de Rousseau, con nuestras barbas;
....
Invierte el sufrimiento posiciones, da función
en que el humor acuoso es vertical
al pavimento,
....
¡Cómo, **hermanos** humanos,
no deciros que ya no puedo y
ya no puedo con tánto **cajón**,
tánto **minuto**, tánta
lagartija y tánta
inversión, tánto **lejos** y tánta sed de sed!
Señor Ministro de Salud: ¿qué hacer?
¡Ah! desgraciadamente, **hombres humanos**,
hay, **hermanos**, muchísimo que hacer.

Aquí nos encontramos ya ante un caso característico de diseminación recolectiva. La última estrofa de «Los nueve monstruos» cierra el poema recogiendo nueve palabras o expresiones diseminadas en el texto (dos de la primera estrofa, cinco
de la segunda, y dos de la tercera), con una intención evi-

dente de resumen o síntesis; pero es de observar que justamente la palabra-eje del poema, el *dolor* o sus equivalentes (martirio, sufrimiento, desdicha, mal) que aparece diecinueve veces a lo largo del poema, no ha sido recogida, de donde se puede colegir que la enumeración final está destinada a reafirmar de modo sumamente enérgico la identificación subjetiva del dolor con los diversos elementos heterogéneos que pueblan el poema: Ya no puedo con tanto cajón, tanto minuto, tanta inversión, tanta lagartija, tanto lejos... = *Ya no puedo con tanto dolor*. Es éste, pues, un ejemplo muy significativo de la función a la vez organizadora y expresiva del procedimiento.

De manera aún más sistemática, más obstinada, el poema «Terremoto» (p. 285) desarrolla este tipo de estructura, haciendo depender de ella toda la organización de la composición:

¿Hablando de la **leña**, callo el **fuego**?
¿Barriendo el suelo, olvido el **fósil**?
Razonando,
¿mi trenza, mi **corona de carne**?
(Contesta, amado **Hermeregildo**, el brusco;
pregunta, **Luis**, el lento!)

¡**Encima, abajo**, con tamaña altura!
¡**Madera**, tras el **reino de las fibras**!
¡**Isabel**, con **horizonte** de entrada!
¡**Lejos**, al **lado**, astutos **Atanacios**!

¡Todo, la parte!
Unto a ciegas en luz mis calcetines,
en riesgo, la gran paz de este peligro,
y mis cometas, en la **miel** pensada,
el **cuerpo** en **miel llorada**.

¡**Pregunta, Luis; responde, Hermeregildo!**
¡**Abajo, arriba, al lado, lejos!**

> ¡Isabel, fuego, diplomas de los muertos!
> ¡Horizonte, Atanacio, parte, todo!
> ¡Miel de miel, llanto de frente!
> ¡Reino de la madera,
> corte oblicuo a la línea del camello,
> fibra de mi corona de carne!

Como vemos, en la última parte del poema, introducida por «Pregunta, Luis...», Vallejo recoge, en un orden diferente, pero de manera literal y casi exhaustiva, las palabras de la primera parte. Quedan fuera de esta recolección algunas palabras de la primera estrofa, y otras, más numerosas, de la tercera; por otra parte constatamos la presencia de un verso (*corte oblicuo a la línea del camello*) que parece romper el sistema de la estrofa compuesta exclusivamente, salvo este verso, de palabras reiteradas. Pero es posible ampliar el campo de las reiteraciones, si aceptamos que éstas pueden ser no sólo literales, sino también conceptuales o nocionales. Así, podemos identificar «leña» y «madera» (noción que resultaría entonces reiterada dos veces), «fósil» y «diplomas de los muertos», mientras que «frente» reitera la noción de «pensar» contenida en «miel pensada» (se trata aquí de una doble reiteración sintética o condensación: miel pensada/miel llorada = miel de miel/llanto de frente); estos vocablos que se refieren a la esfera del pensar están en relación, a su vez, con el «Razonando» del principio, y, por consiguiente, lo recogen implícitamente. Conviene recordar, por otra parte, que la palabra «cometa» puede sugerir a veces en Vallejo el espíritu [6], opuesto

---

[6] Así, por ejemplo, en el poema «Oye a tu masa, a tu cometa, escúchalos...» (p. 369), el contexto nos permite interpretar la oposición «masa/cometa» en la perspectiva de los dos planos o esferas de significación en los que se organiza un poema como «Terremoto» (Cuerpo, animal, materia opaca/espíritu, fuego, luz). En efecto, la noción de «cometa» es reiterada en la expresión «cola del fuego» y desarrollada al final del poema (como en «Terremoto») en las alusiones a la vida intelectual o espiritual: «frente», «piensa», «dios». En el otro plano, «masa» se prolonga en «cetáceo», «humo» y «bestia». De una manera aún más evidente Vallejo opone los cometas al reino animal en el

al cuerpo que es identificado con el animal en general o con algún animal en particular. De donde podemos conjeturar que la palabra «camello» se relaciona aquí con la esfera del cuerpo, del ser humano considerado como ente material. Habría, pues 23 palabras recogidas en recapitulación final, en un poema que consta, en todo por todo, de 23 versos (contra 69 versos en «Los nueve monstruos» en que el poeta no ha recogido al final sino nueve palabras). Pensamos que esta amplia aglomeración de vocablos reiterados obedece, en el caso de «Terremoto», a razones que conciernen a la estructura y a la organización misma del poema. En efecto, basta con una lectura para constatar que «Los nueve monstruos» posee una organización interna bastante rigurosa sustentada en la elección de un vocabulario que, por más heteróclito que pueda parecer, adhiere constantemente a la intuición central, única, expresada por la repetición constante de la palabra «dolor» o equivalentes. La recapitulación final se limita entonces a· reforzar, mediante las identificaciones operadas, la coherencia de todo el poema. «Terremoto» nos sitúa ante un caso diferente. Nos encontramos aquí en un terreno movedizo, en una especie de cataclismo mental que sacude hasta en sus cimientos la estructura del poema. *Ex abrupto* nos encontramos frente a unas interrogaciones que surgen sin que podamos determinar con claridad su objeto, seguidas sin transición por una serie de exclamaciones en las que se afrontan términos contradictorios, fragmentos de pensamiento que no aparecen sino para naufragar, igual que en *Trilce*, en el silencio, sin mostrarnos el hilo conductor de la intuición central. El poema podría terminar en la tercera estrofa, pero nos dejaría una profunda impresión de incoherencia. Vallejo agrega una estrofa en la que recoge algunas palabras de la primera parte que podemos considerar

---

poema «España, aparta de mí este cáliz» (p. 479). Sobre la interpretación de «cometa» como «espíritu», cf. J. Higgins, «The conflict of personality in César Vallejo's Poemas humanos», en *Bulletin of Hispanic Studies*, vol. XLIII, núm. 1, january 1966, Liverpool University Press, p. 53.

como palabras-clave. Es, pues, en esta última estrofa donde habrá que buscar un esbozo de organización de este poema dislocado.

Notemos, en primer lugar, que los últimos versos recogen los elementos diseminados en los primeros, no en desorden, sino en un orden diferente; analizando, podemos encontrar dos modalidades que pueden servirnos de hilo conductor: o bien el orden en que se encuentran dispuestas las palabras de la última estrofa es exactamente inverso al de las estrofas precedentes (contesta-pregunta/pregunta-responde; encima-abajo/ abajo-arriba; lejos al lado/al lado-lejos; todo-la parte/parte-todo); o bien el poeta acerca elementos más o menos alejados, ya sea que los deje coexistir o afrontarse (Isabel-fuego), ya sea que los funda en sintagmas sintéticos (llanto de frente, fibra de mi corona de carne, etc.). En todo caso, hay un orden, y este orden nos sugiere ya un esfuerzo de organización y, por consiguiente, un sentido coherente que depende de una intuición directora, aunque latente.

Para elucidar este sentido y evidenciar este conato de organización es preciso operar previamente cierto número de sustituciones o identificaciones (que el texto ofrece por sí mismo) y, para ello, reanudar, desde el principio, el análisis del poema. En la primera estrofa, las interrogaciones de los primeros versos se quedan sin respuesta, pero en lugar de la respuesta encontramos un paréntesis insólito: la confrontación de dos personajes designados por sus nombres; Luis pregunta y Hermeregildo responde (o *debe* responder, puesto que el verbo está en imperativo). Resulta imposible por el momento determinar el sentido de estas preguntas oscuras. Hermeregildo no responde nada. La estrofa se detiene en seco, dominada por el ritmo urgente de las preguntas.

La segunda estrofa está dominada por los puntos de exclamación, que son aquí el signo del asombro y la perplejidad. Los adverbios de lugar se oponen excluyéndose, en el primero y en el cuarto versos, mientras que aparecen dos nuevos nombres: Isabel y Atanacio(s), cuya función en el poema parece aún más oscura que la de los dos primeros que, por lo menos, «servían» para preguntar y contestar. No obstante, podemos notar que Isabel está en relación con un «horizonte de entrada» cuyo sentido tampoco nos aparece muy claro, y los Atanacios del último verso se refieren vagamente a la contradicción entre «lejos» y «al lado», palabras que, en sí mismas, corresponden formalmente a la oposición entre «encima, abajo». El primre verso de la tercera estrofa reitera, siempre en el tono perplejo de la exclamación, este choque nocional o afectivo entre elementos incompatibles del espacio: «¡todo, la parte!» Pero a partir de ahí, los cuatro últimos versos de esta primera parte del poema toman la forma declarativa, aunque sigan acumulando términos contradictorios e incompatibles (a ciegas — en luz, mis cometas — el cuerpo, miel pensada — miel llorada), o expresiones oscuras difíciles de analizar conceptualmente. «Unto a ciegas en luz mis calcetines/ en riesgo la gran paz de este peligro.» La dificultad procede aquí no sólo de las expresiones en sí mismas, sino de la ausencia de un contexto coherente en el que pudiéramos apoyarnos para un trabajo de interpretación. Lo único que podemos hacer, como en la estrofa anterior, es establecer ciertas correspondencias entre las palabras; así, «unto» podría tener una relación semántica con «miel», elemento que, por otra parte, se refiere explícitamente a la noción de *llanto*. Encontramos, sin embargo, en medio del desorden expresivo en que se desarrolla toda esta primera parte, ciertos elementos característicos que, constantes en la obra de Vallejo, ofrecen un sigfinicado inmediato. Tal es el caso de los adverbios o los nombres contradictorios y yuxtapuestos (obsesión del absurdo y de la contradicción), y de la forma interrogativa, que en lugar de resolverse en una respuesta se prolonga en la incertidumbre. En resumen, la impresión global que dejan estas tres primeras estrofas es la de una visión caótica de lo real, en la que se anudan inexplicables e inextricables contradicciones.

Ahora bien, al reordenar en la última estrofa estos elementos, Vallejo, aunque sin superar las contradicciones inherentes a su visión de la realidad, logra sin embargo imponer un orden y una estructura a este caos. En primer lugar, los términos relativos a la pregunta y la respuesta son dispuestos en un solo verso, el primero, que sintetiza así lo esencial de la primera estrofa. El segundo verso reagrupa los cuatro términos que designan relaciones contradictorias del espacio, cuya enumeración salta por encima del tercer verso para completarse en el cuarto (esta distancia nos parece corresponder al espacio o hiato entre la segunda y la tercera estrofas). El tercer verso y el segundo hemistiquio del cuarto agrupan elementos de la segunda y la primera estrofas y, finalmente, los cuatro últimos versos operan condensaciones o síntesis decisivas para la comprensión del poema.

Hemos dicho que la palabra «frente» se relaciona con «miel pensada» y con «razonando»; pero dado el sistema de oposiciones y aproximaciones que rige todo el poema, podemos descubrir que «miel pensada» se relaciona con «cometas» (símbolo de espíritu) y por consiguiente con «luz» y «fuego». Por otra parte, «reino de la madera» (madera procede etimológicamente de «materia») se refiere a «camello», «miel llorada», «cuerpo», «corona de carne», «leña». Podemos distinguir entonces con más claridad los dos planos contradictorios que forman el centro de interés del poema: A) el plano del espíritu, del alma y del pensamiento (*A1* fuego, *A2* razonando, *A3* Isabel, *A4* luz, *A5* riesgo, *A6* cometas, *A7* miel pensada) que *corta oblicuamente* (penúltimo verso) a B), el plano de la materia, del cuerpo, de la vida fisiológica (*B1* leña, *B2* corona de carne, *B3* relaciones y elementos del espacio, encima, abajo, etcétera, *B4* madera, *B5* Atanacios, *B6* a ciegas, *B7* el cuerpo, *B8* miel llorada, *B9* camello. La asimilación de los nombres propios a cada uno de estos dos planos nos parece quedar justificada por su posición en el poema y por las relaciones de proximidad que guardan con las constelaciones de palabras que designan la materia o el espíritu: estos nombres tie-

nen un sentido simbólico difuso e indeterminado que aparece
ocasionalmente en otros poemas de Vallejo [7].

Hemos dejado ciertas expresiones claves fuera de estos
reagrupamientos que escinden la significación del poema en
dos esferas opuestas y complementarias. Es que tales expresiones nos parecen referir a un tercer plano, el de la trascendencia, del más allá o de la permanencia de la muerte, que
aparece como un *horizonte* hacia el cual el hombre proyecta
un sueño trascendente de unidad. «Suelo» y «fósil» («diplomas de los muertos») se afrontan así como la superficie de la
existencia y una profundidad de donde lo muerto sigue dando
testimonio del ser («en el confluente del soplo y el hueso»,
decía el poeta de *Trilce*): el hueso, perpetuado en fósil, es el
símbolo mismo del cuerpo vivo, cuyo armazón constituye, pero
al mismo tiempo orienta el pensamiento hacia esa unidad misteriosa de la muerte que atormentaba tanto al autor de *Los
heraldos negros* [8]. Notemos, para terminar, el lugar central
ocupado por la palabra *horizonte*, símbolo de la unidad soñada, en medio de la primera parte del poema, entre la segunda
y la tercera estrofas primero, y luego, inmediatamente después
de «diplomas de los muertos», entre «Isabel, fuego» y «Atanacio, parte, todo», línea ideal que debería zanjar en una
esfera trascendente nunca alcanzada el doloroso conflicto entre
el alma y el cuerpo, entre el ser espiritual y el animal: *el alma
que sufrió de ser su cuerpo*; «llanto de frente», «fibra de mi
corona de carne» [9] son expresiones que funden en una síntesis

---

[7] Cf. *Trilce* XXII: «Es posible me juzguen Pedro», y *Poemas humanos*, p. 405: «benditas sean las orejas sánchez», pero sobre todo el
poema «El alma que sufrió de ser su cuerpo»: «extendiendo tus juanes
corporales». Estos «juanes» en «Terremoto» se han convertido en
«Atanacios» en conflicto con una «Isabel» espiritual.

[8] El motivo de los huesos y del esqueleto persiste con fuerza en
Poemas humanos. Cf. p. 351: «corazónmente unido a mi esqueleto»,
p. 433: «mi querido esqueleto ya sin letras», p. 369: «a paso redoblado
de esqueleto».

[9] La condensación operada por esta expresión se funda en el doble
sentido, real (fibra muscular) y figurado (fibras del alma) de esta
palabra.

evidente, aunque siempre precaria, inexplicable y problemática, los términos de la dualidad que se afrontaban en los primeros versos del poema. La coexistencia del alma y el cuerpo, del espíritu y el animal en un solo ser concretamente existente, lejos de responder a las preguntas que abrían el poema, las prolongan a través del tono de perplejidad que sigue dominando bajo el signo de la exclamación: Luis sigue planteando preguntas a las que Hermeregildo no puede contestar sino mostrando los aspectos contradictorios e incompatibles de la existencia. Señalemos finalmente la importancia del verso «corte oblicuo a la línea del camello», que sugiere la animalidad atravesada por el espíritu, pero que halla también una correspondencia formal en la arquitectura visible del poema que, a través del doble eje horizontal y vertical en que se efectúa el juego de las oposiciones y las aproximaciones, nos da, en efecto, una serie de líneas oblicuas que se cortan, vinculando entre sí ciertas palabras importantes. He aquí un esquema:

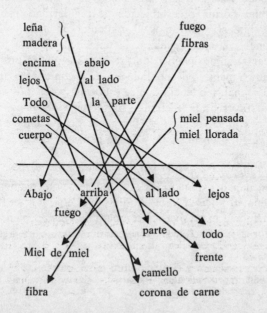

Creemos que este esquema muestra con suficiente claridad la importancia del procedimiento analizado para la estructura y la construcción del poema.

2.º *Reiteración de expresiones no diseminadas que ocupan un lugar determinado en la arquitectura del poema.* Un ejemplo característico de este subtipo es el de «Calor, cansado voy con mi oro, adonde...» (p. 353) que reagrupa en la estrofa final los últimos versos de cada una de las cuatro estrofas: «¡Es como si me hubieran puesto aretes!/ Es como si se hubieran orinado!/ ¡Es como si te hubieras dado vuelta!/ ¡Es como si contaran mis pisadas!» Subrayemos el hecho de que los versos de la primera, segunda y cuarta estrofas son reiterados sin ninguna modificación, mientras que el de la tercera está ligeramente modificado: en efecto, «Es como si *te hubieras* dado vuelta» recoge el verso: «Es como si *te hubieran* dado vuelta». Este cambio en la persona del verbo puede traducir, desde el punto de vista formal, la aversión de Vallejo a someterse a cualquier norma preestablecida de regularidad o simetría, mientras que si analizamos el contenido mental de las dos expresiones, veremos revelarse la tendencia de esta poesía a identificar el sujeto poético que se expresa por el pronombre «yo» (muy a menudo desdoblado en «tú») con el «se» anónimo y transpersonal, tendencia que se esbozaba ya en *Los heraldos negros* a través de la declarada preferencia del poeta por las expresiones impersonales: «¡Hay ganas de quedarse plantado en este verso!», en lugar de «Tengo ganas de quedarme...» [10].

2) *Enumeraciones sistemáticas, vocablos o expresiones «en cascada» o aglomerados.* La enumeración, caótica o no, desempeña en *Poemas humanos* un papel que, por su frecuencia y su fuerza expresiva, es comparable cuando menos al de las anáforas, reiteraciones y recolecciones de las que acabamos

---

[10] Entre el primero y el último libro se da así una evolución entre la expresión impersonal que pone al sujeto entre paréntesis (hay ganas) y la expresión transpersonal que lo pluraliza o lo universaliza.

de tratar. Si los procedimientos analizados en las páginas precedentes traducían en el plano formal de la escritura la presencia de obsesiones ontológicas centrales e inmóviles, la técnica de la enumeración y de la aglomeración de términos de la misma categoría gramatical o de categorías diferentes responde al proyecto de agotar, mediante la multiplicación siempre recomenzada de las palabras, el sentido inagotable de la realidad. Frente a los rostros contradictorios del hombre, confrontado con el misterio del dolor y del ser, el poeta acumula palabras en «pirámides escritas» siempre ansioso de aprehender con los instrumentos imperfectos del lenguaje las intuiciones inefables que le obsesionan. Descubrimos así en estas cadenas de palabras la ilustración concreta del problema que se planteaba al poeta en «Intensidad y altura» (p. 347): «no hay cifra hablada que no sea suma». El lenguaje poético es un sistema de pluralidades. Estas pluralidades adicionan lo diverso a lo diverso, las partes a las partes, los aspectos a los aspectos, y constituyen así un polo del universo poético, mientras que el otro está representado por las intuiciones obsesionales que, como hemos visto, se reafirman en su unidad a lo largo del poema, por la anáfora y la reiteración. Como lo muestra «Yuntas» (p. 279), esta unidad de la intuición puede ser considerada como una especie de síntesis a priori, frente a la cual los diversos tipos de enumeración tendrán una función esencialmente analítica, de explicación o explicitación. Las enumeraciones de Vallejo, por consiguiente, no serán siempre «desarticuladas» o «caóticas», como parece pretenderlo Giovanni Meo Zilio [11], quien recoge una expresión de Leo Spitzer. Las

[11] V. Giovanni Meo Zilio, *Stile e poesia in Cesar Vallejo*, Liviana editrice in Padova, 1960. Leo Spitzer, en efecto, estudia la enumeración que él llama caótica, en particular en Walt Whitman y en Paul Claudel (cf. L. Spitzer, *Lingüística e historia literaria*, Gredos, Madrid, 1955, p. 295 *sic*). Amado Alonso se sirve de la misma expresión (enumeración caótica o desarticulada) para caracterizar ciertos poemas de Neruda (*Poesía y estilo en Pablo Neruda*, Ed. Sudamericana, Buenos Aires, 1951). Pero esta designación nos parece ser inadecuada para los poemas de Vallejo; quizás habría que distinguir entre lo que el propio Spitzer llama los «catálogos» en la poesía moderna (y las enumeracio-

enumeraciones, en efecto, se *articulan* muy a menudo en torno a núcleos temáticos centrales; lo que les da a veces una apariencia caótica es la oscuridad, las contradicciones y las tensiones inherentes a la intuición que desarrollan. Estudiemos algunas modalidades del procedimiento:

De una manera general, la enumeración en *Poemas humanos* y *España, aparta de mí este cáliz* desarrolla series de expresiones o vocablos heterogéneos que explican o determinan analíticamente el contenido de una intuición básica. Así en «Traspié entre dos estrellas» (p. 405), verdadero prototipo del poema enumerativo, Vallejo, partiendo de la representación emocional de la existencia de los desgraciados con que se inicia el poema («¡Hay gentes tan desgraciadas...») y del movimiento de amor humano que suscitan, explicita poéticamente, en una larga lista, los «casos» particulares contenidos implícitamente en la expresión «gentes tan desgraciadas»: «¡Amadas sean las orejas sánchez!... amado el desconocido... el prójimo... el que lleva zapato roto... el que vela el cadáver de un pan... el que no tiene cumpleaños... el que perdió su sombra... el animal... el que parece un hombre... el pobre rico... el puro miserable...», etc. Este inventario de las víctimas de la miseria y la desgracia, de innegable fuerza expresiva, traduce el sentimiento y la intuición de lo individual concreto, la intensidad de un amor que va hacia cada ser que sufre; pero expresa también, en el plano de la palabra, el esfuerzo por agotar, enumerándolos, los innumerables aspectos de la desdicha: la enumeración podría proseguir indefinidamente, y no tiene nada de propiamente caótico. Un ejemplo no menos significativo nos es ofrecido en «Epístola a los transeúntes» (p. 293); se trata en este caso de la enumeración de las partes de un todo,

---

nes de Vallejo son justamente catálogos en la medida en que suponen un orden) y el llamado «estilo bazar», que correspondería propiamente a las enumeraciones caóticas de Neruda. Xavier Abril (*Aula Vallejo* 2-3-4, p. 142) dice que Vallejo solía preguntar: «¿Y qué dicen esos zorrillos sobre esa poesía caótica de Neruda?» La forma de la pregunta nos permite creer que Vallejo estaba lejos de considerar su propia poesía como «caótica».

y la intuición que sirve de base a la serie analítica explicativa es la de la desintegración del organismo en la muerte: «éste es mi grato peso... éste es mi brazo... éstas son mis sagradas escrituras... éstos mis alarmados compañones... éste ha de ser mi estómago... ésta aquella cabeza... éstos esos gusanos... éste ha de ser mi cuerpo... éste ha de ser mi hombligo» (*sic* en el manuscrito). La serie enumerativa es aquí doble; el poeta considera primero los órganos del cuerpo en el presente, en el ser aún vivo, para reanudar la enumeración en la segunda parte del poema en la perspectiva de la presencia inminente de la muerte. El poema «Telúrica y magnética» (p. 299) constituye también una aplicación interesante del procedimiento; en este poema la tierra andina es evocada a través de todos los elementos de una naturaleza humanizada por el trabajo; tampoco en este caso la enumeración es caótica o desarticulada, sino que está sometida a un orden en el que es posible incluso descubrir una progresión: al principio del poema predominan las palabras que evocan el reino vegetal, o más bien el reino humano de la agricultura: suelo... surcos... papeles... cebadales, alfalfares... cultivos... útiles... maíces; luego la enumeración recae esencialmente sobre los animales: patitos... paquidermo... roedores... asnos... vicuña... aves de corral... cuya o cuy... cóndores... auquénidos, para terminar en el verso, sumamente expresivo, que evoca directamente al hombre andino: «¡Indio después del hombre y antes de él!»; pero la presencia del hombre que transforma la *naturaleza* en *cultura* se halla difusa en todo el poema: los surcos son *inteligentes,* los campos son *humanos, intelectuales,* con *religión,* los asnos *patrióticos* y los leños *cristianos.* Del mismo modo los elementos minerales (monolito, especies en formación basáltica, oro), así como los que pertenecen a la naturaleza elemental no sometida por el hombre (viento, aguas, tierra, cielo, luz, lluvia, altura) están presentes a lo largo de todo el texto, formando como un marco a la vida del Indio eterno que gravita en torno a las labores rurales, las siembras, las cosechas, conceptos-ejes en que reposa la enumeración progresiva y vuelven de manera constante hasta el final del poema. Los ejemplos citados constituyen enumeraciones nominales; pero éstas pueden ser también verbales, y presentar series de acciones cuya rápida sucesión contribuye a dar por momentos a la poesía de *Poemas humanos* un ritmo acelerado, inquieto que, en ciertos casos, completa o equilibra la grave y monótona lentitud de los versos. Estas acumulaciones de verbos son así una fuente de movimiento, que se hace más lento o se acelera según que los verbos se encuentran más o menos alejados. Consideremos, por ejemplo, el poema «Ello es que el lugar donde me pongo...»:

> Ello es que el lugar donde **me pongo**
> el pantalón, es una casa donde
> **me quito** la camisa en alta voz
> y donde **tengo** un suelo, un alma, un mapa de mi España.
> Ahora mismo **hablaba**
> de mí conmigo, y **ponía**
> sobre un pequeño libro un pan tremendo,
> **y he**, **luego**, **hecho** el traslado, **he trasladado**,
> queriendo canturrear un poco, el lado
> derecho de la vida al lado izquierdo;
> más tarde me **he lavado** todo, el vientre,
> briosa, dignamente;
> **he dado** vuelta a ver lo que se ensucia,
> **he raspado** lo que me lleva tan cerca
> **y he ordenado** bien el mapa que
> cabeceaba o lloraba, no lo **sé** (p. 433).

Esta primera estrofa está dominada por una serie de verbos; pero el movimiento que éstos esbozan se halla como frenado por espacios ocupados, ya sea por la enumeración nominal (un suelo, un alma, un mapa de mi España), ya sea por el relieve particular que adquieren ciertos sintagmas particulares que nos detienen (sobre un pequeño libro un pan tremendo), o por la pausa prolongada de los adverbios (briosa, dignamente). Podemos notar, además, que los verbos están en el presente de duración, en imperfecto o en pasado compuesto, tiempos que prolongan la duración de la acción y, por consiguiente, hacen más lento el movimiento. Éste se precipita al contrario cuando el poeta acumula verbos en el presente puntual o en pretérito: «corro, escribo, aplaudo,/ lloro, atisbo, destrozo, apagan, digo/...» (p. 439); «Se va... vanse... pasa... hojeo... llora... se inclina... marca el paso... sale... te retratas... truena... y corren y entrechócanse...» (p. 399); «vino el sincero... se vio... nació... trenzáronse... diseñóse, borróse, ovó, matáronla (p. 429); «marchóse, vaciló... fulguró, volteó... replegóse» (p. 397). Es de observar, sin embargo, que cuando los verbos están yuxtapuestos, o muy próximos, precipitan siempre el verso en una cadencia acelerada, sea cual fuere el tiempo gramatical: imperfecto («ululaba... iba, tornaba, respondía, osaba» (p. 397), futuro («irá, acobardaráse, olvidará» (p. 397), o gerundio («va corriendo, andando, huyendo... huye subiendo, huye bajando... huye/alzando al mal en brazos» (p. 337).

Las aglomeraciones verbales por yuxtaposición que aparecen en estos ejemplos constituyen un esquema formal de enumeración que se encuentra también al nivel de otras categorías gramaticales, como los nombres y los adjetivos. Podemos considerar los poemas «La paz, la avispa, el taco, las vertientes» (p. 395) y «Transido, salomónico, decente» (p. 397) como casos privilegiados de aplicación de este esquema, que reaparece en numerosos poemas. Citemos como ejemplos, para los sustantivos: «Respingo, coz, patada sencillas/ triquiñuela adorada» (p. 283), «con símbolos, tabaco, mundo y carne» (id.), «Humillación, fulgor, profunda selva» (p. 385), «Horizonte, Atanacio, parte, todo» (p. 285), «el destino, las energías íntimas, los catorce/ versículos del pan» (p. 313), «años de tumba, litros de infinito,/ tinta, pluma, ladrillos y perdones», «La mañana, la mar, el meteoro...» (p. 381), «con su cognac, su pómulo moral/ sus pasos de acordeón, su palabrota» (p. 459), etcétera; en cuanto a los adjetivos, los ejemplos son innumerables: «cruel falacia/ parcial, penetrativa en nuestro trunco,/

volátil, jugarino desconsuelo» (p. 389), «zafia (*sic*), inferior, vendida, lícita, ladrona (*id.*), «cejón, inhábil, veleidoso» (página 393), «uñoso, somático, sufrido» (p. 283), «presa, metaloso, terminante» (p. 429), «cogitabundo, aurífero, brazudo» (p. 327), «Lo sé, lo intuyo cartesiano, autómata/moribundo, cordial, en fin espléndido», «bicolor, voluptuosa, urgente, linda» (p. 357), «Fatídico, escarlata, irresistible» (p. 397), «caliente, oyente, tierro, sol y luno» (p. 357), «mortal, figurativo, audaz diafragma» (p. 407), «interhumano y parroquial, provecto» (p. 325), «escarnecido, aclimatado al bien, mórbido, hurente» (p. 401), «un día diurno, claro, atento, fértil» (p. 439), etcétera.

Estos nombres y adjetivos eslabonados [12] son como estratos sucesivos de significación que modifican poéticamente —a ve-

---

[12] Las cadenas de adjetivos o nombres superpuestos se encuentran a menudo en los clásicos españoles; así, por ejemplo, en Quevedo: «Torcido, desigual, blando y sonoro...» «alegre, inadvertido y confiado» (Sonetos amatorios», III, Ed. Aguilar, *Obras completas en verso*, p. 51), o en Góngora: «sacros, altos, dorados, capiteles», «oro, lirio, clavel, cristal luciente» (*Obras completas*, Aguilar, pp. 447-460), o «en tierra, en humo, en polvo, en sombra, en nada» (*Ibíd.*, p. 447) (Cf. en Vallejo *Poemas humanos*, p. 397: «En sociedad, en vidrio, en polvo, en hulla»); y las hallamos aún en el siglo XIX en los románticos, de los que Vallejo se había alimentado abundantemente en sus años de juventud: «Fresca, lozana, pura y olorosa» (Espronceda). Juan Larrea ha consagrado excelentes páginas a esta cuestión («Considerando a Vallejo...», en *Aula Vallejo* 5-6-7, Córdoba, pp. 216 y sig.), demostrando que es absurdo invocar la influencia de Mallarmé, como lo hace Xavier Abril a propósito del verso «Fatídico, escarlata, irresistible» (*César Vallejo o la teoría poética*, Taurus, Madrid, 1964, p. 29). Vallejo, en efecto, tenía gran familiaridad con los clásicos españoles y es evidente que resulta más sensato vincular ciertas particularidades de la expresión en *Poemas humanos* con Quevedo o Góngora que con Mallarmé. No obstante, es preciso subrayar que el sentido y el contexto literario del empleo del procedimiento no es en absoluto el mismo en Vallejo y en los poetas españoles del Siglo de Oro. En efecto, en estos últimos —como lo expone Dámaso Alonso a propósito de Lope de Vega (*Poesía española*, Gredos, Madrid, 1957, pp. 431 y sigs.)— las cadenas de palabras yuxtapuestas se integran muy a menudo en un sistema cerrado de correspondencias formales —oposiciones simétricas de parejas de conceptos contrarios y correlaciones «geométricas» (el término es de Dámaso Alonso, artificios retóricos que arraigan históricamente en el manierismo petrarquista. En el propio Petrarca po-

ces simbólicamente— la materia de una intuición que arraiga en lo desconocido y sufre el embate incomprensible de los contrarios: revelan así aspectos diversos y a menudo contradictorios de una realidad inasible en su unidad concreta; ello nos permite distinguir, junto a la enumeración-inventario, una enumeración-definición, que determina cualidades significativas esenciales en un sujeto. Los ejemplos más claros son aquellos en que se manifiesta la visión o la concepción vallejiana del hombre: «el bimano, el muy bruto, el muy filósofo», dice Vallejo, superponiendo de manera simple conceptos contradictorios. La esfera de determinación se hace más amplia en el poema «Quisiera hoy ser feliz de buena gana... (p. 319), lo que da mayor amplitud también a la esfera de la contradicción:

> Hermano persuasible, camarada,
> padre por la grandeza, hijo mortal,
> amigo y contendor, inmenso documento de Darwin:

La visión que tiene Vallejo del hombre se compone de «encontradas piezas», y logra su expresión formal en este tipo de enumeración.

Podemos concluir de todos estos ejemplos que los sistemas de pluralidades léxicas que corresponden a los diversos tipos de enumeración adquieren en *Poemas humanos* un relieve y una extensión insólitos, y están determinados por la complejidad y la oscuridad de las intuiciones básicas, que sitúan toda la obra bajo el signo de la agnosis.

---

demos hallar ejemplos bastante ilustrativos de este artificio; así «Fresco, ombroso, fiorito e verde colle», constituye el primer verso de un soneto que es correlativo de una «cadena de cierre» análoga en el último verso: «O sacro, avventuroso e dolce loco». Ahora bien, en Vallejo esta intención de virtuosidad formal sencillamente no existe. Su tendencia a construir series de adjetivos o nombres yuxtapuestos es tan inherente a la estructura interna de su obra como lo son el ritmo o la reiteración de vocablos obsesivos. Así la aparición de estas cadenas verbales en *Poemas humanos*, es libre e irregular, en general asimétrica, y no se sujeta a ninguna norma o artificio estilístico preestablecidos.

PENSAMIENTO Y POESIA EN *POEMAS HUMANOS* DE CÉSAR VALLEJO: LA DIALÉCTICA COMO MÉTODO POÉTICO

> El lenguaje se nos aparece como un fenómeno tan íntimamente ligado al pensamiento que muchas veces forma un solo cuerpo con él, cuando no lo suscita enteramente. Se tratará... de demostrar que los vínculos entre el pensamiento y la poesía están comprendidos dentro de la estructura del ser, y que, por consiguiente, la poesía no es únicamente un modo literario más o menos convencional, sino que constituye al mismo tiempo una forma particular de la expresión del pensamiento.
>
> (Tristan Tzara: *El surrealismo y la postguerra*.)

El lector de *Poemas humanos* experimenta una sensación irritante. El hermetismo del lenguaje, tan frecuente en la poesía moderna, resiste a sus costumbres de lectura. Esta vez, de nada o de poco le sirve abandonarse a las sonoridades del idioma o acechar en su propia sensibilidad aquellas sugerencias deliciosamente inciertas que suele despertar la palabra poética. Hay más —y esto aumenta su irritación—: este discurso, en su mayor parte ininteligible a la primera lectura, le da la impresión de un constante afán de intelección, por decirlo así. Nuestro lector intuye que, contrariamente a la tendencia general de la poesía contemporánea, al signo lingüístico se le concede lo más mínimo posible de arbitrariedad. Ciertas características le llaman la atención que contribuyen a esta impresión de rigor demostrativo: la increíble frecuencia de construcciones antitéticas, el uso de procedimientos tales como la correlación o la diseminación recolectiva, la estructura a menudo didáctica de los poemas, y esta voluntad deliberada, poco usual en un poeta, de dejar visible, si no de subrayar, los nexos lógicos de un discurso que carece aparentemente de lógica.

Una de las conclusiones posibles de nuestro lector, y que nos servirá de hipótesis de trabajo, es que el hermetismo de los *Poemas humanos* es un hermetismo de un tipo particular, que no exige de él entregarse a la irracionalidad sino someterse a una nueva lógica: un hermetismo fundado no en el rechazo del pensamiento conceptual sino en la instauración de una nueva clase de vínculos entre poesía y pensamiento, tentativa de la cual salen radicalmente transformadas tanto la práctica reflexiva como la poética.

* * *

Antes de definirse por su actividad de productor, antes de definirse por su capacidad de transformar el mundo, el hombre vallejiano se define por su capacidad de sufrir.

Todos los comentaristas han destacado la posición central del sufrimiento en la poesía de Vallejo, pero enfocando esencialmente el tema desde el punto de vista de «la persona confesional»[1]. Es cierto que la confesión desgarradora y desolada asoma en todas partes de la obra. Pero la originalidad de los *Poemas humanos* consiste precisamente en que confesión y

---

[1] La expresión es de Julio Ortega, autor de un excelente estudio titulado «La poética de la persona confesional» (Ángel Flores, *Aproximaciones a César Vallejo*, Nueva York, Anaya-Las Américas, 1971).

emoción no excluyen la reflexión, sino todo lo contrario: parece como si el sufrimiento cuajara en una meditación que, en varios poemas, se da como eje principal la crítica y redefinición de la consciencia y del pensamiento humanos.

La experiencia dolorosa funciona, a partir de *Poemas en prosa*, como un sustituto de la experiencia material. Ello explica la extraña objetivación del dolor que se va observando ya desde el famoso texto titulado «Voy a hablar de la esperanza», donde Vallejo lo describe como una experiencia tan profunda, tan sin fondo, que llega a ser totalmente impersonal:

> Yo no sufro este dolor como César Vallejo. Yo no me duelo ahora como artista, como hombre ni como simple ser vivo siquiera. Yo no sufro este dolor como católico, como mahometano ni como ateo. Hoy yo sufro solamente. Si no me llamase César Vallejo, también sufriría este mismo dolor. Si no fuese artista, también lo sufriría. Si no fuese católico, ateo ni mahometano, también lo sufriría. Hoy sufro desde más abajo. Hoy sufro solamente [2].

Éste es el primer paso de la asimilación de la experiencia del dolor a la experiencia material. Esta asimilación, que encontrará en «Los nueve monstruos» su expresión más perfecta (el crecimiento del dolor confundido con el crecimiento de la vida), la hace posible la primacía que el sufrimiento concede al cuerpo. A través del cuerpo y gracias al sufrimiento, el hombre tiene la revelación de su materialidad esencial. «El sufrimiento invierte posiciones» (es un verso de «Los nueve monstruos»), restablece las verdaderas jerarquías, hace del cuerpo el fundamento de la consciencia humana. En la «cosa cosa», en la «cosa tremebunda» ella tenía su sede, y no en las alturas enrarecidas de la abstracción. Léase, por ejemplo, la «Epístola a los transeúntes»:

---

[2] «Voy a hablar de la esperanza», *Poemas en prosa*.

Éste (es) mi grato peso que me buscara hacia abajo
para pájaro,
éste es mi brazo
que por su cuenta rehusó ser ala [3].

El hombre ha de renunciar a la tentación idealista del vuelo
y honrarse, como lo escribirá el poeta de *España, aparta de
mí este cáliz*, con una linda alusión al mito de Ícaro, de sus
«famosas caídas de arquitecto...» [4]. Es en la profundidad «fini-
ta» de su cuerpo doloroso, es hacia abajo por donde encontrará el camino de toda elevación y de todo conocimiento, camino resumido en este verso de *Poemas* humanos:

Y subo hasta mis pies desde mi estrella [5].

Abundan en el libro estas paradojas que apuntan hacia una
desmixtificación de los comportamientos usurpadores del pensamiento. Pero importa subrayar que esas inversiones no son
nada mecánicas: al perder su primacía sobre la materia, el
pensamiento no pierde su prestigio. La capacidad de abstracción, desviada por el idealismo para sustituir a la realidad su
representación fantástica, no deja de ser esencial en la definición de lo humano. En un interesante poema de *Poemas humanos*, «Tengo un miedo terrible de ser un animal...», el
poeta evoca la tendencia del hombre a eludir «linealmente»
(es el término que, para Vallejo, se opone a «dialécticamente») la dichosa inconsciencia que hereda de su origen animal.
Califica esta tendencia de «disparate», pero, inmediatamente,
dialectiza:

...un disparate, una premisa ubérrima
a cuyo yugo ocasional sucumbe
el gonce espiritual de mi cintura [6].

---

[3] «Epístola a los transeúntes», *Poemas humanos*.
[4] «Himno a los Voluntarios de la República», *España, aparta de
mí este cáliz*.
[5] «Al cavilar en la vida, al cavilar...», *Poemas humanos*.
[6] «Tengo un miedo terrible de ser un animal...», *Poemas humanos*.

O sea: ese disparate —querer emanciparse de la inconsciencia animal— es algo positivo. Es «premisa ubérrima» en cuanto el hombre *es* este disparate. Pero es una premisa que puede convertirse en algo negativo, en «yugo ocasional», si acarrea para el hombre un olvido de su origen material, y si lo convierte en aquel

> a cuyo olfato huele a muerto el suelo [7].

¿La conclusión?

> Fajarse la doctrina, la sien, de un hombre a otro [8].

es decir, ocupar los dos polos de la contradicción: negar la animalidad y negar esta negación, asumir en un gesto único la abstracción y su contrario:

> Bestia dichosa, piensa;
> dios desgraciado, quítate la frente.
> Luego hablaremos [9].

aconsejaba Vallejo en otro poema. Para ser humano —plena y concretamente humano— el pensamiento tiene que hacerse dialéctico.

* * *

La contradicción no aparece en la poesía de Vallejo con *Poemas humanos*. Estrechamente vinculada con la conciencia temporal, existe ya en *Los heraldos negros* y empieza a proliferar en *Trilce*. Pero es en *Poemas humanos* donde, sin dejar nunca de ser vivida dolorosamente, deja de presentarse como una modalidad del absurdo.

---

[7] *Ibidem.*
[8] *Ibidem.*
[9] «Oye a tu masa, a tu cometa...», *Poemas humanos.*

La locura, la demencia, frecuentemente mencionadas en *Trilce*, lo son también en *Poemas humanos*, pero ahora reciben una función, una finalidad:

> Importa oler a loco postulando
> ¡qué cálida es la nieve, qué fugaz la tortuga,
> el cómo qué sencillo, qué fulminante el cuándo! [10].

El absurdo, en *Poemas humanos*, cambia de campo. Absurdo, incomprensible, sería un mundo sin contradicciones. Éste es precisamente el tema de «Viniere el malo...», poema en el cual, rehabilitando irónicamente el viejo futuro subjuntivo, Vallejo evoca un mundo de la universal reconciliación, un mundo donde, para existir, cada cosa no necesitaría de su propia negación, un mundo donde

> sobrase nieve a la noción de fuego [11],

donde «faltare»

> naufragio al río para resbalar [12].

Hipótesis absurda de una armonía desmentida por toda la experiencia humana, lo que lleva el poeta a interrogar en los últimos versos del poema:

> Sucediere ello así y así poniéndolo,
> ¿con qué mano despertar?
> ¿con qué pie morir?
> ¿con qué ser pobre?... [13].

O sea: ¿cómo comprender la vida sin la muerte? — ¿Cómo comprender la pobreza — ¿cómo ser pobre, con qué? — si

---

[10] «Sombrero, abrigo, guantes», *Poemas humanos*.
[11] «Viniere el malo...», *Poemas humanos*.
[12] *Ibidem*.
[13] *Ibidem*.

mi pobreza no fuera implicada socialmente por la riqueza de mis explotadores, si el ser pobre (recordemos aquel otro verso de *Poemas humanos*:

la cantidad enorme de dinero que cuesta el ser pobre [14])

no fuera el resultado de la cantidad enorme de dinero acumulado en el otro polo de la sociedad?

Entre las «suposiciones» que emite Vallejo en «Viniere el malo...», solamente la última no era absurda:

me dolieren el junco que aprendí,
la mentira que inféctame y socórreme [15].

«El junco que aprendí»: el pensamiento, pero el pensamiento como mentira sistematizada, el idealismo. Al referirse a la famosa imagen de Pascal, «el hombre es un junco que piensa», Vallejo la modifica. En su versión —«el junco que aprendí»— el pensamiento se vuelve exterior al sujeto pensante para ser algo ajeno que enajena, es decir:

...la mentira que inféctame y socórreme.

Este último verbo merece ser subrayado. Camus también hablaba de las «metafísicas de consolación». Por lo contrario, pensar el mundo en sus contradicciones no es solamente difícil e inconfortable, sino infinitamente doloroso en la medida en que, para Vallejo, pensar dialécticamente es, antes que nada, «vivir de su propia muerte», y, más allá de la experiencia personal,

...y sostienes el rumbo de las cosas en brazo de
honra fúnebre,
la muerte de las cosas resumida en brazo de
honra fúnebre [16].

---

[14] «Por último, sin ese buen aroma sucesivo...», *Poemas humanos*.
[15] «Viniera el malo...», *Poemas humanos*.
[16] «De disturbio en disturbio», *Poemas humanos*.

La dialéctica vuelve lúcida la angustia. No la evacua. Al mismo tiempo que descubre en la dinámica de los contrarios una ley que le permite entender el mundo, el poeta constata en ella una ley que lo borra del mundo. Es el momento descrito en «Panteón»:

> Dejóse comprender, llamar la tierra terrenalmente;
> negóse brutalmente así a mi historia [17].

Contra este determinismo, Vallejo se rebela. Este punto es fundamental. Al incluirse como sujeto existencial en el proceso del conocimiento, Vallejo incluye en su conciencia dialéctica del mundo —incluye *dialécticamente*— una irreductible disconformidad hacia lo que él llama en una página de sus «carnets» el «determinismo dialéctico». Esta página merece ser citada por lo menos en parte:

> Una visita al cementerio el domingo 7 de noviembre de 1937, con Georgette. Conversación empieza con el egoísmo de G. —dialéctica del egoísmo-altruísmo—. Pasamos a la dialéctica en general — Aludo a *Trilce* y su eje dialéctico de orden matemático 1-2-0— *Escalas*: O instrumento y conocimiento: el rigor dialéctico del mundo objetivo y subjetivo — Su grandeza y su miseria o impotencia.
>
> Me refiero a Hegel y Marx que no hicieron sino descubrir la ley dialéctica. Paso a mí mismo cuya posición rebasa la simple observancia de esta ley y llega a cabrearse contra ella y llega a tomar una actitud crítica y revolucionaria delante de este determinismo dialéctico [18].

Esta confidencia, que hasta ahora no ha interesado a ningún comentarista de Vallejo, merecería ser largamente meditada.

---

[17] «Panteón», *Poemas humanos*.
[18] «Del carnet de 1936-37» ¿(1938)? En apéndice a *Contra el secreto profesional*, Barcelona, Ed. Laia, 1977.

Indica, en efecto, un camino para el estudio del poeta: es fundamental tener en cuenta esta peculiar atormentada relación de Vallejo con la dialéctica porque tiene por consecuencia una peculiar relación con el lenguaje. La «insubordinación» del poeta hacia el «determinismo dialéctico» no lo conduce a eludirlo —Vallejo odiaba todas las formas de escapismo—, sino a superarlo dialécticamente por el ejercicio de su libertad artística.

Por eso el quehacer poético cobra para él una importancia que se puede calificar de vital. El único poema de *Poemas humanos* donde asoma, no digo la angustia, sino la desesperación es aquel donde se exclama:

> Y si después de tantas palabras
> no sobrevive la palabra! [19]

La escritura es, en efecto, para Vallejo, el modo de asumir la dialéctica transformando en principio activo el atroz determinismo, la dinámica mortal que acecha en su propia existencia. La «actitud crítica y revolucionaria» del poeta Vallejo frente a la dialéctica consiste en convertirla en un método poético.

* * *

La extraordinaria originalidad de la empresa vallejiana consiste en que da igualmente la espalda a las estéticas de la creación y a las estéticas del testimonio.

Sobre las primeras, hay en *El arte y la revolución* una sugestiva observación acerca del creacionismo de Vicente Huidobro. Intentando aplicar a los artistas la frase famosa de Marx según la cual «los filósofos no han hecho hasta ahora sino interpretar el mundo de diversas maneras. De lo que se trata es de transformarlo», Vallejo pone en nota:

---

[19] «Y si después de tantas palabras...», *Poemas humanos*.

Citar el creacionismo de Vicente Huidobro, interpretación del pensamiento. No copia la vida, sino que la transforma, Huidobro, pero la transforma viciándola, falseándola. Es educar a un niño malo para hacerlo bueno, pero, al transformarlo, se llega a hacer de él un muñeco de lana con dos cabezas y con rabo de mono..., etc. [20].

De modo que la necesaria *transformación* de la realidad no supone para Vallejo su negación o su recreación arbitraria, pero también excluye el arte reflejando la realidad, bien sea para celebrarla o para denunciarla.

La poesía de Vallejo es la poesía menos descriptiva que se puede imaginar. La naturaleza está ausente de los *Poemas humanos*, por lo menos en cuanto espectáculo entregado a la sensualidad. Lo circunstancial, lo contingente, están desterrados de esta poesía ascética. Cuando lo anecdótico está presente, se trata de una «ventana falsa». Así en «Sombrero, abrigo, guantes», donde el poeta nos hace penetrar, con un lujo de precisiones finalmente sospechoso, en una sala de café:

Enfrente a la Comedia Francesa, está el Café
de la Regencia; en él hay una pieza
recóndita, con una butaca y una mesa.
Cuando entro, el polvo inmóvil se ha puesto ya de pie [21].

Este último verso revierte sobre toda la estrofa: el polvo, al ponerse de pie, no hace sino manifestar la dualidad creada por el movimiento temporal, dualidad ocultada en cada objeto, del mismo modo que el poeta la ha ocultado en todos los elementos de la estrofa: el antagonismo topográfico de la Comedia Francesa y del Café de la Regencia; la existencia, dentro del café, de una «pieza recóndita»; la presencia dentro de esta pieza de dos muebles, y para terminar el desdoblamiento

---

[20] «Función revolucionaria del pensamiento», *El arte y la revolución*.
[21] «Sombrero, abrigo, guantes», *Poemas humanos*.

del mueble en su fantasma temporal, el polvo, que es también fantasma existencial del propio poeta: «*Cuando entro*, el polvo inmóvil se ha puesto ya de pie.»

El segundo cuarteto que contiene un autorretrato del poeta, nos llevaría a la misma conclusión: lo meramente referencial ha desertado el poema. Hasta cuando Vallejo alude a sus labios, lo hace a partir de la dualidad conflictiva que opone el labio inferior y el labio superior en el seno de esa unidad que es la boca. Hay algo vertiginoso en este rechazo de lo arbitrario y en esta voluntad de desentrañar todas las capacidades dialécticas del idioma. Se puede suponer que el propio Vallejo experimentaba este vértigo. Los manuscritos lo muestran vacilando, y a veces renunciando, retrocediendo. En «Dos niños anhelantes», por ejemplo, para expresar el carácter finito, intrascendente de la vida humana, Vallejo había escrito:

No tiene plural su éxodo eréctil [22].

Tachó «éxodo eréctil» y lo reemplazó por «carcajada», probablemente por temor a un exceso de concentración expresiva: «Éxodo eréctil» aludía simultáneamente a la vida humana (eyaculación sexual, procreación) y a la muerte, la «defunción», el perpetuo irse de su propia vida del «pitecantropus erectus», el constante éxodo existencial del hombre.

Este ejemplo muestra hasta qué punto la poesía de Vallejo —poesía fundada en la experiencia más concreta que sea: el sufrimiento— es una poesía naturalmente volcada hacia la abstracción. A Vallejo no le interesa el mundo en su extensión, en la diversidad de sus formas y de sus colores. Le interesan los procesos. Se objetará que lo uno no impide lo otro, y se mencionará a Neruda, quien es, a la vez, un gran celebrador sensual de la naturaleza y un poeta dotado de una aguda intuición dialéctica. Pero esta intuición, en el caso de Neruda, si es cierto que se refleja en el lenguaje poético, no se contagia

---

[22] «Dos niños anhelantes», *Poemas humanos*.

al idioma como tal, y a su funcionamiento. Vallejo no se contenta con transcribir fenómenos dialécticos exteriores al poema: hace del poema, hace del lenguaje el lugar de la dialéctica. Haciendo estallar las trabas lógicas, desencadenando las posibilidades latentes en el idioma, evidencia procesos ocultados por la costumbre, el miedo o el interés. En este nivel se sitúa su carácter militante y no en el testimonio: buscando dentro de las palabras y de sus posibles relaciones una fuerza subversiva homóloga de la que trabaja el mundo material e histórico. Permítasenos un último ejemplo. Se trata de un poema sobre la huelga. Es interesante comparar de qué manera diferente Neruda (en el poema del *Canto general* titulado «La huelga») y Vallejo (en el poema de *Poemas humanos* titulado «Parado en una piedra...») abordan el tema. Neruda elige evocar el taller desertado por la actividad humana, y, para ello, sugiere metafóricamente el movimiento oceánico. Las máquinas abandonadas son

> ...como negros cetáceos en el fondo
> pestilente de un mar sin oleaje [23].

Neruda, al proceder de este modo, se muestra dialéctico. Pero es descriptivo, visual. Vallejo, en «Parado en una piedra», juega la carta inversa. Hace imposible cualquier clase de visualización o de representación coherente al agotar todas las contradicciones semánticas encerradas en la palabra «parado», o, por lo menos, tres de ellas: «de pie», «inmóvil», y sin trabajo. Ya desde el primer verso:

> Parado en una piedra [24]

la posibilidad para que «parado» signifique de pie, introduce en el verso una contradicción (en la piedra uno se sienta),

---

[23] «La huelga», *Canto general XI: Las flores de Punitaqui XIII.*
[24] «Parado en una piedra», *Poemas humanos.*

que luego se va a extender a todo el poema, entre la horizontalidad y una verticalidad cargada de los valores de la insurrección. Pero al mismo tiempo, Vallejo se vale de la segunda posibilidad semántica de la palabra «parado», dotando este «parado», este *inmóvil* de un movimiento paradójico:

> Parado en una piedra
> desocupado,
> astroso, espeluznante,
> a la orilla del Sena, va y viene [25].

Dejaremos de lado, para no complicar en exceso el comentario, la relación entre el movimiento —lingüísticamente absurdo— del parado, y el movimiento del río. Solamente haremos notar que Vallejo, explorando conceptualmente la sola palabra «parado», ha conseguido significar una inmovilidad (la huelga) que remite a un movimiento (la actividad del trabajador), y un movimiento (el acto de ponerse en huelga) generador de inmovilidad. A este tipo de práctica poética queríamos aludir, en el título de esta ponencia, hablando de la dialéctica como método poético.

* * *

Si fuese posible sacar conclusiones de tan breve inventario, estas conclusiones serían dos:

1) La primera, repitiendo la reflexión de Tristan Tzara citada en exergo de este trabajo, sería que toda la poesía de *Poemas humanos* aboga contra el tópico de un necesario divorcio entre pensamiento y poesía. Lo hace sin caer en la llamada «poesía filosófica» en la que el lenguaje es simple soporte o vehículo de ideas. Pero no por eso deja de ser urgente un estudio de las numerosas alusiones filosóficas que constelan los *Poemas*

---

[25] *Ibidem.*

humanos, alusiones no sólo a Marx, sino a Heráclito, Aristóteles, Descartes, Pascal, Spinoza, Kant, Hegel y Feuerbach.

2) Nuestra segunda conclusión sería que no se puede, para estudiar la poesía última de Vallejo, prescindir de la referencia al materialismo dialéctico. Pero que hay que tener en cuenta la especificidad que cobra, en la poesía del peruano, dicho materialismo. Vallejo no traslada una ideología a sus versos, sino que va a su encuentro de su propia experiencia vital (el sufrimiento) y a través de su práctica poética, o sea: proponiéndose desarrollar todas las virtualidades dialécticas encerradas en el idioma.

JULIO VÉLEZ
ANTONIO MERINO

«ABISA A TODOS LOS COMPAÑEROS, PRONTO»

Es a la España milenaria y del ancestro a la que ahora vuelve. A la España telúrica que tensa la piel del tambor.

El día 2 de julio y en su atardecer, en los andenes de Saint Lazare, de París, unas cincuenta personas de todas las condiciones humanas, entre los que se encuentran Carlos Pellicer, Pablo Neruda, Octavio Paz, Nicolás Guillén, André Malraux, César Vallejo, Delia del Carril, Amparo Mon, Juan Marinello, Alejo Carpentier, Blanca Lydia Trejo, Félix Pita Rodríguez..., partían para España materializando el acuerdo adoptado dos años atrás, en París, en el curso del I Congreso Internacional de Escritores para la Defensa de la Cultura:

Cuando el viajero de París penetra en España es como si amaneciera en otro mundo. El pequeño túnel que a través del macizo de los Pirineos comunica Cerbère con Port Bou, no hace más que llevarnos en realidad, de la vida a la muerte, del sereno y egoísta equilibrio francés a la desmesurada tragedia española. Ya en el mismo Port, la destrucción nos sale brutalmente al paso. Los ojos que se derraman sobre campiñas cultivadas hasta el infinito, sobre viñas y granjas movidas por el trabajo y por la paz, dan de pronto en una tierra donde un soplo gigantesco está removiéndolo todo [1].

La destrucción a la que hace referencia Guillén en este texto la matizará Carpentier en *La Consagración de la Primavera*:

> Estamos bajo una enorme bóveda de cristales rotos, rompecabezas al que faltarán muchas piezas [...] Un alud de vidrios ha caído sobre los andenes y el balasto de las carrileras. Los faroles rojos y verdes del lamparero rodaron, largando el kerosén, hasta los postes negros que sostienen el letrero de:
>
> PORT BOU [2].

Desde París viajan en el mismo vagón Malraux, Marinello, Pita, Carpentier y Vallejo, que llegan a Barcelona el día 3 para seguir camino hacia Valencia. En el Ayuntamiento se inicia el Congreso el día 4, ocupando el estrado de la tribuna el presidente del Consejo de la República, Juan Negrín López; el ministro de Instrucción, Jesús Hernández; el de Estado, Giral Pereira; de Gobernación, Zugazagoitia; de Obras Públicas, Giner de los Ríos. Al día siguiente, los casi 200 congresistas, entre los que se encontraban, aparte de los ya citados y entre otros, Heinrich Mann y Anna Seghers, Landsberg, Renn, Uhse, Feuchtwanger, Balk, Chanson, Aveline, Julien Benda, Tzara, Jef Last, Anderxon Nexo, Alexis Tolstoi, Ilya Ehrenburg, Huges, Hemingway, Malcolm Cowley, González Tuñón, Pablo Rojas Paz, Huidobro, Antonio Machado, Rafael Alberti, Bergamín, León Felipe, Juan Chabás, María Teresa León, Navarro Tomás, Corpus Barga, Álvarez del Vayo, Aleixandre, Arconada, Cernuda, Miguel Hernández, Serrano Plaja..., se trasladan

---

[1] «Esquemas españoles», en *Mediodía* (La Habana), 22 de noviembre de 1937.

[2] Alejo Carpentier, *La consagración de la primavera* (México, Siglo XXI, 1978), p. 15.

a Madrid, donde el día 6 celebran una sesión para volver a
Valencia más tarde a debatir los puntos del temario: La actividad de la asociación. El papel del escritor en la sociedad.
Dignidad del pensamiento. El individuo. Humanismo. Nación
y cultura. Los problemas de la cultura española. Herencia cultural. La creación literaria. Refuerzo de los lazos culturales.
Ayuda a los escritores republicanos españoles.

De entre los muchos saludos leídos en el Congreso, uno
de ellos lo leen los escritores alemanes que se encontraban
luchando junto a la República:

> No hemos dejado la pluma por creer que no vale la
> pena escribir; al contrario, por nuestra causa no sólo
> tiene que luchar el fusil, sino también la palabra... [3].

Idea que en otro momento también esgrimirán los soldados del VI Cuerpo del Ejército:

> Nosotros defendemos la causa legítima de la República
> y defendemos la causa de la Justicia. La defendemos
> con coraje y con todo el valor que nuestra sangre nos
> proporciona. En este momento nosotros os decimos:
> Luchamos para defender la Cultura y la Justicia. No-
> sotros, en las puntas de nuestras bayonetas, llevamos la
> paz y la cultura, para dicha nuestra y de nuestros hijos.
> Nada más os tenemos que decir [4].

No es, desde luego extraño, que Vallejo titulara su comunicación: «La responsabilidad del escritor» y que hablara de
este tema inmerso entre fusiles y palabras; que ni en una situación como ésta perdiera un ápice de lo que él, por encima
de cualquier cosa, es: un escritor. Por eso, tras saludar en
nombre del Perú y considerar que si en tiempo atrás España

---

[3] Ludwig Renn, *El Mono Azul*, núm. 23 (8 de julio de 1937).
[4] En *El Mono Azul*, núm. 24 (15 de julio de 1937).

sacó de la nada un continente y que «ahora está sacando de la nada al mundo entero», dijo:

> ...pero hay un punto tocado muy someramente y que a mi entender es un punto de los más graves; es un punto que se debería haber tocado con mayor ahínco. Me refiero ahora al aspecto de la responsabilidad del escritor [5].

Su visión de las cosas le hace caer en un error, que quizá en su momento fuera más difícil de prever: el mesianismo. Por ello afirma:

> Los responsables de lo que sucede en el mundo somos los escritores, porque tenemos el arma más formidable, que es el verbo. Arquímedes dijo: dadme un punto de apoyo, la palabra justa y el asunto justo, y moveré el mundo. A nosotros que tenemos ese punto de apoyo, nuestra pluma, nos toca, pues, mover el mundo con estas armas [6].

El día 7, una parte de los congresistas viajan al frente de Guadalajara, y con ellos Vallejo. Cuenta Denis Marión que en Torija hablan con los milicianos y comen con ellos. «Desde Torija la delegación va al campo de batalla de Guadalajara, después a una trinchera de primera línea... De ahí vamos a Brihuega, vieja ciudad arrimada en el hueco de un valle y cruelmente probada por los bombardeos» [7].

La estancia en Madrid hace vibrar hondamente a Vallejo que, impresionado, dirá:

> El día de mayor exaltación humana que registrará mi vida, será el día en que he visto Madrid en armas, defendiendo las libertades del mundo [8].

---

[5] *Ibidem.*
[6] *Ibidem.*
[7] En *El Mono Azul*, núm. 4 (15 de julio de 1937).
[8] Darío Puccini, *Romancero de la resistencia española* (México, 1967).

Carpentier ha dejado escrito:

> En España hacía falta mucho más valor para soportar
> momentos de enternecimiento que para vivir momentos
> de peligro.

Uno de esos momentos fue la visita al pueblo de Mingla-
nilla. Se encontraban los delegados reunidos en un amplio
salón del Ayuntamiento, cuyas tres ventanas daban a una
plazoleta:

> Calma. Bochorno. Silencio roto tan sólo por el rasgueo
> metálico de esa mandolina que cada cigarra lleva pren-
> dida en la cintura [9].

De pronto, unos niños empiezan a jugar en la plaza: 10,
20, 50 niños, que preguntan quiénes son los forasteros y co-
mienzan a cantar, según Carpentier, por «un milagro de es-
pontaneidad».
André Chanson lo recuerda así:

> En la quietud de España, en su austera soledad, los
> niños cantaban como si estuvieran participando en la
> más bella fiesta del mundo. Nunca la alegría de vivir
> se hizo tan evidente para nuestros sentidos [10].

¿Tendrá esta escena algo que ver con los versos finales
de *España, aparta de mí este cáliz*?:

> Bajad la voz, os digo:
> bajad la voz, el canto de las sílabas, el llanto
>
> ....

---

[9] Alejo Carpentier, *Bajo el signo de la Cibeles*, Ed. Julio Rodríguez-
Puértolas (Madrid, Nuestra Cultura, 1979), p. 160.
[10] *Ibidem*, p. 161.

si no veis a nadie, si os asustan
los lápices sin punta; si la madre
España cae —digo, es un decir—
¡salid, niños del mundo; id a buscarla…!

La clausura del Congreso tuvo efecto el día 10, y el 12 los delegados son objeto en Barcelona de una recepción en la Generalitat con la presencia de Companys. Asisten a una serie de actos organizados en su honor, entre ellos un concierto con la intervención de Pau Casals.

El Congreso se celebró en el calor verbal de la exaltación y el sortilegio de la vida encerrada en un proyectil. Juan Marinello recuerda así estos días:

> No hubo discurso que no fuese acompañado del repique apresurado de las ametralladoras y coreado por el aullido grave de los cañones sitiadores… [11].

De Barcelona parten los asistentes hacia París el 15 de julio, llevando con ellos los restos de la periodista Gherda Taro, arrollada por un tanque franquista en el frente de Brunete, para celebrar en la capital francesa las dos sesiones finales del Congreso, durante los días 16 y 17 de julio en el Teatro de la Porte Saint-Martin, a las que se añadieron Aragon, Cocteau, Brecht, Bloch…

Constituida la mesa bajo la presidencia de Thomas Mann —que tuvo a su cargo las palabras iniciales— tomaron la palabra, entre otros, Chanson, Bergamín, Neruda, Nicolás Guillén…, que coincide con Vallejo —el negro y el cholo, el cholo y el negro— en la importancia ética de España:

> España es la experiencia más rica de nuestro tiempo, y asomarse a esa experiencia, participar en ella de algún

---

[11] «Apuntes sobre un Congreso emocionado», *Mediodía* (La Habana), núm. 36, 4 de octubre de 1937.

modo, es tocar de cerca la carne de la revolución en marcha [12].

En esta sesión se nombra a Vallejo como delegado permanente del Perú. Días antes —el 11 de julio— se ha inaugurado el Pabellón Español en la Exposición Internacional de París, colgándose por primera vez ante el público el «Guernica», de Picasso. Vallejo ayuda a la creación del Comité Iberoamericano para la Defensa de la República Española y a organizar el boletín *Nuestra España*, teniendo de nuevo choques con Pablo Neruda.

A partir de este momento —y esto nos parece de una importancia capital para analizar sus poemas, puesto que nos habla de la metodología seguida para escribirlos— materializa lo que meses atrás había dicho en el Congreso, y pasa por una actividad creadora imparable. Entre el 3 de septiembre y el 8 de diciembre, escribe, retoca o, simplemente, deja tal como salieron la mayoría de los versos de *Poemas humanos* y *España, aparta de mí este cáliz*, cuya primera edición, impresa por los soldados republicanos bajo la dirección del poeta Manuel Altolaguirre, es quemada, ¿íntegramente?, por los falangistas. En este año muere también asesinado Julio Gálvez, el sobrino de Orrego, que embarcase con él en 1923, en el puerto de «El Callao».

Pareciera como si en Vallejo se hubieran aposentado los sueños y las pesadillas de la guerra de España, sufriendo el hogar más íntimo de la lumbre; como si al tocar el hueso rojo de la furia, la mezquindad más miserable del hombre y los cabellos caídos a cachos por las atrocidades, un calambrazo de vida le devolviera brillo a la mirada, trilce a la tinta, heraldos a su sangre, venas a sus vuelos más diptongos.

Y las pasiones, las batallas, tristemente son las perdidas. Vallejo renuncia al optimismo fácil, al halago del bando republicano por el halago; ama al hombre y sus imposibles y por

---

[12] *Mediodía*, núm. 37, 11 de octubre de 1937.

eso coge por donde duele: Badajoz, que cae el 14 de agosto de 1936. Málaga, el 10 de febrero de 1937; Guernica, el 26 de abril; Bilbao, el 19 de junio; Gijón, el 19 de octubre; Teruel, el 24 de diciembre y el 22 de febrero de 1938, y todas van componiendo las páginas de su reloj más colectivo.

El poemario se abre con una llamada:

> Voluntario de España, miliciano,

y se cierra con una premonición:

> si no veis a nadie, si os asustan
> los lápices sin punta; si la madre
> España cae —digo, es un decir—
> salid, niños del mundo; id a buscarla.

Y la premonición se hizo carne y barro. Y los nacidos y los aún por nacer, tuvieron que ir a buscarla.

Los cantos y las algarabías son fáciles en los fragores. Nada más hermoso que un hombre o una mujer entregando verdades, aunque le devuelvan truenos. Nada más ridículo que un poeta entregando mentiras a cambio de un aplauso. Su actuación siempre responde a lo más esencial del ser humano. Resulta curioso, aunque sea anecdótico, que mientras muchos dedican sus versos en estos años a personalidades como Miaja, Líster o Pasionaria, él jamás dedicó ninguno de sus poemas. Es al pueblo anónimo a quien reivindica y pronuncia. Es la realidad —mágica, cambiante, multiforme— la que alimenta sus versos. Por ello, muy acertadamente dice José Miguel Ullán:

> El oro del cáliz mal oculta el orín, el pus y la sangre que allí se albergan. Que se atreviese a recoger el estupor de esa acerada dualidad tal vez sea el gesto de honestidad poética que más nos obligue a los españoles a conservar por César Vallejo un ilimitado y constante agradecimiento.

Hijos de los guerreros, ya que todo cayó, que esa lección al menos nunca caiga [13].

El miliciano no es más ni es menos que un corazón:

> Cuando marcha a morir
> tu corazón,
> cuando marcha a matar con su agonía
> mundial, no sé verdaderamente
> qué hacer, dónde ponerme; corro, escribo,
> aplaudo,
> lloro, atisbo, destrozo...

Y destroza lo mejor que un poeta puede siempre destrozar: la virginidad blanca del papel.

Junto a los voluntarios están Cervantes, Goya, Coll, Cajal, Quevedo, Teresa, Lina Odena. Hombres, mujeres, niños o, mejor, niños, niñas, niños...

> Proletario que mueres de universo, ¡en qué
> frenética armonía
> acabará tu grandeza, tu miseria, tu
> vorágine impelente...!
> ¡Serán dados los besos que no pudisteis dar!
> ¡Sólo la muerte morirá!

La utilización de figuras, por parte de Vallejo, de fondo religioso, hace que de un modo, ciertamente incoherente y en gran medida dogmático, se intente deificar a Vallejo como a una especie de Mesías —argumento, sin duda, más apropiado para sofá de psiquiatra que para argumento literario— y, sin embargo:

---

[13] José Miguel Ullán, «Imagen Española de Vallejo», *El País*, 15 de abril de 1978.

No obstante, tras la aquiescencia de las llamadas «democracias» europeas y americanas por mantenerse al margen, como Pilatos, a lo largo de su poemario César Vallejo va percibiendo el abandono de España, en su huerto de Getsemaní, y a sí mismo, nuevo Cristo, asumiendo el dolor de España, en un alarde de generosidad, entrega y estoicismo. Siguiendo con esta simbología evangélica, podrían considerarse sus poemas como estaciones de un alegórico Vía-Crucis [14].

Quedarse en un análisis de corte epidérmico, aislando palabras, sometiendo contextos a criterios previos, conduce a concluir que Vallejo «incita al pueblo español, con el que se identifica plenamente, a esta Guerra Santa».

Consigna nada lejana, por cierto, a la usada por los ejércitos de Franco, con lo que al final va a resultar ¡que Vallejo estaba defendiendo al Gobierno de Burgos!

No es sólo en este artículo donde se extraen tamañas valoraciones. Esta perla no la hemos aljaforado, sino que la playa está inundada de conclusiones similares. Ya hemos aludido a la calificación de «Gólgota» que utiliza Larrea; Roberto Paoli insiste en que

España es la última estación venerada del Vía-Crucis interior del «hogar» de Vallejo [15].

Oreste Macrí dice que:

...en suma, en *Poemas humanos* se realiza la fábula religiosa y cristológica de la conversión de la infelicidad individual [16].

---

[14] Guadalupe Espinar, «César Vallejo y sus poemas de la guerra de España», *Tiempo de Historia*, IV (1974), p. 45.

[15] En Ángel Flores, p. 350 (Roberto Paoli).

[16] Oreste Macrí, *El Vallejo de Paoli*. En Ángel Flores, p. 374.

Pero sigamos con *España, aparta de mí este cáliz* y, en concreto, con el posiblemente más polémico de los poemas de este polémico libro: el número III, el dedicado a la figura de Pedro Rojas. De él dice la «crítica»:

Rojas, en su sacrificio, es Cristo [17].

Además de este personaje sólo hay dos en todo el libro: Ernesto Zúñiga y Ramón Collar; de ellos dice Juan Larrea:

Los tres demuestran una indisimulada dedicación ejemplar a la muerte de sus personas nominales, calificados cada uno de los tres con alguna referencia al misterio de la Cruz [18].

Y todo esto en un contexto al que a la «Madre España» se la considera «Inmaculada Concepción» [19].

Nos parece que una cosa es lo que Vallejo llamaba amor universal y otra bien distinta estas conclusiones. El amor en Vallejo es algo que le da vida y cuerpo. Como dice Félix Grande:

No hay ninguna poética escrita en castellano en donde el semejante tenga ese sitio de oro, disponga del cachito de pan más tierno, sea más huésped querido [20].

Este «semejante mendigo», como de manera tan de carne tibia y recién levantada nombra Félix a César, escribió años atrás en *El arte y la revolución*:

la primera sustancia de la revolución es el amor universal;
la forma de amor será el abrazo definitivo de todos
    los hombres;

---

[17] Roberto Paoli, *ibidem*, p. 366.
[18] J. Larrea, *Poesía completa*, Barcelona, Barral Editores, 1978.
[19] *Ibidem*. Además, pp. 123, 150, 140, 141, 138...
[20] Félix Grande, «Semejante Mendigo», en *Informaciones de las Artes y las Letras*, suplemento número 507, 13 de abril de 1978.

idea de «amor universal» que volverá a usar en el poemario que comentamos:

> Se amarán todos los hombres
> y comerán tomados de las puntas de vuestros
> pañuelos tristes
> y beberán en nombre
> de vuestras gargantas infaustas.

Pedro Rojas comienza así:

> Solía escribir con su dedo grande en el aire:
> «¡Viban los compañeros! Pedro Rojas»,
> de Miranda de Ebro, padre y hombre,
> padre y más hombre. Pedro y sus dos muertes.
>
> Papel de viento, lo han matado, ¡pasa!
> Pluma de carne, lo han matado, ¡pasa!
> ¡Abisa a todos los compañeros, pronto!

No cabe duda que una de las cosas que más llama nuestra atención en una primera lectura es el verso «¡Abisa a todos los compañeros, pronto!».

Sin embargo, este poema no lo escribió Vallejo por primera vez, sino que es producto de posteriores retoques. En la página 780 del citado libro de Juan Larrea, podemos leer lo siguiente: «de este poema VI (luego III), de Pedro Rojas, se conoce por excepción un primer esbozo manuscrito...»

He aquí algunas de sus líneas de interés, rescatable y novedoso, a la espera del día en que se pueda examinar el original. Comienza así:

> Abisa a todos los compañeros y [ ]
> pronto; nos dan de palos brutalmente
> y nos matan, como lo ben perdido, no quieren [ ]
> ....

> Solía escribir con su dedo grande en el aire del Penal
> Viban los compañeros... Yo, el Santiago Rojas,
> de Miranda de Ebro, ferroviario... padre y hombre.

Tachó Vallejo después el nombre de Santiago sustituyéndolo por el de Pedro que repite varias veces. La continuación que se adivina es semejante a la de la versión posterior...
...Termina así la página (las palabras entre paréntesis habían sido tachadas):

> le hallaron
> viba una cuchara. Registrándole después le sorprendieron en el cuerpo un (suspiro de hoja) gran cuerpo para el alma de (su España) mundo una cuchara y en (el bolsillo) la chaqueta (del Penal).

Es decir, que en el cuerpo hay «un suspiro de hoja» y una cuchara «viba». Pero qué cosa puede ser «un suspiro de hoja». A propósito de la cuchara, de nuevo los críticos que necesitan explicar el poema vuelven a dar toda clase de versiones. Unos la consideran «símbolo de la cena», «instrumento de ágape fraterno», «símbolo de sí mismo porque es él mismo, al sacrificarse (que)... se hace cuchara con que servir la comida a tanta boda de la humanidad hambrienta», etc.

Cuando la crítica literaria pretende explicar lo que el poeta ya ha explicado al escribirlo, se puede decir todo lo anteriormente anotado y aún más. ¡Cuánto más sensato y desde luego más científico no sería afirmar que exactamente lo que está escrito en el poema es exactamente lo que dice el poeta! Con sus contradicciones y ambigüedades, como dice Octavio Paz, «el poeta no quiere decir, el poeta dice». Los comentarios de texto, en verdad, lo único que consiguen detrás de lo pretendidamente objetivo, es alejar al lector de la poesía en vez de acercarlo. No es que estemos en contra de la crítica en su conjunto y de modo visceral, consideramos que la crítica es una extraña mezcla de creación y ciencia, como dice Piero Raffa:

El discurso crítico... es un mal necesario, no puede dejar de «traducir» en cierto modo los significados artísticos... Pero sería un grave error suponer que la paráfrasis crítica constituye un equivalente de los significados que nos comunican las obras de arte [21].

Mas sigamos con el Pedro Rojas.

Uno de los que atravesaron la frontera con Francia el 30 de septiembre de 1937 era Antonio Ruiz Vilaplana, que llevaba entre sus papeles, pergeñado lo que sería un libro, al que puso por título *Doy Fe*, y que circuló mucho entre los soldados del frente republicano, junto con otros como *Un año de Queipo en Sevilla* y otro que hacía referencia a la situación en Galicia. Pues bien, en las páginas 38 y 39 de *Doy Fe* podemos leer:

> Uno de los primeros que nos hizo actuar, y que se halló junto al cementerio de Burgos, era el cadáver de un pobre campesino de Sasamón... Era un hombre relativamente joven, fuerte, moreno, vestido pobremente y cuya cara estaba horriblemente desfigurada por los balazos.
>
> Como ocurría siempre, nadie se atrevía a identificarle; solamente en uno de los bolsillos hallamos un papel rugoso y sucio, en el que escrito a lápiz, torpemente, y con faltas de ortografía, se leía:

> *Abisa a todos los compañeros y marchar pronto*
> *nos dan de palos brutalmente y nos matan*
> *como lo ben perdío no quieren sino la barbaridá.*

> Unido al sumario correspondiente al hallazgo quedó este aviso emocionante, cuya certeza pronto había de comprobar el desgraciado, pues el forense apreció, además de las heridas mortales, un apaleamiento grande, que había quebrantado el cuerpo.

---

[21] Piero Raffa, *Vanguardismo y Realismo* (Barcelona, Cultura Popular, 1968), p. 308.

Es decir, resulta obvio que el Pedro Rojas está inspirado en este apaleado, y que lo que Larrea coloca entre corchetes debe corresponder a [marchar] y [sino la barbaridá].

En la página siguiente, Ruiz Vilaplana escribe:

> El día 17 de septiembre, cerca de la fábrica de sedas (de Burgos), fuimos a levantar el cadáver de uno de sus capataces...
>
> Apareció con las manos esposadas, maltratado también fuertemente y en su bolsillos todavía conservaba el tenedor y la *cuchara* de aluminio del Penal, donde estaba detenido, y del que fue arrancado para el fusilamiento,

pero además insiste en la misma idea en las páginas 100 y 101:

> Por eso los cadáveres aparecían con el tenedor, la *cuchara* y el plato metálico del penal...

La *cuchara* en el poema aparece en los bolsillos de una chaqueta, y en la p!gina 68 podemos leer:

> Allí... un hombre tendido boca abajo, vestido correctamente de americana y pantalón...
>
> *Registrado*, se le encontró en los bolsillos el tenedor y la cuchara, reveladores de su procedencia del Penal, unos papeles impresos y una carta con un retrato.
>
> El retrato, manchado de sangre y barro, era de una mujer joven que sostenía en sus brazos una niña delgadita y de mirada triste.
>
> La carta está firmada por «Goyita», y en ella, aquella pobre mujer consolaba y daba esperanzas al desgraciado, hablándole de su pronta liberación, «ya que nunca has hecho nada».
>
> Al final, algo más emocionante crispó mis nervios: después de la firma aquella, una mano infantil había trazado torpemente:
>
> «Papito mucos vesos y abrazos de tu Nenita.»

Como la edición de *Visión del Perú*, número 4, que es donde está impresa esta versión del Pedro Rojas, está llena de tachaduras, hemos reproducido el anterior texto de Ruiz Vilaplana por el enorme parecido que tiene con otra estrofa del poema:

> Registrándole, muerto, sorprendiéronle
> en su cuerpo un gran cuerpo, para
> el alma del mundo,
> y en la chaqueta una cuchara muerta.

Ruiz Vilaplana nos habla de las condiciones del Penal de Burgos en las páginas 95 y 96. En la 97 dice:

> Dichos condenados a muerte llevaban varios días enterados de su suerte. Después de varios aplazamientos..., los encartados, setenta y seis socialistas e izquierdistas de Miranda de Ebro...

¡Y Pedro Rojas era de Miranda de Ebro!

Pedro Rojas además es ferroviario y en la página 66 podemos leer que:

> (entre los cadáveres se encontraban)... el capitán Marín de la guardia civil, y dos obreros del directo Madrid-Burgos...,

dato que es posible que tuviese en cuenta Vallejo, junto con el hecho de que, como dice el editorial de *El Mono Azul* del 8 de julio de 1937, fueron «soldados de la brigada ferroviaria los que montaban guardia ante la mesa presidencial del Congreso».

Somos conscientes del hecho de que Vallejo se *inspirase* para escribir el Pedro Rojas en lo hasta aquí anotado, no nos sirve —aun siendo importante— más allá que para conocer su metodología de trabajo. Aspecto que nos plantea a su vez un muy interesante problema: el de la realidad y la imaginación.

ESPAÑA, APARTA DE MÍ ESTE CÁLIZ: LA PALABRA PARTICIPANTE

EL AGOLPAMIENTO PÓSTUMO

En el otoño de 1937, la conmoción provocada por la guerra de España, más un sentimiento agónico de vida acumulada, más una carga de palabra postergada, más la proximidad cada vez más imperiosa de la muerte, producen en Vallejo un estallido poético. Escribe en un rapto el ciclo *España, aparta de mí este cáliz* y luego, la mayor parte de los textos que integran *Poemas humanos*. Escribe a diario, produce noventa poemas en tres meses. El 13 de marzo de 1938, cae postrado. Guarda cama hasta su muerte, sobrevenida el 15 de abril, un Viernes Santo. Vallejo muere de España y muere de privación, minado por muchos años de miseria. Vallejo vive de nada y muere de todo. «En suma —dirá—, no poseo para expresar mi vida sino mi muerte.» La muerte lo acecha, pertinaz, invasora, en cada recodo de la vida. Corre a la par de su escritura y la atraviesa, desde el comienzo, desde *Los heraldos negros*, en irrupción creciente; pasa por *Trilce*, multiplicando sus fúnebres máscaras, acomete como nunca en el libro postrero.

Ya en uno de los escasos poemas posteriores a *Trilce*, separados en las últimas ediciones de la poesía completa bajo el título hipotético de *Poemas en prosa*, Vallejo, el huérfano perpetuo, imagina un encuentro con la madre, «muerta inmortal», que avanza, «de espaldas a mi nacimiento y de pecho a mi muerte». La madre lo halla envejecido, más hombre y menos hijo. Vallejo se duele de esa distancia de tiempo y mundo, exilado de su Perú natal, de lo materno en «un sitio que se llama París. Un sitio muy grande y muy lejano y otra vez grande». La muerte, con su violencia temporal, con su «nómina de huesos» —tal es el título que Vallejo prevé para esta colección—, se enseñorea en la mayor parte de los textos escritos entre 1923 y 1936. Ellos prefiguran ese cúmulo volcánico del fin final (fines del 37 y fin de la existencia). Las prosas poemáticas, con algo de homilía y de peroración, como los poemas en verso, combinan un ahínco a menudo irónico en lo literario protocolar, es decir en lo retórico, con un desnudamiento del ser, con una unción doliente, con el aliento de su inmensa, de su conmovedora humanidad. Vallejo se muestra cada vez más como sujeto que padece de ser hombre, como representante de lo humano por antonomasia que se propone abordar lo humano esencial, en su inmanencia y en su trascendencia. *Poemas humanos* constituye, en sentido pleno, una antropología poética.

Si bien esta serie continúa la escritura de *Trilce*, prolonga la libertad metafórica, los avecinamientos contrastantes, los efectos humorísticos, la variedad léxica, los prosaísmos, la crudeza somática; no se trata ya de poesía programática o experimental regida por un afán de novedad o de modernidad. Vallejo se instala en una escritura hecha carne, interiorizada, se expresa en su verbo ya encarnado. La versificación se vuelve más regular, los ritmos más uniformes, las formas más simétricas, más modulares. Los poemas se clarifican, cobran mayor unidad temática y dirección más neta. La voluntad de sentido prima sobre la voluntad de estilo.

Vallejo escribe su poesía en situación de término o clausura, como en la víspera de su definitiva partida. En «París, octubre 1936» dice:

De todo esto yo soy el único que parte.
....
Mi defunción se va, parte mi cuna,
y, rodeada de gente, sola suelta,
mi semejanza humana dase vuelta
y despacha sus sombras una a una.

Lo tanático inspira, impele esta palabra íntima. Exteriormente, Vallejo, que gana mal su sustento, trabaja en periodismo. Casi a diario escribe artículos sobre temas de actualidad, incluso crónicas mundanas, que publica en periódicos, casi todos peruanos. En 1928 viaja por vez primera a Rusia. Adhiere al socialismo revolucionario, estudia la teoría marxista, se liga con el movimiento comunista y adoctrina a obreros españoles, exilados en París. Expulsado de Francia por razones políticas, se instala durante dos años en Madrid. Se vincula con los poetas españoles; hace amistad estrecha con Juan Larrea. José Bergamín prologa la edición española de *Trilce,* que incluye un poema de Gerardo Diego. En 1930 Vallejo publica una novela proletaria: *El tungsteno* y comienza a escribir teatro de tesis. Durante su estancia madrileña, presencia el nacimiento de la República Española. Consigue el primero y único éxito editorial con su libro *Rusia en 1931,* donde reúne las crónicas sobre la Unión Soviética aparecidas antes en un quincenario madrileño. Otros libros como *Rusia ante el segundo plan quinquenal, El arte y la revolución, Contra el secreto profesional,* escritos durante esos años febriles, serán editados muchos años después de la muerte de Vallejo. De regreso a París, estalla la guerra civil española, conmoción que lo remueve hasta el tuétano. Este «universal desgarrón» lo moviliza política y poéticamente. Acude a Barcelona, y va a Madrid donde participa en el Congreso Internacional de Escritores Antifascistas, visita el frente de batalla y, de regreso a París, promueve la fundación del Comité Iberoamericano para la Defensa de la República Española. Esta presión histórica, asumida plenamente, subjetivada por Vallejo, precipita la génesis de *España, aparta de mí este cáliz*. El título del último poema sirve para designar el ciclo de quince. Vallejo parafrasea la oración que Jesús, acongojado ante la inminencia de su sacrificio, dirige a su Padre en la noche oscura del huerto de Gethsemaní (San Mateo, 26.39; San Marcos, 14.36; San Lucas, 22.42). Vallejo destina el mismo ruego a esa madre y maestra universal que es para él España, la esclarecida, la de Cervantes, Calderón, Quevedo, Santa Teresa, Goya, la España popular, republicana, «primera potencia de martirio», que se bate por el hombre para imponer una eternidad humana, la del proletario que muere de universo, la de los campesinos redentores, la de los voluntarios de la vida que acuden para matar la muerte. Esa España es para Vallejo encarnación de la máxima humanidad. Vallejo la exalta con la convicción de que en España se está jugando no un destino nacional sino la suerte del mundo. Esta guerra concierne a todos los hombres. La pugna no es, como lo prueba esa historia y su larga secuela, entre banderías locales sino entre lo vital y lo letal, entre el progreso y el atraso, entre democracia y dictadura, entre mundo abierto y mundo de clausura; por eso Vallejo anhela españolizar toda la tierra:

> para que el individuo sea un hombre,
> para que los señores sean hombres,
> para que todo el mundo sea un hombre, y para
> que hasta los animales sean hombres,
> el caballo, un hombre,
> el reptil, un hombre,
> un buitre, un hombre honesto,
> la mosca, un hombre, y el olivo, un hombre
> y hasta el ribazo, un hombre
> y el mismo cielo, todo un hombrecito!

> («Batallas»)

A la vez himno, proclama, lamento y profecía, *España, aparta de mí este cáliz* pertenece al género de la poesía de combate. Es palabra militante proferida por un escritor comprometido con la causa antifascista. Constituye un discurso de intervención en apoyo del pueblo en armas. Pero a la vez, en este acto de beligerancia verbal, la polarización política está contrarrestada por la plurivalencia, por un mensaje multívoco, profuso, profundo, vehemente, henchido de sentido. La guerra justiciera es también dominio de la muerte, imperio del «padre polvo», atroz desangramiento:

> ¡Onzas de sangre,
> metros de sangre, líquidos de sangre,
> sangre a caballo, a pie, mural, sin diámetro,
> sangre de cuatro en cuatro, sangre de agua
> y sangre muerta de la sangre viva!

> («Batallas»)

Vallejo, estremecido por el sufrimiento colectivo, por la «imagen española de la muerte» —así titula al poema V—, no se permite ningún optimismo por consigna. La guerra civil española es vaso de lágrimas, inmolación heroica, y bestial masacre. La representación de la contienda es en Vallejo acongojadamente efusiva, colmada de exclamaciones, no de euforia sino de estremecimiento. El ciclo comienza con un himno, pero no exultante, y termina con un réquiem. Vallejo es dubitativo y doliente. Tiene una actitud crística y crítica. España debe cuidarse tanto de los leales como de los desleales, de las víctimas como de los victimarios. «¡Cuídate, España, de tu propia España!», dice en el poema XIV:

> ¡Cuídate de los que te aman!
> ¡Cuídate de tus héroes!
> ¡Cuídate de tus muertos!
> ¡Cuídate de la República!
> ¡Cuídate del futuro!...

En Vallejo no hay nunca esquematismo ideológico ni prédica maniquea. Nunca su poesía es axiomática, nunca taxativa. No obedece a ninguna cartilla, no pertenece a ninguna clerecía. No enajena ni la especificidad de lo poético ni la contradictoria pluralidad de lo real. En *España, aparta de mí este cáliz* el augurio de justicia venturosa, la profecía paradisíaca de un mundo de amor fraterno donde los hambrientos serán saciados y los desharrapados, arropados, donde los niños, poseedores para siempre del alfabeto, seguirán creciendo protegidos por la España Maternal, la loa a los héroes positivos, a los mártires paradigmáticos se entraman con lo trágico, con lo funesto, con lo apocalíptico. Aquí cohabitan vigor y llanto, entusiasmo y pesadumbre.

LA GÉNESIS RAPSÓDICA

Una circunstancia que mancomuna la presión histórica con la subjetiva obra como detonador de esta explosión poética. Una conmoción que lo moviliza integralmente y cuya pujanza abate toda retención le permite a Vallejo superar su bloqueo y provoca un derrame incesante, una hiperproducción febril que sólo cesa con el cese del locutor lírico, con su postración y su muerte.

Presumo que todos los libros poéticos de Vallejo provienen de descargas estremecedoras. Se generan por excentración, en estado de trance, convulsivamente, como surgimiento imperioso, a borbotones. Se generan por incontenible henchidura que puja por ser evacuada, a consecuencia de un cúmulo, de un colmo contenido cuya presión monta hasta provocar el estallido psíquico y su consiguiente expansión. Vallejo no puede ser programático, voluntarista, proyectivo, no puede ni quiere componer poesía artesanalmente, por mera determinación consciente. Para Vallejo lo poético no es facultativo, se liga con estro. Vallejo ha postulado siempre, en todas las escalas de su itinerario, una poética neorromántica, vitalista, extática, sujeta a mandato interior, al dictamen íntimo, al imperativo entrañable, donde concurrencia del mundo con su mundo se vincula con inspirada ocurrencia. La poesía aflora de la profundidad psicosomática. Vallejo espera la corazonada, la incitación subliminal, el impulso apasionado y pulsional, la imantación iluminativa. Su palabra poética, aquella que lo embarca y embarga por completo, la de la implicación total, aquella donde el juego se juega al todo por el todo no puede sino ser pletórica, expulsada, transida, marcada por un nacimiento estertóreo. Pero a partir de ese parto, de esa puja extática, Vallejo, dotado de una conciencia reflexiva, propenso a la cavilación analítica, capaz de cualquier manipulación conceptual, va a enriquecer ese aflujo fervoroso, ese desborde por convulsión intrapsíquica con todos sus contenidos de conciencia.

En *España, aparta de mí este cáliz* se da el mismo entramado que en *Trilce* antes y en *Poemas humanos* después, el mismo entrelazado potenciador entre desborde sentimental, experiencia concreta, arbitrio imaginativo, desplante lingüístico y examen intelectivo. Los desvíos, las traslaciones, las reversiones o las subversiones de Vallejo indican siempre la acción de un manipulador que opera con conocimiento pleno y vivaracho de la carga significante de cada vocablo empleado. Vallejo obra transido pero con máxima inteligencia lingüística, con máximo entendimiento.

POÉTICA Y POLÍTICA

España, aparta de mí este cáliz es poesía de circunstancia, o sea poesía ocasional. Pero el evento que la inspira no es individual, pertenece a la historia colectiva. Para Vallejo, la guerra de España no es meramente nacional, no concierne sólo a un dominio lingüístico-cultural sino a la comunidad máxima: a la humanidad. Esta circunstancia bélica motiva en Vallejo la más emocionante intersección entre orbe personal y orbe comunitario, entre mandato subjetivo e imperativo político.

Vallejo encuentra en España, a partir de su residencia en Madrid, su comunidad de origen y la comunidad al alcance. Se establece allí durante un bienio bullente, en plena eclosión de la generación del 27, en plena efervescencia artística y cultural, en plena renovación política. Vallejo restablece con España republicana el vínculo genealógico, halla en ella fundamento, recupera una ligazón materno-filial. Encuentra allí savia idiomática, satisfacción política y literaria. Su itinerario español se asemeja al de Neruda, aunque sea menos notorio, menos ostentoso. Ambos son editados por José Bergamín, avizor y receptivo con respecto al novedoso aporte hispanoamericano. Ambos escriben sendos libros sobre la guerra de España, impresos los dos en el frente de batalla por Manuel Altolaguirre. Ambos participan conjuntamente en organismos de apoyo a la causa republicana. España satisface las esperanzas socialistas de Vallejo, quien se consubstancia por completo con esa España benéfica, luminosa, generosa y proletaria.

España, aparta de mí este cáliz proviene de un compromiso plenamente asumido por su autor, pero no es poesía de tesis destinada a expresar las posiciones doctrinarias de un poeta políticamente embanderado. La manifestación ideológica es uno de los componentes imbricados y puestos en interacción por la compleja dramaturgia del libro. La representación es parcialmente política y globalmente antropológica. Veamos cómo permanece y cómo se transforma la poética de Vallejo con respecto a lo político a través de cuatro artículos manifestarios donde Vallejo explicita sus opciones estéticas. El primero, titulado «Poesía nueva», apareció en julio de 1926 en el primer número de *Favorables-París-Poema*, la revista que Vallejo editó con Juan Larrea. Concierne aún a la poética de *Trilce*. Desde entonces Vallejo brega por una modernidad entrañable, vivencial, modernidad asimilada e introyectada hacia el fuero más íntimo. Vallejo trata de amalgamar modernidad con personalidad profunda. Aquélla no consiste en hacer el inventario de novedosas invenciones, en la mención expresa de la utilería tecnológica, sino en la asimilación de la

nueva experiencia de un mundo radicalmente transformado
por la era moderna, por la ampliación y la modificación radical del horizonte de conciencia. Todo ello debe transfundirse
en una sensibilidad distinta. Para Vallejo, modernidad implica
forjar una poesía que represente el apropamiento personal,
vital, en carne propia, del nuevo condicionamiento intelectual,
social y psicológico. La poesía auténticamente contemporánea
manifiesta la aprehensión interiorizada de la movilidad rela-
cional, de las simultaneidades antitéticas, de las compatibili-
dades inéditas, de las ubicuidades traumáticas, de las identi-
dades desdobladas, del desasosiego existencial, de la profusa
y confusa disparidad de lo real. Vallejo propone no una míme-
sis sino una ascesis vanguardista, signada por la necesidad
interna, sujeta a un mandato de autenticidad.

Sus artículos sobre cuestiones de estética constituyen casi
los únicos textos teóricos, programáticos o proyectivos de que
disponemos en tanto proposición de una poética. Paradójicamente, estos textos provienen del largo período en que Vallejo
no escribe poesía. Permiten, no obstante, resumir su evolución
estética. En 1927 publica en *Variedades* un balance y perspectiva que titula «Contra el secreto profesional». Allí se despacha
contra las imposturas de la literatura latinoamericana, carente,
según Vallejo, de fisonomía propia. La supresión de la puntua-
ción, los recursos ideográficos, la temática modernólatra, la
metáfora insólita, los descalabros tempoespaciales, las loco-
mociones vertiginosas, la conciencia social, características del
espíritu nuevo, son servilmente imitadas por los poetas de
Hispanoamérica. Estos descastados resultan incapaces de expresarse con voz propia, de concebir una preceptiva original,
conciliada con la propia historia. En América, tales préstamos
no promueven la revelación y la realización autónomas. La
impostura no nutre, debilita. Vallejo la condena no en aras de
lo vernáculo nacional o continental sino de una autenticidad
relativa a lo humano esencial. Contra estas importaciones epi-
dérmicas, Vallejo reclama un «timbre humano», un «latido

vital y sincero»; reclama emoción natural, honradez espiritual, autoctonía tácita, o sea raigal.

De 1927 data otro artículo, «Los artistas ante la política», indicativo de la transformación ideológica que se va operando en Vallejo. Allí declara que todo artista es ineludible, inevitablemente un sujeto político. Pero su acción específica no consiste en propagar un catecismo, en hacer propaganda doctrinaria. Tampoco, en conducir a las multitudes, en orientar el voto o promover una revolución económica. El poeta no debe asumir funciones cívicas o pedagógicas; no debe divulgar ideas cuajadas o suscitar emociones convencionales en relación con los tópicos políticos. Le corresponde sobre todo ejercer su poder de gestación política, «creando inquietudes y nebulosas políticas»; le corresponde plasmar «una nueva materia prima política en la naturaleza humana»; promover una remoción medular: «remover, de modo oscuro, subconsciente y casi animal la anatomía política del hombre». El artista tiene que estimular la aptitud de creación política. No se limita a cultivar en terreno político; aspira a transformar la química geológica. Su papel, no supeditado a la opinión, es intrapolítico, previo a toda filiación partidista. Según Vallejo, cabe al artista concebir «los profundos y grandes acueductos de la humanidad».

Esta noción de «nebulosa política», lo político en estado de incandescencia magmática, como conglomerado plasmático, como moción de humanidad esencial, este nexo entre lo político y la naturaleza humana o esta definición de poesía política como «taumaturgia del espíritu» corresponde cabalmente a la poética implícita en *España, aparta de mí este cáliz*.

No hay en la evolución estética de Vallejo, la que va de *Trilce* a *Poemas humanos*, modificaciones radicales. Se efectúa más bien un enriquecimiento intelectual que va a redundar en una poética más reflexiva, de ahondamiento de su experiencia personal, política y artística. Su pensamiento revela mayor amplitud de perspectivas, lleva la marca de la estimulación parisina, de variadas lecturas y de viajes influyentes, de las idas a Rusia y del bienio madrileño, lleva la marca de contactos múltiples y de confrontaciones incitantes. A pesar de su pudor, de su recato y de su parquedad, no obstante su reticencia con respecto a las relaciones mundanas, Vallejo ya no es un solitario circunscripto a su padecer individual. Su adhesión al socialismo revolucionario lo vincula a una comunidad internacional, lo convierte en integrante de una fraternidad activa. Le infunde un ideal alentador y lo liga con una causa saludable. Lo inserta como actor en un proyecto histórico, en un proceso colectivo. Lo convierte en un poeta consciente de su función social y dispuesto a cumplirla, a cargar su palabra de contenido social, a «responder a un concepto universal de masa y a sentimientos, ideas e intereses comunes» [1]. Pero toda interpretación poética de lo político debe ser «sanguínea». El materialismo histórico, al convertirse directamente en programa artístico, produce «versos desprovistos de calor entrañable y sentido, suscitados por factor exterior y mecánica, por calefacción artificial» [2].

«Las grandes lecciones de la guerra de España», artículo fechado en París, en febrero de 1937, precede por pocos meses a la redacción de *España, aparta de mí este cáliz*. Aclara sin duda la pecreptiva que rige la génesis de este ciclo poético. Vallejo parte de un diagnóstico histórico para demostrar la ineficacia de toda oposición intelectual a los poderes nefastos. Ni la literatura ni el pensamiento esclarecedor consiguen detener el avance de las fuerzas regresivas. Para contenerlas o contrarrestarlas, no sirven ni la prédica ni la protesta. La mecánica social no obedece a la voluntad de los intelectuales progresistas, sino al dictado de los monopolios industriales y de las oligarquías financieras. Sólo a largo plazo el pensamiento cobra su revancha. Es la «inflexión intemporal de la idea» la capaz de penetrar gradualmente en la conciencia del pueblo.

---

[1] Vallejo se refiere al «arte socialista». V. César Vallejo, *El arte y la revolución*, Barcelona, Laia, 1978, p. 39.
[2] Así califica Vallejo la poesía de Maiakovsky. *Ibid.*, p. 149.

Petardo que se inserta en la entraña popular, actúa como detonador de largo alcance. Tales bombas de retardo constituyen las únicas accioies del escritor dotadas de eficacia histórica. Ni el combate a viva voz ni la protesta inmediata ni el manifiesto directo poseen eficacia política. En cambio, pueden influir en la dialéctica social una creatividad más integral, más intrínseca, una identificación no demagógica a la vez con la actualidad y con lo humano universal. Que el escritor se abstenga de manifestaciones ostentosas y de oratorio altisonante, que adquiera clara conciencia de la ignominia social. Su trabajo efectivo consiste en producir «una obra que, por su materia y el juego esencial de sus resortes humanos, lleva en su seno semillas y fermentos intrínsecamente revolucionarios».

Tal es la lección cultural de la guerra de España, acontecimiento tremendo, terrible catalizador de las conductas que va a poner a prueba a los escritores compulsándolos al examen de la función del intelectual comprometido. Para Vallejo, la batalla cultural se libra en todos los frentes, tanto en la primera línea de fuego como en la retaguardia. En primera línea, en pleno fragor bélico, una pléyade de escritores españoles forjan en caliente, con «visión social» y «lealtad histórica», la literatura más válida. A Vallejo le cabe la otra opción, también trascendente: «crear en el silencio y en el recogimiento de un despacho una obra intrínsecamente revolucionaria». *España, aparta de mí este cáliz* responde a ese propósito.

EL ESTRO PULSATIVO

España, aparta de mí este cáliz no es un ciclo previamente programado. No tiene un desarrollo planificado ni una arquitectura simétricamente reglada. Posee un solo poema modular, e IXIII —«Redoble fúneber a los escombros de Durango»—, que adopta el protocolo de la plegaria paralelística, reiterativa:

> Padre polvo, biznieto del humo,
> Dios te salve y ascienda a infinito,
> padre polvo, biznieto del humo.

Está compuesto por tercetos isomorfos. También el XIV
—«¡Cuídate, España, de tu propia España!»—, sin isometría
versal, está construido anafóricamente y responde al modo de
la advertencia. El poema XII —«Masa»— se constituye como
clímax; sigue el modelo de la progresión que culmina en la
última estrofa. Pero, tomando en consideración el conjunto,
no hay isotopías formales que atraviesen todo el ciclo.

Los versos se contraen o se dilatan según la turbulenta
escansión que los propulsa. La medida es francamente fluc-
tuante, va de dos a veintitrés sílabas y el verso más largo
se refiere a la extensión incontinente: «sin cuyo esfuerzo hasta
hoy continuaría sin asas la extensión» (I, 68) [3]. Vallejo prac-
tica más bien las formas orgánicas, plasmáticas, donde significados y significantes nacen a la par, fusionados por una
génesis unitaria. Vallejo versifica libremente basándose en el
oído interno, en la pulsión rítmica, o sea en una regulación
de la masa sonora que se establece intuitivamente. Vallejo se
instala en una elocución salmódica o hímnica, donde lo dis-
cursivo, pero siempre pulsátil, alterna musicalmente con lo
cantable, la peroración con el treno o *pianto,* el discurrir con
la exaltación o la exhortación, el discernimiento con el clamor, lo ponderado con la compulsiva y compungida vehe-
mencia.

Poesía pulsativa y pasional, el locutor lírico se expresa
como participante apremiado, visceralmente solidario con el
objeto de representación: la España libre, socialmente justa,
la de la plenitud humana, movilizada en una guerra crucial
contra la España negra, dictatorial, oscurantista, retrógrada.
Tal es el motivo y tal el motor de su canto. Y de cantar se

---

[3] La indicación del número de verso proviene de C. Vallejo, *Poesía
completa* (edición de Juan Larrea), Barcelona, Barral, 1978.

trata, porque el texto abunda en formas cantables, en secuencias pendulares, que retoman a menudo el canon del tema y variaciones, como este pasaje del poema VII con modulación de canto jondo:

> Varios días, Gijón;
> muchos días, Gijón;
> mucho tiempo, Gijón;
> mucha tierra, Gijón;
> mucho hombre, Gijón;
> y mucho dios, Gijón;
> muchísimas Españas ¡ay! Gijón.

Vaivenes, ayes, redundancias —«¡Gritó! ¡Gritó! ¡Gritó su grito nato, sensorial!»—, redobles. Casi ninguno de los quince poemas del ciclo está exento de esta orquestación repicante, repetitiva. Si el mensaje es variable, por momentos referencial, por momentos invocativo, evocativo, apologético, denostativo, el apostolado o el apóstrofe, lo preventivo o lo profético, todo se comunica a través de un batimiento ostensivo, un ritmo palpitante, un estro lírico. De ahí lo clamoroso, lo exclamativo, el verbo exaltado, lo transido, ese arrebato canoro que casi nunca se remansa.

Algunos títulos —ocho de los quince poemas están titulados— llevan la indicación expresa, ya anticipada por el título genérico del ciclo, del carácter litúrgico impreso por Vallejo al libro entero. «Himno a los voluntarios de la República», «Pequeño responso a un héroe de la República», «Redoble fúnebre a los escombros de Durango» dan cuenta de ese escandido de cántico, del tratamiento vocal que Vallejo infunde a sus poemas. Éstos cobran carácter de recitativos; denotan un cambio evidente con respecto a *Trilce*, donde el tratamiento rítmico-prosódico se caracteriza por la articulación fracturada, por los ritmos quebrados, por los altibajos tonales, por la tensión disonante, sobre todo en los poemas crispados. Creo percibir en *España, aparta de mí este cáliz*, a partir de la identificación de Vallejo con el temperamento, con el temple lírico español, con España y su tradición poética, culta y popular, un mimetismo elocutivo, una españolización de su propia voz, motivada sin duda por ese vínculo maternofilial asumido, asimilado y trasmutado en personal impronta de cuño español.

EL LOCUTOR LÍRICO: SU PERSISTENTE INSTANCIA

Desde el arranque hímnico, desde el cántico inicial de alabanza al miliciano enrolado voluntariamente, al combatiente libre que asume la lucha por propia determinación, el locutor lírico irrumpe sobre la escena del poema para dar cuenta de la repercusión subjetiva del drama español. Se trata, bien lo dice, de una «agonía mundial», de una guerra donde se dirime el futuro de la humanidad. Vallejo avizora la envergadura de ese enfrentamiento entre coaliciones internacionales y para figurarlo monta su doliente escenificación. Ella da cuenta tanto del conflicto armado como de la conmoción psicosomática que esta guerra hecha suya le causa.

El yo se enuncia espaciosamente como sujeto que padece la conflagración. Pasa a primer plano como ego atribulado, compungido y excedido por ese cataclismo que le provoca máximo desasosiego. Para expresarlo recurre a una ristra de verbos activos: «corro, escribo, aplaudo,/ lloro, atisbo, destrozo, apagan, digo/ a mi pecho que acabe (...)» (I, 5-6); serie heteróclita, enumeración caótica, quiere significar desafuero, extravío de aquel que por proyección imaginaria y por hiperafectiva solidaridad se ubica en medio del fragor, en la línea de fuego, pero desdoblado, apenado por su inoperancia, sabiéndose «cuadrumano, más acá, mucho más lejos», en retaguardia, empuñando la pluma y no el fusil. Vallejo, revelador del acontecer anímico motivado por la contienda, da cuenta tanto de la gesta colectiva como del padecimiento personal, de la secuela intrapsíquica. Da cuenta de lo que sucede públicamente, imbricándolo con la intimidad de su conciencia. Ese yo turbulento que irrumpe enteramente, yo embargado que se conduele explicitando un amplio espectro psicofísico, que todo lo marca con su participación emocional, atenúa el carácter épico del tema. La representación que da Vallejo de la guerra de España es con frecuencia hiperpsicológica y por momentos egótica. Como en *Trilce*, el poema suele ser autoexpresivo, cardiograma del hablante lírico, sismógrafo que inscribe las sacudidas internas provocadas por traumáticos sucesos. La guerra le trastorna hasta el tuétano; aterra, abate y subleva:

> ¡Y horrísona es la guerra, solivianta
> lo pone a uno largo, ojoso,
> da tumba la guerra, da caer,
> da dar un salto extraño de antropoide!

El locutor lírico se inmiscuye como manifestante directo en medio de la crónica de guerra, se autoexplaya como ego que busca el desfogue, como instancia preminente, impulsada a librar por la palabra su angustiosa carga. Véase cómo el sujeto emisor irrumpe en los poemas I, II, V, X, cómo acapara por momentos la locución y se atribuye la coda o conclusión.

Vallejo escribe sobrexcitado, exacerbado por ese estímulo tremendo que lo compulsa a expresar su participación. Y esta participación es por sobre todo imaginaria, redunda en agolpamiento de imágenes, en turbión icónico. Se trata de un cúmulo afligente, de un agolpamiento superemotivo que sólo puede explayarse a través de la descarga figural, del estallido metafórico, de las metáforas de *Trilce*, de lo pítico, de aquellas que lo implican por entero, donde los saltos del sentido dicen de un exceso traducido en descalabro referencial:

> ¡Málaga sin defensa, donde nació mi muerte dando pasos
> y murió de pasión mi nacimiento!
> ¡Málaga caminando tras de tus pies, en éxodo,

bajo el mal, bajo la cobardía, bajo la historia cóncava,
con la yema en tu mano: tierra orgánica!   [indecible,
y la clara en la punta del cabello: todo el caos!

(«Batallas»)

La hiperafectividad transtorna las conexiones sensatas, desquicia el orden objetivo descompuesto por la guerra apocalíptica. Así, en el poema V, la muerte no asola solamente a Irún. La potencia tanática todo lo inficiona. Es a la par calamidad colectiva y pujo personal que atrapa, cala y se adueña de Vallejo, quien la trastoca en propia pesadilla:

¡Llamadla! ¡Daos prisa! Va buscándome,
con su coñac, su pómulo moral,
sus pasos de acordeón, su palabrota.
¡Llamadla! No hay que perder el hilo en que la lloro.
De su olor para arriba, ¡ay de mi polvo, camarada!
De su pus para arriba, ¡ay de mi férula, teniente!
De su imán para abajo, ¡ay de mi tumba!

Muerte ubicua, solapada, feroz, metamorfósica, es la del continuo asedio, la imperiosa, la que traspasa las puertas del sueño, al que punza y urge; es la visitadora penetrante y asidua, la que anida y empolla en la entraña de su fúnebre cantor. Vallejo increpa aquí a su conocida íntima, aquella que lo acecha y que pronto se posesionará de él.

Si bien *España, aparta de mí este cáliz* está también atravesando por el influjo de la muerte como potestad anuladora, su nefasto poder está atenuado por el retorno a la tierra y la posibilidad de retoñar, como reintegro al ciclo de las mutaciones naturales o como sacrificio redentor. Se trata entonces de la muerte que interviene para preservar la vida. Los milicianos, «voluntarios de la vida», tienen por misión la de matar a la muerte para asegurar por el martirologio la posesión a los desposeídos, el emplazamiento a los desplazados, el amparo a los desamparados, la humanización extensiva a todos los hombres y a todos los órdenes de la naturaleza: una humanidad cosmificada.

EL DESCENSO SOMÁTICO

Vallejo puebla su poesía de referencias corporales. Abundan y sorprenden sus localizaciones anatómicas, dérmicas, intradérmicas, viscerales. Cualquier parte del cuerpo, cualquier órgano —cutiz, frontal, meñique, uña, células, costillas, esternón, pómulo, espinazo, tobillo, ombligo, testículos, antebrazo—, cualquier función —secreción, sudores, orden digestivo— aparecen integrando, como sinécdoques del hombre entero, complejos metafóricos de base somática: «tu frontal elevándose a primera potencia de martirio»; «con la inflexión social de tu meñique»; «el cutis inmediato/ andándote tu idioma por los hombros». Cualquier parcela corporal implica al hombre íntegro. Para representarlo, Vallejo elige para su «poesía del pómulo morado», como «fracciones enigmáticas, globales», las partes menos prestigiosas, las funciones menos decorosas, las que punzan y que duelen, las que mancomunan por lo bajo; quiere dignificarlas como motivos líricos y otorgarles todas las prerrogativas de lo humano. Cualquiera de esas fracciones encarna a la humanidad concreta captada en transfusión de cuerpo y alma, en carne y hueso fidedignos. «Y luchó con sus células, sus nos, sus todavías, sus hambres, sus pedazos.» Se trata siempre del cuerpo omnipresente, en constante y cambiante relación con el mundo, cuerpo tangible e inmanente, cuerpo reactor que reclama, que incorpora, que segrega y oblitera, que no se deja ni sublimar ni abstraer. Para Vallejo el hombre es impositivamente carnal, y así lo destaca. Aunque Vallejo tenga con su propia carnadura relación dificultosa o porque ese vínculo es intrincado y trabajoso —Vallejo es un penitente también en lo somático—, el cuerpo implanta en *España, aparta de mí este cáliz* su densa, su vivida materia marcando el texto con asiduos índices carnales.

«DRAMATIS PERSONAE»

El hombre venoso, muscular, óseo, glandular, bate y se bate en esa guerra sangrienta. Su sangre puja, se agolpa, bajo amenaza de derramamiento. Acalorada, vuelve el cuerpo beligerante, da arrojo. Pero la que prima es la expulsada; la «secreción de sangre» corre por el texto a borbotones, así como se vierte en las batallas. Los rebeldes ejecutan su mandato de asolamiento y de exterminio. Los flecheros, los coriáceos, los blindados, los de los apropiamientos feroces son militares de mentalidad y profesión. Mandatarios de la muerte, comandan escuadrones regulares y anónimos. Voraces, prepotentes, opresivos, se ceban en sangre. Lanzan la ofensiva mecanizada para imponer su dictamen estéril, el imperio de la resta y la regla de la carnicería. Vallejo se ocupa poco de los falangistas, no los personaliza, alude a ellos a través del nefasto efecto de sus acciones. Los sugiere cuando evoca los estragos causados en la población civil. En el poema I, Vallejo destaca a un grupo prototípico de víctimas inocentes, matadas durante el sitio de Madrid; y las invoca como si las hubiese conocido: Rosenda, madre espléndida; el viejo Adán que conversa con su caballo, el barbero de al lado, el mendigo cantor, la enfermera que pasó llorando. Este conjunto de caídos se individualiza como si se tratase de allegados. En «Batallas», la invocación de las víctimas del bombardeo aéreo sobre Guernica es genérica. El niño, la madre, el enfermo, el anciano, el presbítero, que han quedado en retaguardia, pertenecen a la grey de los pacíficos, abatidos por un ataque a mansalva. En esa «lid de las almas débiles contra los cuerpos débiles», los defensores tácitos de Guernica —tácitos en tanto inermes— pagan moralmente a sus atacantes revelando al mundo la atrocidad del atropello. Cada espécimen de los cuerpos débiles está caracterizado por atributos que constituyen su arma defensiva: pañal y diptongo para el niño, grito y lágrima para la madre, padecimiento y pastilla para el enfermo, canas y bastón para el anciano y para el presbítero, Dios. Estos inofensivos inmolados, estos suaves ofendidos poseen el poder de proliferar: crecerán y se multiplicarán como los panes del milagro. Así también sucederá con los explotados, con los mendigos del poema IV —«Tácitos escuadrones que disparan/ con cadencia mortal, su mansedumbre»—, o con los desamparados hijos de los milicianos, los niños del poema XV. Todos los postergados, los agredidos, los usurpados mudarán en guerreros potenciales, para restablecer el orden justiciero.

El mismo sistema figurativo rige la representación de los combatientes republicanos. Vallejo apela a los colectivos; los congrega en cuerpos categoriales, los emanados del pueblo en armas: los proletarios, los campesinos, los constructores civiles, los compañeros que empuñan el fusil republicano, los voluntarios de España y del mundo. O utiliza un singular genérico —«miliciano de huesos fidedignos», «hombre de extremadura»— que involucra al conjunto. También aparecen personajes individualizados, identificables, nominados: Pedro Rojas, Ramón Collar, Ernesto Zúñiga, a la vez singularizados y paradigmáticos, ejemplares. Son personajes imaginarios de una ficción veraz.

En lo que respecta a Pedro Rojas, el poema III notifica acerca de su lugar de origen, Miranda de Ebro, y de su condición: obrero ferroviario semialfabeto, padre de familia, casado con Juana Vázquez. J. Vélez y A. Merino, autores de *España en César Vallejo*[4], presumen que éste utilizó como fuente informativa una crónica de Antonio Ruiz Vilaplana titulada *Doy fe*. Ella sienta testimonio sobre la barbarie franquista, evidenciada por el hallazgo frecuente de cadáveres mutilados. En Burgos, Ruiz Vilaplana ve el cuerpo apaleado de un campesino de Sasamón que lleva en el bolsillo de su chaqueta un papel con la leyenda retomada en parte por Vallejo: «Abisa a todos los compañeros y marchar pronto. Nos dan de palos brutalmente y nos matan. Como lo ben perdío no quieren

---

[4] Julio Vélez y Antonio Merino, *España en César Vallejo*, Madrid, Fundamentos, 1984, vol. 1, pp. 128-133.

sino la barbaridá.» Otro cadáver de un prisionero esposado trae consigo el tenedor y la cuchara del penal. *Doy fe* consigna que sesentaiséis socialistas e izquierdistas de Miranda de Ebro están recluidos en el penal de Burgos. Vallejo ensambla estos datos dispersos para componer la figura de su Pedro Rojas. Recolectando rasgos dispersos, monta una semblanza con visos de verdad. Pone en efecto el poder ficcional de la palabra.

Vallejo se expresa; manifiesta, pero no atestigua, no prueba. Da su versión lírica de la guerra de España; entona su elegía, salmodia su ofertorio, figura, se figura. E interviene poniéndose a sí mismo en escena, como participante, para abolir imaginariamente la distancia que lo separa del combate armado, del plomo y de la pólvora mortíferos. Algunos datos verídicos —acciones y lugares: cerco de Madrid, retroceso desde Talavera, bombardeo de Guernica, caída de Málaga, toma de Gijón, destrucción de Durango— pautan el ciclo, localizan el acaecer transcripto y pueden ser objeto de cierta verificación. Pero Vallejo los manipula libremente, en ejercicio pleno de las licencias que son propias del abordaje poético. Utiliza según su arbitrio los recursos inherentes a la figuración literaria, inevitablemente ilusionista; los utiliza sin sujetarlos a prurito testimonial. Vallejo plasma una fantasía basada en evidencias comprobables fabulándolas según su designio y diseño poéticos; las fabula sin desvirtuarlas.

PROCEDENCIA DE LOS TEXTOS REPRODUCIDOS
EN ESTE VOLUMEN

GONZÁLEZ RUANO, César: *El poeta César Vallejo, en Madrid.* Publicado en el *Heraldo de Madrid,* Madrid, 27 de enero de 1931. Reproducido en *España en César Vallejo,* vol. II. Edición de Julio Vélez y Antonio Merino. Madrid. Editorial Fundamentos, 1984; pp. 13-17.

MENESES, Carlos: *Breve noticia de César Vallejo.* Prólogo a *César Vallejo. Poesía Completa.* México. Editorial Premiá, 1978; pp. 7-21.

COYNÉ, André: *Vallejo: texto y sentido.* Publicado en *Hueso Húmero,* Lima, número 5-6, abril-septiembre de 1980; pp. 141-154.

VYDROVÁ, Edvika: *Las constantes y las variantes en la poesía de César Vallejo: los Heraldos Negros.* Publicado en *Ibero-Americana Pragensia.* Universidad Carolina, Praga. Año XIII, 1979; pp. 19-49. La versión, del checo al castellano, es de la autora.

ORTEGA, Julio: *Lectura de Trilce.* En *Revista Iberoamericana.* Universidad de Pittsburgh, Pennsylvania. Año XXXVI, número 71, abril-junio de 1970; pp. 165-189.

FRANCO, Jean: *César Vallejo.* Publicado en *Historia de la Literatura Hispanoamericanaa.* Barcelona. Editorial Ariel, 1983; pp. 287-299.

HIGGINS, James: *El absurdo en la poesía de César Vallejo.* En *Revista Iberoamericana.* Universidad de Pittsburgh, Pennsylvania. Año XXXVI, número 71, abril-junio de 1970; pp. 217-241.

FUENTES, Víctor: *Superación del modernismo en la poesía de César Vallejo.* Publicado en las *Actas del Congreso de AEPE.* Academia de Ciencias, Budapest, 1978; pp. 77-81.

CASTAGNINO, Raúl H.: *Dos narraciones de César Vallejo.* En *Revista Iberoamericana.* Universidad de Pittsburgh, Pennsylvania. Año XXXVI, número 71, abril-junio de 1970; pp. 321-339.

HART, Stephen: *El compromiso en el teatro de César Vallejo.* Publicado en la revista *Conjunto,* Casa de las Américas (La Habana), número 65, 1985; pp. 39-45.

MC DUFFIE, Keith: *Todos los ismos el ismo: Vallejo rumbo a la utopía socialista.* En *Revista Iberoamericana.* Universidad de Pittsburgh, Pennsylvania, número 91, 1975; pp. 177-202.

FERRARI, Américo: *Sobre algunos procedimientos estructurales en Poemas Humanos.* Publicado en *Amaru,* Lima, número 13, octubre de 1970; pp. 57-65. El texto se publicó también en el libro *El universo poético de César Vallejo.* Caracas. Editorial Monte Avila, 1972; pp. 303-327.

SICARD, Alain: *Pensamiento y poesía en Poemas Humanos de César Vallejo: la dialéctica como método poético.* Publicado en *Les poetes latino-americains et la guerre d'Espagne.* Criccal. Universidad de la Sorbona. París III, 1986; pp. 199-210. Se reproduce del XX Congreso del I.I.L.I. Budapest, 1982, pp. 9-21.

VÉLEZ, Julio, y MERINO, Antonio: *Abisa a todos los compañeros, pronto.* En *Nuevo Hispanismo.* Universidad Internacional Menéndez Pelayo. Madrid, número 1, 1982; pp. 157-168. Reproducido en *España en César Vallejo,* vol. I. Madrid. Editorial Fundamentos, 1984; pp. 117-137.

YURKIEVICH, Saúl: *España, aparta de mí este cáliz: la palabra participante.* En *Les poetes latino-americains et la guerre d'Espagne.* Criccal. Universidad de la Sorbona. París III, 1986; pp. 181-197.

EN TORNO A CÉSAR VALLEJO

edición de Antonio Merino
se terminó de imprimir en los talleres
de Romanyà/Valls
el día 15 de abril de 1988

EN TORNO A SAN JUAN DE LA CRUZ
Edición de José Servera Baño

* * *

VERTIENTES DE LA MIRADA
VERTIENTES DO OLHAR
Eugénio de Andrade
Edición bilingüe
(Presentación y traducción de Angel Crespo)

* * *

LAS FLORES DEL MAL
LES FLEURS DU MAL
Charles Baudelaire
Edición bilingüe
(Introducción, traducción y notas de Manuel Neila)

* * *

EN TORNO A GONGORA
Edición de Angel Pariente

* * *

TEORIA POETICA
Rainer Maria Rilke
(Prólogo, selección de textos y traducción de
Federico Bermúdez Canete)

* * *

LAS CENIZAS DE LA FLOR
Angel Crespo

* * *

LOS POETAS MALDITOS
Paul Verlaine
(traducción de Mauricio Bacarisse)

* * *

EN TORNO A CESAR VALLEJO
Edición de Antonio Merino

* * *

CUESTIONES ESTETICAS
Charles Baudelaire
(Prólogo, selección de textos y traducción de Lorenzo Valera)